学术委员会　编辑委员会

编辑单位：中山大学中国公共管理研究中心
　　　　　中山大学政治与公共事务管理学院
　　　　　广州市人文社科重点研究基地广州社会保障研究中心
顾问：夏书章　马骏
主编：岳经纶　朱亚鹏
助理编辑：范昕

学术委员会（按姓氏拼音排序）

陈恒钧	台北大学
陈振明	厦门大学
陈　潭	广州大学
丁　煌	武汉大学
Duckett, J.	英国格拉斯哥大学
Forrest, R.	香港城市大学
关信平	南开大学
顾　昕	北京大学
古允文	台湾大学
郭小聪	中山大学
Holliday, I.	香港大学
洪大用	中国人民大学
黄黎若莲	香港城市大学
黄卫平	深圳大学
林尚立	复旦大学
林闽钢	南京大学
隆国强	国务院发展研究中心
莫家豪	香港岭南大学
倪　星	中山大学
Ramesh, M.	新加坡国立大学
任剑涛	清华大学
申曙光	中山大学
史卫民	中国社会科学院
唐　钧	中国社会科学院
王绍光	香港中文大学
肖　滨	中山大学
徐湘林	北京大学
杨东平	北京理工大学
郁建兴	浙江大学
詹中原	台湾政治大学
周光辉	吉林大学
郑功成	中国人民大学

编辑委员会

陈　纲	纽约州立大学
陈永杰	中山大学
陈泽群	英国诺丁汉特伦特大学
韩克庆	中国人民大学
胡宏伟	华北电力大学
黄晨熹	华东师范大学
李秉勤	澳大利亚西南威尔士大学
李　琴	暨南大学
廖俊松	台湾暨南大学
刘　骥	中山大学
刘军强	中山大学
刘　涛	德国杜伊斯堡－埃森大学
聂　晨	北京航空航天大学
彭浩然	中山大学
彭宅文	中山大学
施世骏	台湾大学
吴少龙	中山大学
谢宝剑	暨南大学
杨立雄	中国人民大学
赵德余	复旦大学
张海柱	中国海洋大学
郑雄飞	北京师范大学
郑春荣	上海财经大学
钟晓慧	中山大学
周凤华	华中师范大学
庄文嘉	中山大学

中文社会科学引文索引（CSSCI）来源集刊

（第15卷）

中国公共政策评论

Chinese Public Policy Review （Vol.15）

岳经纶　朱亚鹏　主编

商务印书馆
The Commercial Press

卷　首　语

中国社会政策改革发展四十年的回望与前瞻

　　本卷出版之时正值举国上下庆祝改革开放四十周年。回首过去的四十年,中国社会经济发生了翻天覆地的变化,持续的快速经济增长,不仅极大地改善了人民生活,而且空前地壮大了综合国力。就社会政策发展而言,改革开放四十年中,我国的社会政策发展也经历了深刻的变革。从发展模式而言,我国的社会政策经历了从改革初期的国家主义,中经20世纪末和21世纪初的"发展主义",进入新时代的"人民中心主义"。从政策范式而言,过去四十年我国社会政策的发展与演进呈现出了这样一条范式演进脉络:改革开放和市场经济转型打破了具有浓厚"社会身份本位"特征的劳动保险制度;随着新世纪初期的社会政策扩展和新时代的社会政策深化改革,中国社会政策的范式开始朝着"人类需要本位"的方向逐渐演进。整体而言,中国社会政策四十年的演变可以概括为从"社会身份本位"范式向"人类需要本位"范式转型。

从"国家主义"到"发展主义"的嬗变

　　从1949年到改革开放前的近三十年间,中国借鉴苏联模式建立起了一整套社会经济体制。在经济政策领域,中国建立起了一整套优先发展重工业和国有经济的计划经济体制;在社会政策领域,中国也逐步建立起了以国家保障为主要方式,以全民所有制单位职工为主要对象,以企业和机关事业单位为基本管理层次的社会保障制度。这一时期的社会政策主要面向城镇企业职工和国家机关工作人员,涉及养老、医疗、社会救济、优抚安置和社会福利等各个领域。在这一时期,政府通过单位为城镇职工提供全面的社会福利和服务,形成了具有中国特色的"单位福利体制",进而使整个社会政策体系呈现出明显的"国家主义"的特征。这种"国家主义"的社会政策体系虽然突出了国家的福利责任,但这种国家责任却是二元分割和城市导向的,没有促进社会公民身份理念的建构。总的来说,"国家主义"模式的特点是小范围内的全面保障与大范围内的社会身份本位并存。一方面,国家在城镇职工的范围内建立了一套从教育、医疗、就业到住房大包大揽的劳动保险体系。而另一方面,在整个社会范围内,社会政策又存在着户籍身份、单位性质、职业身份等基于社会等级身份的分野。

改革开放后,中国开始进入发展市场经济体制的转型时代。在"效率优先""发展至上"的国家战略下,中国的社会政策发展开始从"国家主义"转向"发展主义"。在"发展主义"的逻辑下,社会政策成为服务经济体制改革和经济发展的工具。一方面,国家开始强调社会福利和服务的商品化和市场化,有计划地从社会福利和公共服务领域退出,把许多社会公共服务职能让渡给社会和家庭;另一方面,为了在市场经济环境下继续兑现为国企职工提供养老金、医疗保障等福利待遇的责任,国家开始探索建立起以社会保险为主导的社会政策模式。经过多年的努力,国家在20世纪末为城镇职工建立了包括养老、医疗、失业、工伤和生育保险在内的全面的社会保险制度,并且在新世纪初把这套保险制度扩展到城乡居民,进而推动建设城乡统筹发展的社会保障体系。在这一阶段,"发展主义"的进步性体现在打破了"国家主义"模式下的单位福利制度,但社会保障制度在企业与事业单位之间、在职工与居民之间、在不同统筹地区之间、在本地人与外来人之间依然存在着显著的差别。换言之,以社会保险为主导的社会政策模式一方面扩展了社会政策的受益群体,另一方面,仍然受制于"社会身份本位"范式。

新世纪初期社会政策的扩展与"人类需要本位"的范式推进

进入新世纪后,发展主义社会政策模式所带来的问题日益严峻,并且开始得到中央决策层的有效回应。以2002年中共十六大为标志,中共中央开始重新解释"效率优先、兼顾公平"的含义,并且在随后的几年中陆续形成了"科学发展观""和谐社会""建设社会主义新农村""基本公共服务均等化""加快推进以改善民生为重点的社会建设"等新的政策理念,显示民生导向的政策主张和社会政策思维在政府执政理念中不断提升。与此相适应,中国进入社会政策的快速扩展期,显示出社会政策开始从"经济政策的附庸"走向"与经济政策并行"的定位。

随着社会政策进入扩展时期,"人类需要本位"的社会政策范式开始得以发展,并部分取代"社会身份本位"政策范式。这种变化可以在政策层面得到明显的体现。在低保政策领域,已经实现了从城镇低保到农村低保的全面推进;在医疗保险领域,实现了从城镇职工基本医疗保险的扩面到城乡居民医疗保险制度的全面实施,实现了全民医保的国家战略;在教育领域,九年义务教育实现了免费;在养老政策领域,不仅实现从职工养老保险到城乡居民养老保险的扩展,一些地区还实行了高龄津贴制度。此外,城乡社会保障制度统筹加快推进,适度普惠型社会福利服务开始全面发展。就范式的演进而言,21世纪初期的中国社会政策在原有"社会身份本位"范式的基础上取得了一定程度的突破，开始呈现出向"人类需要本位"范式初步迈进的前景。

尽管如此，这一时期社会政策领域中的"社会身份本位"范式窠臼依然残存，阻碍着"人类需要本位"政策范式的全面推进。首先，在既有财政体制的制约与社会政策地方化的格局下，地区之间的福利差距在拉大；其次，依据城乡、职业和地域区隔来制定社会政策的惯习依然延续，社会保障项目的碎片化特征没有明显改变。

走向"人民中心主义"：新时代社会政策的深化改革

2012年中共十八大以来，中国特色社会主义进入新时代，中国的社会政策发展也进入了新阶段。社会政策在保持扩展的同时也呈现出在一些领域重点突破的局面。第一，一些社会保障项目，如养老、医疗等出现了全面整合的趋势，不仅城乡居民养老、医疗保险制度进行整合，而且公务员和事业单位养老金制度也开始与城镇职工养老制度并轨，同时基本养老金全国统筹也开始了实质性的推进。第二，中央政府继续加大在教育、医疗等领域的投入，社会政策再集中的趋势明显。第三，随着精准扶贫、健康中国、乡村振兴等一系列理念的提出，政府在贫困群体、老年群体、困难儿童、残疾人、退伍军人等特殊群体的社会政策领域集中发力，并在短时间内陆续出台了多项提升这些群体福利水平的政策。

总的来说，十八大以后的新时代是"人类需要本位"政策范式重点突破的时期，中国社会政策在范式的演进方面具有以下几个方面的特点。首先，通过以精准扶贫为代表的一系列政策举措，针对特殊群体的社会保护和基本社会安全网的建设得到了推进，社会政策对于弱势群体的兜底性保障得到全面增强。其次，得益于精准扶贫、健康中国等政策理念的推行，原有社会政策范式中的"社会身份本位"要素在企业职工和国家机关工作人员的基础上有所扩展，贫困群体、困难儿童和残障人士等特殊群体被纳入到社会政策覆盖的重点群体范围之中。再者，社会组织和公益慈善的力量得到了决策层的重视。随着《慈善法》等一系列政策法规的出台，政府和社会力量建立起良性互动的关系，拓展了社会服务的供给范围并提升了供给能力。

总的来说，尽管社会福利和社会服务的覆盖面已经有了很大的拓展，但当下的社会政策体系仍然具有一些明显的"社会身份本位"范式的残余。在重点群体社会政策推进的背景下，"社会身份本位"范式容易把本来属于普遍主义的公共服务供给范畴的福利资源捆绑在部分具有特定身份的群体之上，造成特定群体的"福利叠加"与全社会范围内基本公共服务的供给不足并存的现象。这一现象会进一步阻碍"人类需要本位"范式的实现。

推进"人类需要本位",建设"社会中国"

就范式的演进而言,从计划经济时代的"国家主义"到市场经济转型阶段的"发展主义"再到新时代的"人民中心主义",四十年来,中国社会政策模式呈现出从劳动保险制度下存在的基于职业、城乡和地域差别的"社会身份本位"福利制度,到社会保险制度下福利保障覆盖群体的扩展和"社会身份本位"范式的延伸,再到"人类需要本位"的初步发展和重点突破的特点。总的来说,在这一演进的过程中,中国社会政策的范畴和覆盖群体都出现了扩展。但是,就现状而言,现阶段的中国社会政策仍然体现着"社会身份本位"范式的许多因素,社会政策在制度和实践层面仍然面临着诸多问题,对"人类需要本位"范式的全面实现形成了挑战。福利供给的"地域不正义"、社会保障项目的碎片化以及基本公共服务供给的不充足,仍然阻碍着全体社会成员基本需要的全面满足,基于"人类需要本位"的社会政策体系仍未全面建成。

为此,基于"社会中国"的视角,我们认为,中国社会政策的发展应当以"人类需要本位"的全面实现为目标导向,实现社会政策的价值基础从"身份本位"的等级特权到"普遍主义"的社会权利,社会保障制度的覆盖面从"政策全覆盖"到"人员全覆盖",社会政策与经济政策的关系从"从属关系"到"良性循环的相互适应关系"的三大转变。

本卷共有十二篇论文,分属四个专栏。

近年来,行为经济学在公共政策和公共管理研究中得到了广泛的应用。为了探讨行为经济学对公共政策与公共管理的影响这一理论前沿问题,本卷组织了三篇论文。蒙克和汪佩洁的论文有宏大的理论抱负,旨在通过分析从经典政策科学到行为政策科学的范式转移,进而尝试建立一个行为政策科学框架以指导实践。他们建立的行为政策科学框架建基于行为经济学对人类认知行为特征的修正,强调了行为政策科学以问题为导向的典型特征。张书维、王宇和周蕾的论文则在行为公共政策视角下讨论"助推"(nudge)和"助力"(boost)这两大行为公共政策的干预工具。文章按照"认知基础—干预核心—效果评价"的政策逻辑,对比了助推和助力的差异,进而介绍了这两个工具在养老、健康等六大民生政策领域的应用。不仅如此,文章还提出了关于这两大工具的关系模型,认为行为公共政策视角下的助推和助力可以达致殊途同归。以上两篇文章对行为政策科学的讨论具有明显的理论色彩。岳经纶和张虎平通过梳理国际公共管理领域两大顶尖期刊 PAR 和 JPART 最近几年的论文,分析和介绍了实验方法在公共管理研究中的应用情况。研究结果显示,公共管理研究中最为常用的实验方法为调查实验法，即在调查研究中加入实验控制的思想；研究的内容主要为政府行为包括公共服务动机、透明度与政策决策；公民感知与态度包括公共服务绩效评价、满意度、信任等议题；公民行为包括公民参与、共同生产等议题。文章在指出实验方法在公共管理中的研究已经开始逐步增长的同时，也留意到相应的应用中还十分不规范，缺乏统一的一致性标准，实验研究的评价机制尚未得到统一。

医疗卫生专栏有两篇论文，一篇是量化研究，一篇是质性研究。谢予昭和顾昕的论文基于CHNS 2009和2011年数据，实证研究了中国社会医疗保险中的逆向选择行为。他们的研究发现：逆向选择在公立的社会医疗保险中的确有可能存在，但其存在性具有不确定性；逆向选择有可能随着政府补贴水平提高、保险给付结构改善以及保险制度建立的时间延续而降低。王春晓是研究三明医改的专家，他的论文从卫生治理体系整合的政治学视角，对医改的三明模式进行了再研究。文章认为，中国的卫生治理体系一直带有"碎片化"特征，因此三医联动是公共管理问题，是卫生治理体系的问题。三明医改之所以成功，主要是建立一把手负责的领导体制，突破部门利益格局，进行治理体系整合，真正实现了三医联动。

养老保险与服务专栏有三篇论文。黄博函和谢嘉丽的论文根据政策执行的"模糊—冲突"模型，对私营企业普遍存在的养老保险政策执行偏差进行了研究。文章主要采用访谈方法对珠三角地区私营企业进行实地考察，通过引入模糊—冲突模型进行政策执行过程分析，辨识出养老保险政策在私营企业执行的高模糊性和高冲突性的政策性质，找出了影响私营企业养老保险政策执行结果的关键性因素。在此基础上，有针对性地提出解决问题的对策建议。肖敏慧、宋华泰和李晨烽的论文基于2005—2015年的中国省级面板数据，利用空间计量模型对中国地方政府基本养老金待遇调整行为进行了实证研究。他们的研究发现，基本养老金增速与在岗职工工资增长率挂钩，但与CPI的关系并不显著；养老负担越重、财政依存度越高的省份，其基本养老金的增速反而越快；基本养老金增速在经济发展水平接近的省份之间存在显著的空间正相关。孙林的论文关注社区居家养老服务。论文基于对广州市社区居家养老服务需要与利用的调查，运用需要层次理论及"需要—需求关系"理论，发现老年人的社区居家养老服务中的优势需要仍主要是生理层次的生活照顾与健康照顾需要，而由于社区居家养老服务的实施中缺乏需要评估，加上受社会福利水平和老年人自身消费能力等因素的影响，已有的社区居家养老服务项目的利用率并不高。

社会治理与政策专栏有四篇文章。赵建国和于晓宇的论文基于CGSS（2010）的微观调查数据，从社会资本和政治功效感两个视角出发，利用联立方程模型实证考察了政府信任对公民有序政治参与的影响及其作用机制,发现政府信任通过社会资本和政治功效感两条途径显著提高了公民有序政治参与的积极性。蒋红军和郭小敏的论文关注乡村贫困治理研究文献,通过对贫困认知、扶贫主体、扶贫过程与扶贫绩效等论域的深入文献研究,描绘了乡村贫困治理的知识谱系和学术图景,呼吁新时代乡村贫困治理研究思维的创新。刘巧虹的论文是一个关于公共政策的案例研究。论文通过定性与定量研究方法,对中国传统文化教育政策变迁进行了追溯和探索,提供了一个利用间断均衡理论分析中国公共政策变迁的案例。温金荣与程璆的文章讨论一个特殊的社区治理问题,那就是国有农场的社区治理。国有农场是特殊的国有企业,兼具企业属性和社区属性的双重特质,在企业"为社会职能"的历史情境下,社区治理成为国有农场的重要职能。随着国有农场改革的深化,国有农场社区治理已经成为国有农场"办社会职能"改革的重要内容。文章认为,国有农场社区治理的困境由来已久,当前面临合法性身份缺位、有效性机制失位、组织性职能越位以及稳定性功能错位等一系列问题。针对这些问题,文章提出了以下对策建议:把握农场制度变迁与改革的政策导向,提升社区治理的回应性与公众参与度,推进协同共治和多元善治的治理格局,以及提高社区设施和基本保障的可持续性。

岳经纶

2018 年 12 月

于中山大学

中国公共管理研究中心/

政治与公共事务管理学院

社会保障与社会政策研究所

广州社会保障研究中心

目 录

理论前沿

政策科学的范式转移:从经典政策科学到行为政策科学
.... 蒙 克 汪佩洁(1)

行为公共政策视角下的助推与助力:殊途同归
.... 张书维 王 宇 周 蕾(20)

实验方法在公共管理研究中的应用:基于 PAR 和 JPART
两种期刊(2010—2017)的文献分析 .... 岳经纶 张虎平(39)

医疗卫生研究

中国社会医疗保险中的逆向选择行为:基于 CHNS 2009 年和
2011 年数据的实证检验 .... 谢予昭 顾 昕(60)

卫生治理体系整合的政治学:三明模式再研究 .... 王春晓(75)

养老保险与服务研究

"模糊—冲突"模型下的私营企业养老保险政策执行偏差研究
.... 黄博函 谢嘉丽(90)

中国地方政府基本养老金待遇调整行为研究
.... 肖敏慧 宋华泰 李晨烽(105)

社区居家养老服务需要与利用研究:以广州市为例 .... 孙 林(117)

社会治理与政策

政府信任如何影响公民有序政治参与:基于社会资本和
政治功效感的双重视角 .... 赵建国 于晓宇(133)

乡村贫困治理的知识谱系与学术图景 .... 蒋红军 郭小敏(154)

中国传统文化教育政策的变迁:基于间断均衡理论视角 .... 刘巧虹(172)

国有农场社区治理的困境及对策探析 .... 温金荣 程 璆(190)

理论前沿

政策科学的范式转移：从经典政策科学到行为政策科学[*]

蒙 克 汪佩洁[**]

【摘要】 近年来，行为经济学在公共政策中得到了广泛应用。与此同时，公共政策的理论框架仍然建立在古典经济学的假设之上，难以应对层出不穷的新挑战。面对政策实践中越来越多的行为问题，公共政策学者亟须进行理论突破：提出一个行为政策科学框架并用以指导实践。本文进行了这样的尝试。在总结经典政策科学模型的基础上，本文根据行为经济学对人类认知行为特征的修正，建立了一个全新的行为政策科学框架。该框架强调了行为政策科学以问题为导向的典型特征。同时，文章基于行为经济学的政策风险，对其伦理争议进行简要探讨。

【关键词】 行为经济学 政策科学 助推 伦理问题

The Paradigm Shift of Policy Science: From Classical Policy Science to Behavioral Policy Science
Ke Meng　Peijie Wang

Abstract Behavioral economics has been widely applied in the field of public policy in recent years, whereas the study of public policy still has its theoretical grounds built on assumption of classical economics. With more and more behavioral problems in the making of public policy, there is an urgent need to make a theoretical breakthrough, i.e. to put forward a behavioral policy framework and use it to guide practice. This article attempts to do so. Drawing on human cognitive behavioral characteristics identified by behavioral economics, this article formulates a theoretical framework of behavioral policy

---

[*] 基金项目：本文为国家社会科学基金（编号：041502320）、清华大学自主科研基金（编号：52300201216）、唐仲英基金会仲英青年学者计划的研究成果。

[**] 蒙克，清华大学公共管理学院助理教授；汪佩洁，清华大学公共管理学院博士生。

science. This new paradigm modifies classical policy models, emphasizes the problem-oriented characteristics of behavioral policy science, and reveals ethical dilemmas of public policy making based on behavioral economics.

Key words　Behavioral Economics, Policy Science, Nudge, Ethic Problems

行为经济学的发展为根植于经济学之上的政策科学提供了新的理论范式。作为经济学的第二种传统(Loewenstein & Charter, 2017),行为经济学已广泛应用于公共政策实践,尤其是以助推为代表的改善人类行为选择的计划在欧美多个国家落地,掀起了关注行为经济学的政策意涵与应用前景的浪潮。[1]对公共政策研究者而言,如何看待行为经济学的理论创新及其在政策实践中应用,并借鉴其研究成果对经典政策科学进行改造,成为必须面对的宏大理论课题。为此,既需回顾经典公共政策的理论体系,找到其与行为经济学的对话层级,又要寻找行为经济学对政策科学最关键的理论启发,并将其引入公共政策框架。

对此,本文进行了初步尝试。首先,回溯公共政策的传统理论模型,找到行为经济学与之对话的理论原点——认知行为,在此基础上比较经典范式与行为范式公共政策框架的区别与联系。为了突出行为范式的独立性,建立一个全新的行为政策科学框架,使之成为政策科学的新范式、新模型。最后,本文对行为政策科学中的应用及相关伦理问题进行探讨。

一、政策科学及其认知基础

公共政策学是旨在描述、解释公共政策现象的一门学科,为达至这一目标,政策科学引入经济学、政治学、管理学等学科概念,逐步建立起分析公共政策的理论模型,这些模型也正是政策科学研究的基本单位。从艾里逊(Allison,1971)剖析古巴导弹危机时采用理性选择等模型开始,政策模型随着实践不断丰富,其中应用最广泛的包括制度主义模型、过程模型、理性主义模型、渐进主义模型、团体理论模型、精英模型、公共选择模型和博弈论模型等(戴伊,2011)。

根据宁骚(2011)的观点,这些看似毫无规律的政策模型大体可归为两类:一是关于权力本质的模型,二是关于人的认知能力本质的模型,两者共同构成了政策模型分野的底层逻辑。其中,认知能力本质的模型核心区别

---

[1]　阿克洛夫、奥利弗和著名行为经济学家桑斯坦于2017年在剑桥大学出版社在线平台共同成立了 Behavioral Public Policy(《行为公共政策》)学术期刊,以推动行为科学相关研究及其在公共政策中的应用。该刊每半年发行一期,由阿克洛夫、奥利弗和桑斯坦担任编辑。

在于对"决策过程是否理性"的预设（assumption）不同，而这恰恰体现了行为经济学与古典经济学的根本争论。具体而言，根据决策理性程度高低，依次有广博理性模型、有限理性模型/满意决策模型、渐进主义模型和垃圾桶模型这几类。[1]

广博理性模型对人类决策的理性程度最为乐观，其将决策行为视为完全理性判断的过程，即决策目标明晰、决策信息完备、预期净收益明确，等等。然而，这种对决策行为的极度简化受到了激烈批判，人们逐渐放弃了决策者是"理性人"和决策环境完全理性的假设，开始接受人类认知的局限，其中以西蒙的有限理性模型和林德布鲁姆的渐进主义模型最为典型。西蒙（1959）将信息的代价视为有限理性的最重要依据，比如很少有人等到信息完备才做出决策。他将这种决策者称为"行政人"，行政人在决策时往往受到多重约束，如多元价值的碰撞，公共政策的政治、社会、文化等属性，以及组织本身的结构限制等，使得行政人无法进行理想中的最佳决策，只能尽可能追求令人满意的结果。渐进主义根据美国政治的经验事实，发现完全理性主义模型在实际中无法实行，决策行为只是对现有政策渐进调适并达到动态均衡的过程。此外，"垃圾桶模型"将决策过程视为一个模糊状态下复杂问题的决策现象，即决策是在碰巧出现的问题、解决方案、参与者和选择机会之间结合的结果，是理性主义光谱之外的超理性行为。这些模型事实上都在试图回答决策者与决策过程是否完全理性这一问题。较晚出现的政策网络等新模型，从某种程度上也打破了理性主义的预设，例如倡议联盟框架，就是将政策过程视为不同政策子系统中各个联盟相互影响的结果（萨巴蒂尔，2004），这与决策的理性取向有本质区别。

由此可见，政策模型的一个基本分歧正来自对其理论基础——古典经济学"理性人"假设的反思与批判。尽管存在上述争论，理性主义价值取向在政策科学的主导地位仍然难以撼动，经济学视角的政策解释与评估一直是政策科学中的显学，"成本—收益"分析亦是政策分析最常见的方法。学者们习惯于在古典经济学的假定之下展开政策研究，将人视为追求效用最大化，拥有稳定偏好、理性预期，以及最佳信息处理能力的行为者。

行为经济学的发现则为政策模型创造了全新的认知基础。一方面，人的理性特征较为复杂，不仅仅是简单的"成本—收益"计算；另一方面，认知是一个综合行为，除了理性维度，还存在意志力与自利程度的差异。其核心发现是真实的人（real people）的行为模式其实系统性地偏离了"经济人"（homo economicus）的假定，并集中表现为有限理性、有限意志和有限自利（Jolls et al.，

---

[1] 这一分类下还包括了规范最佳模型、综合扫描模型等。

1998)[1]三种特征。

第一,有限理性(bounded rationality)概念最早由西蒙提出,他发现人的认知能力并非是无限的(Simon, 1959)。行为经济学家在西蒙的基础之上发展了有限理性假设。两者的区别在于,西蒙的有限理性模型侧重行为人在决策时面临的有限条件,以及受到的种种价值干扰,而行为经济学侧重人类本身固有的有限理性倾向。具体而言,有限理性可以分为有限的判断和有限的决策两类。一方面,人通常凭借经验法则而非理性计算做出判断,因而对事情的可能性估计存在偏差,如卡尼曼和特韦尔斯基(Kahneman & Tversky, 1978)提出的启发法。此外,人们还往往过于高估和自信(乐观偏误),存在后见之明偏误、自私偏误、遗漏偏误等非理性特征;另一方面,有限决策指人在决策时通常会偏离理性,前景理论对此进行了总结,主要表现为损失厌恶和禀赋效应,即人在决策的时候,不理性往往来自厌恶损失,或更加看重已经拥有的禀赋,不愿意放弃沉没成本等,因此回避改变,导致决策失误。

第二点是有限意志(bounded willpower)或非完全自控(incomplete self-control)。行为经济学家根据"双曲贴现"模型发现(Thaler, 2015),人们会在明知违背长期利益的情况下而做出选择,这就一种现时偏见(present bias),可见完全的意志力并不存在。自控力差导致的种种成瘾、储蓄不足、拖延等问题都是人有限意志力的典型表现,在教育、医疗和养老等项目非常普遍(Altman, 2012)。因此行为经济学认为,法律和公共政策应当限制公民的某些行为,这对意志力有限的人以及社会整体福利是有益的。

第三点是有限自利(bounded self-interest)。有限自利不等于简单的利他主义(altruism)。有限自利指人们会关心他人甚至陌生人的福利,讲求互惠,是一种相当普遍的表现。有限自利的假定表明,个人的自利行为会受到公平观念的约束。例如,即使在市场环境下,人们也会关注是否受到了公平对待。如果受到公平对待,人们会比古典经济学预测的更加善良,通过奖励公正者、惩罚不公平行为表现出"基于互惠的有限自利"(Jolls et al., 1998)。类似的,现实生活中广泛存在着积极互惠与消极互惠,前者指人们回应友善的行为会更加友好,后者指对待恶意报以报复性的回应(Fehr & Gächter, 2000)。一般来说,消极互惠要远多于积极互惠,即使没有任何物质奖励,人们也会惩罚有害行为,这反映了维护社会价值的普遍心理。

行为经济学对古典经济学最大的挑战在于对其"理性人"假定的质疑,因此,有限理性作为行为经济学的核心观点,集中反映了人类认知的局限性,而

---

[1] 波斯纳(Posner, 1998)将这些特点称为认知怪癖(cognitive quirks)。

有限意志与有限自利特征从某种程度上属于有限理性的派生,在一些情况下,有限意志与自利正是有限理性的根源所在。可见,这三个特征之间的区别并不明晰,只是彼此侧重点不同,但为了研究与应用更具有针对性,进行分类仍然是有必要的。

二、比较政策科学的两种范式:政策阶段论视角

行为经济学开辟了对人类认识能力的新观点,还十分重视政策对象在政策过程中的表现,这些都是其与传统公共政策的明显区别。为了更加全面地比较传统公共政策与行为政策科学,本文以政策阶段为框架对二者进行分析。之所以选择政策阶段框架,是因为其相比于其他政策模型的观察更加完整,涉及从政策问题、议程设置等一直到政策终结的整个政策生命(policylife)(萨巴蒂尔,2004)。[1] 关于政策阶段的划分从三分法到九分法不一而足,其中最为普遍的是对政策阶段的五分[2],涵盖议程设置、政策规划、政策选择、政策执行和政策评估等主要政策流程。由于行为经济学并不像政治学那样关注前期议程设置等环节,其重心在于政策规划、政策选择与政策执行等中后期,因此,接下来将从这三个方面对经典政策科学与行为政策科学进行比较。

在经典政策科学理论中,政策规划主要分为明确政策目标和确定政策方案两个步骤。首先,根据实际政策问题确定目标,通常是在公平、效率、自由和安全四个元目标之间进行取舍判断,并进一步细化具体的政策子目标。当代公共政策实践要求政策目标尽可能地明确具体,对有关概念、时间、目标内容等进行清晰界定或说明,能够量化的要予以量化。其次,政策方案规划过程中,通常需要构建一个目标与备选方案矩阵(韦默、瓦伊宁,2013),运用不同的标准对政策目标及其备选方案进行预测和评价。一般情况下,整个政策规划过程均由政府主导,有时会邀请专家做相关的政策规划与预评估,为决策者制定政策规划提供参考。

政策选择是在政策规划的基础之上,在诸多备选方案中进行选择的政策阶段。民主国家中,通过议会或者民众直接投票选出政策方案,政策选择也成

---

[1] 根据宁骚的观点,尽管政策阶段论的观点受到了不少批评,政策过程阶段论尚未成为标准的理论模型,但应该将其视为有关政策过程的知识条理化的有用叙述框架,而不应赋予其理论模型所应有的更多功能。

[2] 邓恩(2011)将政策过程阶段分为议程建立、政策形成、政策采纳、政策执行、政策评估等阶段;戴伊(2011)将其分为问题认定、议程设置、政策形成、政策合法化、政策执行等,并在后期又加入了政策评估。

为政策合法化的过程。当然,更多的日常政策议题仍然是政府内部事务,决策主体通常是行政官员。一般来说,成本—收益分析是行政者进行决策的主要依据,其通过识别每个方案的社会影响,并对其货币化,纳入贴现时间与风险的考虑,从而做出明确的政策选择。由于货币化的计算办法将政策选择化约为一道数学题,其可操作性强,政策成本与收益明确,因此成为政策科学与实践中的主流。例如,从克林顿总统任期开始,美国开始大范围在行政命令中识别社会成本和收益,并尝试计算其能否最大化社会净收益,此后国会的立法活动也被要求使用类似的成本—收益分析方法(Hahn & Sunstein, 2002)。可以说,政策选择基本上是由古典经济学价值为主导,以成本—收益为主要方法,以最大化社会收益为目标的政策阶段。

政策执行是公共政策过程中的重要环节,是使政策内容变为现实的行动过程,即使有优良的政策规划和选择,一旦执行不到位,其效果就会大打折扣,甚至出现执行偏差导致无效执行与政策失灵。传统公共政策理论主要关注执行主体、执行资源、执行手段(工具)、执行对象和执行环境等内容。

公共政策的执行主体一般指执行组织和执行人员。迈克尔·李普斯基(2010)在其基层官僚理论中阐述了基层官僚作为一线基层官员,是政策执行效果的关键所在,政策执行主体的知识水平、态度等会大大影响执行效果;除此之外,政策执行必须倚赖具体的政策工具或执行手段,如行政手段、法律手段、经济手段、思想教育或技术手段,等等,这些工具各有其优势,适当运用就能取得比较好的政策效果。当然,构筑于公权力之上的公共政策工具具有不可辩驳的权威性和强制性,这正是公共政策区别于其他政策的主要特征;政策执行是针对政策对象的行为过程,作为政策对象的个体、群体或组织通常是被动的,但他们的利益取向、文化心理因素和教育程度等都会对政策执行产生重要的影响。即使是同样的政策力度和政策手段,由于政策对象的异质性,政策效果仍然存在差异。尽管如此,过往公共政策研究与实践经常忽略政策对象的重要性,也因此产生了诸多政策问题。另外,公共政策是在特定自然环境和社会环境中产生和运作的,因此,除了自然环境之外,政治环境、经济环境和文化环境都会影响政策执行效果,如何因地制宜进行政策执行、关注并创造适宜的政策环境就是行政人员应当考虑的问题。

与经典政策科学不同,行为经济学给政策科学带来了全新的认知视角,使其呈现鲜明的行为特征。因此,从价值判断、政策工具与对政策对象的关注等主要方面考量,行为导向的政策科学都大大有别于上述传统公共政策的认识与做法。表1依据政策阶段总结了两者在核心政策阶段上的区别与联系。

表 1　政策阶段论视角下公共政策与行为政策科学的区别与联系

		经典政策科学	行为政策科学
政策规划	政策目标	清晰明确	模糊,需要谨慎设置
	政策方案	尽可能穷尽所有政策选项	有限资源和条件下的有限可选方案
	决策主体	决策者的目标是理性的,最大化社会福利	有限理性的决策者,目标不一定指向社会福利
	政策工具	管制型工具为主	非管制型工具,强调工具创新(如助推)
政策选择	标准	成本—收益分析	调整后的成本—收益分析,含有价值判断
	预评估	根据理性人假设对决策对象的行为进行评估	根据认知偏差的预评估结果更加符合实际
	政策对象	关注政策对象的物质利益,绝对利益	关注政策对象的公平感与满意度
政策执行	执行者	忽略政策执行者的个人偏好	关注政策执行者的个人偏好
	政策对象	缺乏对政策对象的认识,忽略其文化心理等因素	充分了解政策对象,并重视其价值偏好
	政策环境	关注政策的社会、政治、文化等宏观环境	关注政策执行的微观环境,对目标群体所处的微环境进行改良和营造,执行效果更好

在政策规划阶段,传统政策科学与行为政策科学在设定政策目标、政策方案、决策主体与选择政策工具等方面均有明显差异。传统公共政策追求政策目标的清晰明确,通常情况下这有利于政策推行。然而,在行为政策时代,复杂的社会环境导致多方利益竞逐,决策者难以抉择出唯一的、稳定的政策目标。加之决策者的有限理性,其对政策目标的选择亦不一定能最大化社会福利,这都要求矫正对单一政策目标的理想主义式追求,对待政策目标更加审慎;传统政策规划要求穷尽所有可能的政策选项及其效益分析。行为经济学则推断政策方案是无法穷尽的,现实情况是,人们只能在有限的社会资源条件下,得到有限的可选方案。此外,传统公共政策的工具箱通常缺乏想象力,主要依靠单一的管制型工具,如政府监管、财政支出等,这些都严重倚赖公共部门的行政权威。行为经济学的实践表明,政策工具的创新与选择十分重要,并直接影响了政策效果。行为政策科学的一大亮点就是打破了管制型工具的主导地位,提供了多样的非管制型政策工具,助推就是其中最为典型的例子。[1]

其次,在政策选择阶段,决策者一般要运用成本—收益分析对每个选项进行评估。对政策收益的预估本质上就是预估政策效果,在对人类行为认识还不全面的情况下,政策预估效果并不理想,大量实例证明人们并不像政策预期

---

[1] 此类新工具还包括能力建设、象征性劝告与学习等。

的那样行动。因此,行为经济学关于人类认知行为的发现,如有限理性、有限意志和有限自利特征都能使预估更贴近真实情况,从而帮助决策者精准预测政策效果,并据此做出政策选择。另一方面,在行为政策科学看来,公共政策在追求社会福利最大化的过程中仅关心决策对象的物质利益和绝对利益是不可取的。根据有限自利假说,个体在受到公正对待时,也会更加公正地对待他人。因此,提高政策对象的满意度、公平感,应至少与其获得的物质收益同等重要。西蒙也曾强调过,决策的依据不应当是最佳原则,而是最满意原则。

最后,在政策执行的关键阶段,应当尤其重视行为经济学的认识。公共政策涉及对公共资源和福利的分配,社会经济意义重大,但经典政策科学长期重视"决策者",忽视了"执行者"这一影响政策成败的关键主体。仅从人类行为的异质性特征出发,行为经济学都要求我们应当更加重视、而不是忽略执行者的个人因素,只有明确基层执行者的行为动机,合理选派执行人员,才能保证政策的有序执行;同样,政策研究对"决策对象"的重要性缺乏认识,尤其忽略人的文化心理因素,这些都不利于政策推行。行为经济学对行为特征与心理活动的关注可以弥补这一缺陷。此外,与传统公共政策着眼于宏观政策环境不同,行为经济学侧重于观察微观环境,并主动营造有利于政策执行的微观环境,使政策效果更有针对性。

通过上述比较可以发现,行为范式与经典范式的政策科学有两大关键差异,且始终贯穿于各个政策阶段。第一,行为政策科学打破理性人假定,接受了人类认知能力的局限性。尽管西蒙很早就提出了有限理性的概念,但传统公共政策框架并未因此改变,这是因为一旦将有限理性假定纳入模型,政策分析的难度会大大提高。因此,行为经济学的发现不但具有系统性的理论突破,还实践出可行的操作办法,大大提高了将行为视角纳入政策科学的可能性。从根本上说,如果人的真实行为系统性地偏离了标准路径,说明决策失灵才是常态,更无法对其视而不见。因此,正视人的有限理性、有限意志与有限自利特征,正是政策科学走向精确严谨的第一步;第二,行为政策科学不局限于研究公共部门,更重视政策对象,尝试从政策对象的角度进行研究。诚然,公共政策学是一门研究行政行为的学科,主要以决策者为研究对象,致力于解释政策现象、预测政策结果。但是,公共政策作为政府宏观调控的载体,其实施必然离不开受众的回应。那么,脱离政策对象的政策科学其实并不完整,要获得对公共政策过程的全面认识、提高政策效果,一定离不开对政策对象的重视。从这个意义上来说,行为经济学对公共政策对象的关注程度可谓前所未有,第一次拓宽了政策科学的研究范围,弥补了政策系统中长期不被重视的主体,为全方位的政策研究开辟了新道路。

上文主要从理论与价值层面概括了行为政策科学的基本观点。从实践的角度来说,行为政策科学是行为经济学在解决实际公共政策问题的过程中逐渐发展起来的,其本身就具有很强的操作属性。因此,为了将行为政策科学的内容规范化、程式化,需要建立一个行为经济学为指导的行为政策科学新框架。接下来,本文将集中探讨这一行为政策科学框架是如何运转的。

三、公共政策新框架:行为政策科学

(一) 行为政策科学框架

行为政策科学本质上是以问题为导向的政策框架。施耐德(Schneider, 1990)认为,从行为的角度理解公共政策,意味着公共政策是促使个体做一些他们原本不会做的事,或完成他们自己无法做到的事,这充分体现了行为政策科学的问题意识。总的来说,行为政策更加关注政策的中后端,更适用于解决存在认知问题的政策领域,尤其是对目前政策效果较差的领域进行政策改造。

根据行为经济学的具体应用,本文将行为政策科学的运作流程总结为五个方面。首先,锁定需要解决的政策领域,熟悉政策背景与宏观环境。其次在对应的政策领域中,界定清楚具体的政策问题,如是谁在哪个环节上出错导致的,是否存在纠错的可能,等等。第三,运用行为经济学的经验,寻找出现问题的认知原因,即在具体问题中是何种认知特征阻碍了人的合理行为。第四,根据相应的认知特征与政策问题,在工具箱中选择合适的政策工具。这些工具主要以柔性的助推为主,是一种非强制性的手段。最后进入政策执行阶段,也是所有政策框架的落脚点。图1展现了行为政策科学的基本框架。

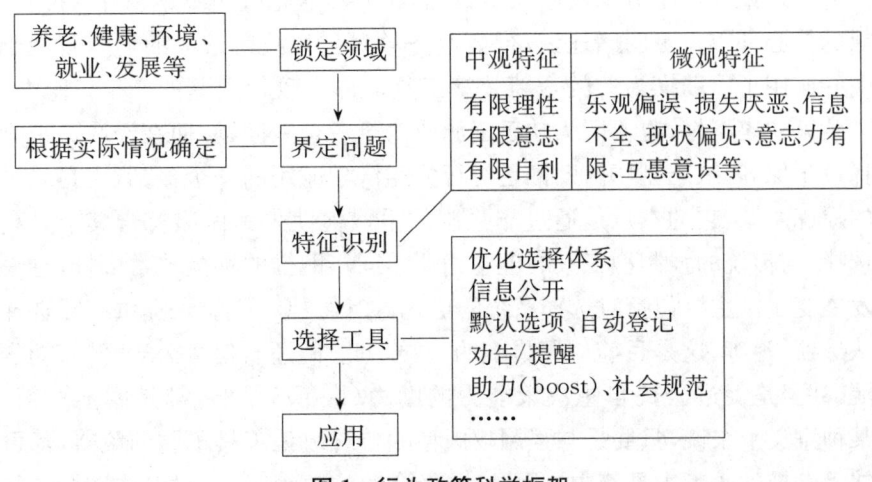

图1 行为政策科学框架

首先要锁定领域，也就是要对宏观政策背景有所把握。目前，行为政策科学广泛应用在健康、养老、教育、环境保护以及（欠发达地区）发展等政策领域中。这些政策领域的共同点就是需要与作为政策对象的公众深度互动。在这个互动过程中，微观个体的优势与局限也更加容易暴露，因此成为行为政策科学能够发挥作用的主要原因。其实，任何政策领域或社会经济生活领域都是以人为主导的，都涉及人与人、人与物打交道。因此，从这个角度出发，行为政策科学在根本上有助于对所有政策领域的理解。熟悉政策领域，也是为了帮助研究者更有针对性地制定政策、改造政策。

其次要界定问题。行为政策科学的政策设计都是基于一个具体的政策问题展开的，这也是其发展的初衷。在真实的政策环境中，实际问题花样百出、大相径庭，对行政者而言是一项极大的挑战。如果不能精准地诊断具体问题，就不会有政策的有效推行。因此，行为政策科学的第一项任务就是要识别问题，这有赖于扎实的理论和实践经验，并非一件容易的事情。

所谓特征识别，正是行为政策科学有别于其他政策模型与框架的独特之处。以人的认知特征为起点，要解决问题就必须对其中的认知原因进行仔细研究。中观层次上，认知原因可以是有限理性、有限意志与有限自利中的一种，或是彼此的组合与交叉。正如前文所述，这三个特征间的区别并不清晰，所以最好进一步对具体的微观特征进行识别。行为经济学提供了包括乐观偏误、损失厌恶、信息不全、现状偏见、意志力有限、互惠意识等常见的特征，基本覆盖了日常会遇到的情况。例如，低养老储蓄率存在的认知问题，主要是由于人们意志力有限，很难做符合长远规划的决定。只有识别了具体的认知特征，才能进行下一步政策工具的选择。

行为政策科学十分强调政策工具的重要性，这是改造政策设计、提高政策效果的核心环节。更明确地说，行为经济学对公共政策最大的创新就在于其发明并使用了以助推为首的全新政策工具。许多政策问题的产生，往往不是因为政策初衷不好，也不因为缺乏资源或执行者个人问题，而在于政策工具的选择过于保守，缺乏创新。助推是对行为经济学应用的一个概括，也是政策工具的提炼总结，它的本意是通过非强制的手段促使公民做出符合其个人利益的选择，与传统的强制型工具的理念完全不同。助推的种类非常多样，且一直在发展变化。主要包括对选择系统的优化，如设置默认选项、提供有限选择或默认选项，等等，这是目前应用最多的一类。此外，还有信息公开、发布劝告与提醒，甚至是促进公民自主决策能力的助力（boost）策略，都是助推的衍生。从某种意义上来说，只要是与强制权威型的传统政策工具不同的策略，都可以被纳入助推的政策工具箱中。因此，选择合适的政策工具，对个体选择进行轻微的干预，往往能够达到事半功倍的效果。最后一步是应用环节，本文在此不多赘述。

可以看出，与其他的政策模型相比，行为政策科学框架既提供了分析政策的模式，也融合了政策阶段的流程，具有一定的创新性与融合性。其在不脱离政策阶段视角的情况下，突出了实际问题在政策研究中的地位，也是对公共政策以人为核心关切的关怀和回归。归根到底，公共政策研究与实践，仍然是要以解决社会经济各个领域中存在的问题、提高政策水平与治理效果为落脚点，因此，以人与社会的健康长远发展为目标的行为政策科学将具有广阔的发展空间。此外，基于现有的理论与实践，行为政策科学还是以公部门对政策对象的改造为主，在如何认识与助推行政者上的研究尚属于研究空白，有待于人们对治理主体与对象关系的进一步厘清，并在今后的研究中对其予以重视。

需要澄清的是，行为经济学由于发现了人类认知的偏差，承认了人类并非全知全能的现实，某种程度会使人丧失对标准、客观目标的信心，以及对公共政策效能的担忧。但是，另一方面，行为经济学并不否认人的能动性和理性追求，也不是让公共政策过程由于人的有限认知能力而变得杂乱无章。相反，在承认了人的有限特征之后，如何通过良好的制度设计对这些问题加以规避或利用，以达到更优的政策效果，才是行为政策科学所追求的目标。

（二）助推：行为政策科学的应用

所谓"助推"，其本意是指用身体的某个部位（尤其是肘部）轻推某人，以提醒或引起人的注意。在行为经济学中，助推指政策制定者通过引导的方式使人们做出更好的决策。可见，助推首先表示一种有别于强制型的政策工具，强调用柔性措施改变行为（Lunn, 2014）。从塞勒和桑斯坦（Thaler & Sunstein, 2008）提出通过助推帮助人们做出关于健康、财富与幸福的最佳决策开始，助推已经大范围地应用于公共政策领域[1]，并逐渐成为应用行为经济学的代名词。

在众多应用中，针对养老金储蓄计划的助推是最为人熟知和典型的，其在美国和英国均有所实践，且取得了良好收效。下面试以美国养老金储蓄的助推计划为例，分析上述行为政策科学的基本框架是如何运作的。

从政策领域来看，养老是许多发达国家当前的重要政策门类，且面临着重重挑战。这些问题处在这样的宏观背景之下：发达经济体均步入了老龄化社

---

[1] 在行为经济学家的推动下，许多国家都组建了助推团队来改善政策效果。例如，英国在卡梅隆任期内组建助推团队（nudge unit）促进了慈善捐赠和器官捐献等事业（Halpern, 2016）。在美国，养老金助推计划也在各州逐渐普及，有效提高了美国民众的养老金储蓄率。此外，世界银行 2015 年发布的《世界发展报告》（Banque, 2014）专门探讨了人类的思维方式和决策行为如何影响贫困与发展，并提出在欠发达地区用助推来改善这一问题。

会,且老龄化趋势持续恶化。因此,对决策者而言,养老金储蓄低迷成为迫在眉睫的问题,而过往的政策很难起到实质性作用。以美国为例,养老金储蓄水平低并非是人们不重视养老。有数据显示,认为应当为养老储蓄的美国人比例非常高,但实际参加养老计划的比例却远不及此(Farkas & Johnson,1997)。为什么会出现重视养老储蓄但实际储蓄率低的矛盾状况呢?行为经济学家从认知原因的角度进行分析,发现人在做跨期投资决策中存在有限意志的问题,这在养老储蓄中表现尤为明显。也就是说,多数人即使认可养老储蓄的必要性,但在实际行动中却忍不住进行消费,优先满足当前的需求。

在确认核心问题及其认知原因之后,美国启动了养老金401(k)计划,号召"为明天储蓄"(save more tomorrow)(Thaler,2015)。该计划的关键就是通过一系列政策设计克服养老储蓄中的意志力有限问题,提高人们加入养老计划的可能性。具体做法可以被分为两类,第一是提高养老金计划的参与率。由于多数员工在入职时填写的计划表格中,默认选项是不参加养老金计划,如果参与则需要额外勾选。因此,仅针对默认选项的修改,采取自动登记的方式,就大大提高了公司员工的养老金计划参与率。此外,还有简化参与程序、减少选项等做法,促使更多人加入计划。另一方面是针对雇主的助推,为了鼓励企业主动为员工补贴养老金,将雇主本人自动加入养老金计划,并对其给予一定奖励,明显提高了雇主参与的动机。英国养老金计划在采取了自动登记之后,参与率也显著提高(Cribb & Emmerson,2016)。第二是提高养老金计划的储蓄率。在已经加入养老金储蓄计划的群体中,储蓄率仍然偏低,这除了意志力有限之外,还存在其他认知原因。对此,助推团队设计了储蓄比例自动升级方案,根据职工涨薪状况,同步提高养老金储蓄比例,并使其留存薪水不会减少,这一精巧的设计考虑了人的损失厌恶的特性。因为人们更在意自己拥有的东西,并对失去它感到痛苦,因此提高储蓄比例必须以不降低实际收入水平为前提。

表2 行为政策科学的应用:助推养老储蓄

行为政策科学框架	养老储蓄的助推案例
锁定领域	社会福利:养老领域
界定问题	养老储蓄参与率低、储蓄率低
特征识别	主要特征:有限意志,即跨期投资决策中存在的问题;厌恶损失
选择工具	默认选项、简化流程、自动升级、激励
应用	针对雇员的助推;针对雇主的助推

可以看出,针对养老金计划的助推是以解决问题为目标的一轮政策改造。其识别出了低参与率的核心问题——有限意志,还考虑到具体操作中遇到的

其他认知问题,通过使用设置默认选项、简化流程、自动升级等多个助推工具,做出了综合的助推计划。类似的应用还有很多,且主要集中在人的理性普遍不能发挥作用的地方,尤其是涉及公共问题的政策领域,如大型社会福利体系、劳动力市场以及环境政策,等等。其实,越是个人理性薄弱的环节,越是涉及公共利益的领域,越需要政府运用行为政策科学的智慧改造政策设计,助推个体做出更好的决策,达到个人与社会福利的优化。

不难发现,助推之所以能够快速落地,与其成本低、效果好的强大优势密不可分。例如,英国的助推团队仅仅在纳税提醒单(reminder letter)上添加了一句话"本社区的多数人已经交税",就使欠税得到了缓解,为英国挽回了 2.1 亿英镑财政收入。[1] 可见,助推能通过小小的改变就撬动了巨大行为改变。其根本原因在于行为经济学对人类认知行为特征的精确捕捉。只有完整认识到人类行为的特征,才能据此进行良好的政策设计与规划。需要注意的是,行为经济学的发现并没有推翻经济学对人类行为的假定,而是在理性人基础上,补充了广泛存在的偏离理性的行为倾向。也就是说,关于人类行为特征的知识越完善,我们就愈发认识到人类行为的复杂性。这一前提的改变要求公共政策从制定到执行层面都应当做出相应的调整,从更加贴近真实的人的行为特征出发进行政策设计与落地。因此,相比于传统的公共政策,助推可以做到在保留个体自由选择权利的同时,潜在影响人们的行为,使之朝着有利于个体福利和社会福利结果的方向发展。

四、行为政策科学的伦理问题

(一) 助推的伦理风险

行为政策科学为政府干预提供了一个全新的视角——个体失灵,这是与经典政策科学截然不同的行动逻辑。古典经济学模型认为,政府干预或介入仅应当在市场失灵时出现,是政府对冲市场系统性风险的一种方案。而面对个体失灵的情况,政府介入的合法性与合理性并没有得到有效论证,使得助推在走向应用的同时,亦始终遭受着伦理质疑。

这一质疑根本上是源自对行为经济学的哲学基础的怀疑。塞勒和桑斯坦(Thaler & Sunstein, 2003)提出,助推基于这样一种哲学观念——自由家长主义(Libertarian paternalism),这种温和的家长主义中并不存在强制,其在不

---

[1] 参见 https://www.nytimes.com/2013/12/08/business/international/britains-ministry-of-nudges.html。

损害个人自由选择的前提下,可以达到个人和社会福利的最优。如此看来,助推处于完全的家长主义和自由主义之间的中间状态,既能够克服强制的国家家长主义问题,保有家长主义的保护能力,还能克服放任的自由主义的弊端,保持自由主义下的个体活力。从结果上看,家长主义式的助推不会产生任何负面影响,其能使多数有限理性人受益,同时对理性决策者也没有危害,这就是非对称式的家长主义(Camerer et al., 2003)。

然而,这种对助推的哲学基础的辩护并没有得到广泛的认同,批评者提出了更加尖锐和具体的问题。第一,助推不利于个人的独立意识的培养,使人易受外界影响(Rizzo & Whitman, 2009)。批评者认为行为经济学家放大了人类非理性的一面,而事实上人并非如此愚蠢。博文斯(Bovens, 2009)表示助推使人的自我更加碎片化(fragmented selves),比如,人们在受到助推和在没有被助推的领域会表现出完全不同的行为方式,助推会使得人缺乏一贯的行为逻辑,这样并不利于培养独立的人格,也就无法基于个体自主性做出决策。[1]因此,引导人做选择相当于替人做选择,这对个人独立判断,理性意识的增长都是有害的;第二,助推在影响个人独立意识的基础上,将进一步助长人的道德惰性,使其成为无法对自己负责的人。一旦习惯被助推,事事都受到助推的引导,人们会心安理得地将自己的一切交由他人负责,道德惰性将由此滋长。当一心将个人福祉寄托在外在环境时,个体的自主性与道德意识就会双重缺失,这将是严重的社会倒退;第三,助推的设计者本身也是理性有限的个体。里佐和怀特曼(Rizzo & Whitman, 2009)发现助推的设计者本人也并非全知全能,不能完全了解所有人的选择偏好。因此,他们将自己的价值观念嵌入助推的设计中,很可能是在损害个体福利(Rebonato, 2014);第四,人类认知的有限性并非一无是处,相反,自动的思维系统在生活中非常有用。这直接挑战了行为经济学的理论基础。人们有限认知特征虽然可以被用来助推,但并不能为其应该被助推而辩护。还有一种观点认为,助推可以来自商业领域,而不应该来自政府。因为官方的助推对公民来说是无法回避的,而如果消费者不喜欢来自商家的助推,他们仍然有选择的余地。[2]总而言之,对助推的担忧主要集中在其可能带来的公民社会在社会价值、公共道德和政治生活方面的全面萎缩。

另一类质疑在于助推在个人利益与集体利益之间的选择困境。实际生活中,基于公共利益的助推与个体的福利偏好有可能并不一致,因而助推本身也

---

[1] 例如,在医疗卫生领域的干预,告知患者"多数人也选择了它",这种信息本身是否可信,就值得怀疑(Blumenthal-Barby & Burroughs, 2012)。

[2] 与上述批评类似,弗兰克·富里迪(Frank Furedi, 2011)总结过助推的三种道德挑战,即实践智慧的削弱、公共领域价值的消减,以及道德作用的丧失。

需要更加仔细的论证。很多助推计划的目标是公共利益,并不关心个体。例如,默认登记捐献器官的助推有利于全社会的捐献与健康水平,但对于捐献者本人仍然是一种损失,或者没有得到任何形式的收益(Raihani,2013)。此外,助推的公平性也受到质疑。由于被助推的个体往往是信息不全且存在偏见的,他们或许会牺牲个人利益满足了社会需求,而没有被助推成功的人却没有任何损失(Goodwin,2012)。因此,这种针对公共利益的助推计划往往会使没有采取行动的人搭便车,坐享公共资源创造的良好条件。那么,这种一味引导个体对社会做贡献的动机本身就是可疑的。因此,只有一种情况的助推在道德上站得住脚:即那些参与者本身也能从中获益,共享福利成果的助推。

(二) 助推的伦理辩护

在豪斯曼和韦尔奇(Hausman & Welch,2010)看来,对助推存在的伦理忧虑被夸大了。因为助推及其最常见的方式——选择框架本质上是不可避免的。即使没有像助推计划一样精心设计,自然的助推和选择框架在日常生活中也随处可见,人们之所以愿意接受商家的助推,只是因为没有察觉到。从助推的出发点来看,商家对消费者的助推是为了获得利润,而公共部门对公民的助推,通常要经过更为严格的民主程序和公众监督,并以提高公共福利为主要目标。因此,来自政府的助推反而更值得信赖。

从公共价值层面出发,助推被认为是政府运用行为科学对公民进行操纵的一种方式,是对公民自主权的侵犯,完全与西方民主制度与自由主义的核心价值相悖,更引发了对于政府角色的隐忧。反对者认为,助推对公民行为的干预是政府权力向公民社会的延伸,在原本并不需要政府干预的场域,由于助推的存在,政府变得越来越庞大,政策的触角伸展到社会生活的每个角落。面对这种质疑,英国行为科学团队专家艾尔派斯·柯克曼(Elspeth Kirkman)回应说,改变人的行为本身就是政府的分内事。[1]约束力最强的公共政策——法律的最终目的都是在规范和惩罚某些行为,却鲜少有人质疑法律对盗窃和暴力行为的禁止。相反,多数助推计划都指向一个更优良的社会治理目标,无论是在健康卫生、环境保护还是社会保障领域,助推都在发挥良好的作用。从某种程度上来说,干预人的选择行为是很困难的,助推的选择框架也不会让人们选择做自己不愿意做的事情,相反,轻轻的助推只会让人们更容易做自己想做的事情。因此,助推本身并不会违背人的自主性和个体福利水平,亦不会放大政府角色。

根据桑斯坦(Sunstein,2015)的观点,仅就助推本身讨论其合法性和道德

---

[1] 参见 http://www.govtech.com/data/When-Government-Nudging-Is-Ethical.html。

与否没有任何意义。只有针对特定目的、特定形式的助推才需要被讨论。这是因为助推的形式十分多样,牵涉领域和出发点也不尽相同,这一特殊性决定了对助推的道德风险不能一概而论。因此,桑斯坦(Sunstein,2015)区分了三种助推类别,来帮助人们进行甄别判断。一是家长式的助推与市场失灵的助推。例如,通过默认选项提高人们的养老储蓄计划就是一种家长式助推,其之所以成功是因为个体在自主判断中存在失误。而助推人们选择环保行为,则是针对市场失灵所做的助推,人们本身并不存在任何的失误。在桑斯坦看来,有理由认为针对市场失灵所做的助推是完全符合道德的,争议仅存在于针对个体的家长式助推;二是教育式的助推与非教育式的助推。教育式的助推会给人们提供更多的信息,其目的是通过信息披露帮助人们更好地做决策,完全增进了个体的自主性,因此并不存在任何道德争议。非教育式的助推是在不提供任何信息的情况下促使人们做出选择,例如设置默认选项,本质上没有提高人们的理解和认知能力,因而存在一定的道德风险;第三,利用个体偏见的助推与没有利用个体偏见的助推。借鉴卡尼曼对人类思维的两个系统的界定,如果利用思维的快系统进行助推,则存在一定争议。而针对慢系统的助推,其实加强了个体审慎的思维能力,并不存在伦理问题。

面对助推中存在的问题,主要有三个方向的判断准则。第一是助推应满足必要的价值条件,即福利(welfare)、自主(autonomy)、自尊(dignity)和自我管理(self-government)(Sunstein,2016)。也就是说,一项助推是否存在道德风险,应当根据它是否促进了人的福利、自主、尊严和自我管理能力来进行判断。第二,助推是否符合程序正义。与其他政策工具一样,助推作为政府的政策工具箱中的一种,其合法性和伦理依据与工具本身无关,重点在于使用这项工具的程序是否合法、是否进行了相关的信息披露,以及是否得到了公众的授权。否则,运用强制命令、禁止,以及经济激励的传统政策工具,更加可能被政策设计者或利益团体滥用,其对社会福利的危害,比起助推也只会更大。第三,助推涉及的伦理问题不等于助推失败,应对两者加以区分(Sunstein,2017)。助推的实施失误并不能作为其有伦理问题的证据。有研究发现,助推的失败主要有两种:一方面,用社会规范进行引导的助推,有可能会引起反弹或负面作用,反而刺激他们要做出独立选择,导致结果与政策初衷相违背(Rabin & Sugarman eds,2001)。另一方面,助推很难对拥有足够经验、掌握充分信息的个体起作用。这些状况都是助推失败,但并不存在伦理问题。因此,伦理问题的讨论核心不在于是否应该使用助推,而是助推应当如何被恰当地运用。

不可避免的是,助推的哲学基础——自由家长主义本质上仍然是家长制的一种,存在有意操纵与干预的成分。因此,无论出于何种目的,助推都涉及公权力对公民个体的干预,尤其是在数据科学时代与政府精细化管理水平提高的社会环境中,助推的普及已是大势所趋,一旦从实验室走向政策场域,必须对其保持应有的谨慎态度。

五、总　结

本文的理论构想来自这样一种逻辑关系的认识:建基于古典经济学之上的政策科学对决策理性持有坚定的信心,理性主义构成了传统政策科学一贯的认知基础。与之相对应,行为经济学的发展从根本上动摇了古典经济学"理性人"的强假设,认识到了人类认知行为的有限性。这一理论突破也促使政策科学系统性地革新当前的研究取向,因此,基于行为新发现,单纯以理性主义为主流的政策模型需要得到修正或相应补充。

可见,身处行为经济学时代与政府角色转变的大背景下,公共政策的研究与实践都需要完成从经典到行为范式的转化,这既是回应基础理论创新,也是弥补短板、解决实际政策问题的必然要求。因此,本文从公共政策的一般模型出发,考察了公共政策在理性主义视角下对个人行为的看法与相应的政策理论。通过引入行为经济学最新的研究与应用成果,根据政策阶段对经典政策科学与行为政策科学进行了比较分析,并提出了一个全新的行为政策科学新框架。这一框架创造性地将行为经济学的见解合理应用在公共政策各个阶段,并突出了行为政策科学对政策设计进行改造的特点,为身处行为科学时代中的政府描绘了另一种政策思维方式和行为路线图,旨在为尚处于萌芽期的行为政策科学范式探索理论道路。行为政策科学是政策科学与行为经济学发生理论碰撞的产物,但在公共政策与行为经济学之间仍然横亘着一条理论的鸿沟,造成了两者的衔接问题与行为政策科学诸多方面的研究空白。例如,公共政策传统历来重视对组织行为的研究,行为经济学则更强调对个体行为的观察;公共政策关注整个政策过程的全阶段,行为经济学则更加聚焦政策执行中的中观与微观问题,等等。如何将二者更加有效地结合起来,使之成为既具有政策科学价值观,又具有行为经济学见解的政策框架,将是极具挑战性的研究课题。幸运的是,在行为科学与科学技术飞跃的时代,行为政策科学迎来了前所未有的理论支撑与应用潜力,这给研究者提出了更高的目标:探索建立一个更完善的行为政策科学,并用其指导科学的行为政策实践。

参 考 文 献

保罗·萨巴蒂尔,2004,《政策过程理论》,彭宗超、钟开斌等译,北京:生活·读书·新知三联书店。

戴维·L·韦默,艾丹·R·瓦伊宁,2013,《公共政策分析理论与实践》,刘伟译,北京:中国人民大学出版社。

丹尼尔·卡尼曼,2012,《思考,快与慢》,胡晓姣、李爱民、何梦莹译,北京:中信出版社。

宁骚,2011,《公共政策学》,北京:高等教育出版社。

托马斯·R·戴伊,2011,《理解公共政策》,谢明译,北京:中国人民大学出版社。

王绍光,2006,"中国公共政策议程设置的模式",《中国社会科学》第5期,第86—99页。

威廉·邓恩,2011,《公共政策分析导论》,谢明等译,北京:中国人民大学出版社。

亚当·斯密,1997,《道德情操论》,蒋自强等译,北京:商务印书馆。

Allison, G.T, & Zelikow, P., 1971, *Essence of Decision: Explaining the Cuban Missile Crisis*. Little, Brown and Company.

Altman, M., 2012, "Implications of Behavioral Economics for Financial Literacy and Public Policy", *The Journal of Socio-Economics*, 41(5):677-690.

Banque, M., 2014, *World Development Report 2015: Mind, Society, and Behavior*. World Bank.

Blumenthal-Barby, J.S., & Burroughs, H, 2012, "Seeking Better Health Care Outcomes: The Ethics of Using the 'Nudge'", *The American Journal of Bioethics*, 12(2):1-10.

Bovens, L., 2009, "The Ethics of Nudge". In Grüne-Yanoff T., & Hansson S.O(eds), *Preference Change*(pp.207-219). Netherlands: Springer.

Camerer, C., Issacharoff, S., Loewenstein, G., O'donoghue, T., & Rabin, M., 2003, "Regulation for Conservatives: Behavioral Economics and the Case for Asymmetric Paternalism", *University of Pennsylvania Law Review*, 151(3):1211-1254.

Cribb, J., & Emmerson, C., 2016, *What Happens When Employers are Obliged to Nudge? Automatic Enrolment and Pension Saving in the UK* (No. W16/19). IFS Working Papers.

Farkas, S., & Johnson, J., 1997, *Miles to Go: A Status Report on Americans' Plans for Retirement*. New York: Public Agenda.

Fehr, E., & Gächter, S., 2000, "Fairness and Retaliation: The Economics of Reciprocity", *Journal of Economic Perspectives*, 14(3):159-181.

Furedi, F. 2011. "Defending Moral Autonomy Against an Army of Nudgers." Spiked. http://www.spiked-online.com/newsite/article/10102-.WyfNehIzafU, 2018年6月12日访问。

Goodwin, T., 2012. "Why We Should Reject 'Nudge'", *Politics*, 32(2):85-92.

Hahn, R.W., & Sunstein, C.R., 2002, "A New Executive Order for Improving Federal Regulation? Deeper and Wider Cost-Benefit Analysis", *University of Pennsylvania Law Review*, 150(5):1489-1552.

Halpern. D., 2016, *Inside the Nudge Unit: How Small Changes Can Make a Big Difference?* London: Ebury Press.

Hausman, D.M., & Welch, B., 2010, "Debate: To Nudge or Not to Nudge", *Journal of Political Philosophy*, 18(1):123-136.

Jolls, C., Sunstein, C.R., & Thaler, R., 1998, "A Behavioral Approach to Law and Economics", *Stanford Law Review*, 50(5):1471-1550.

Lipsky, M., 2010, *Street-Level Bureaucracy: Dilemmas of the Individual in Public Service*. New York: Russell Sage Foundation.

Loewenstein, G., & Chater, N., 2017, "Putting Nudges in Perspective", *Behavioural Public Policy*, 1(1), 26-53.

Posner, R.A., 1998, "Rational Choice, Behavioral Economics, and the Law", *Stanford Law Review*, 50(5):1551-1575.

Raihani, N.J., 2013, "Nudge Politics: Efficacy and Ethics". *Frontiers in Psychology*, 4:972.

Rebonato, R., 2014, "A Critical Assessment of Libertarian Paternalism", *Journal of Consumer Policy*, 37(3):357-396.

Rizzo, M.J., & Whitman, D.G., 2009, "Little Brother is Watching You: New Paternalism on the Slippery Slopes", *Arizona Law Review*, 51:685.

Schneider, A., & Ingram, H., 1990, "Behavioral Assumptions of Policy Tools", *The Journal of Politics*, 52(2):510-529.

Simon, H.A., 1959, "Theories of Decision-making in Economics and Behavioral Science", *The American Economic Review*, 49(3):253-283.

Sunstein, C.R., 2015, *Nudging and Choice Architecture: Ethical Considerations* (SSRN Scholarly Paper No.ID 2551264). Rochester, NY: Social Science Research Network.

Sunstein, C.R., 2016, *The Ethics of Influence: Government in the Age of Behavioral Science*. Cambridge: Cambridge University Press.

Sunstein, C.R., 2017, "Nudges That Fail", *Behavioral Public Policy*, 1(1):4-25.

Thaler, R.H., & Sunstein, C.R., 2003, "Libertarian paternalism", *American Economic Review*, 93(2):175-179.

Thaler, R.H., & Sunstein, C.R., 2008, *Nudge: Improving Decisions about Health, Wealth, and Happiness*. New Haven: Yale University Press.

Thaler, R.H., 2015, *Misbehaving: The Making of Behavioral Economics*. New York: WW Norton.

Tversky, A., & Kahneman, D., 1978, "Judgment under Uncertainty: Heuristics and Biases: Biases in Judgments Reveal Some Heuristics of Thinking under Uncertainty", *Uncertainty in Economics*, 185:17-34.

行为公共政策视角下的助推与助力:殊途同归[*]

张书维　王　宇　周　蕾[**]

【摘要】 近年来,行为科学在公共政策的制定和执行中获得广泛应用,催生出一种新的理论范式——行为公共政策。"助推"和"助力"作为行为公共政策的两大干预工具,分别代表了行为改变的不同因果路径。本文按照"认知基础—干预核心—效果评价"的政策逻辑,逐一对比助推和助力在这三个层面的差异;然后聚焦两者在养老、健康、医疗、就业、交通、环保六大公共政策民生领域的应用;在此基础上提出二者的关系模型,并探讨其内在的政治内涵及政策理念,即"自由家长主义"与"家长自由主义"。最终得出结论:行为公共政策视角下的助推和助力,各美其美,双璧交辉,殊途同归。

【关键词】 助推　助力　行为科学　公共政策　NB模型

"Nudge" and "Boost" from the Behavioral Public Policy Perspective: All Roads Lead to Rome

Shuwei Zhang　Yu Wang　Lei Zhou

Abstract　In recent years, behavioral science has been widely used in policy process, which has developed a new theoretical paradigm—Behavioral Public Policy(BPP). As two major intervention tools of BPP, "nudge" and "boost" represent different causal paths of behavior change. According to the policy logic of "cognitive basis-intervention core-effect evaluation", we compare the differences of nudge and boost in three aspects. Then, we focus on the application of the nudge and boost in the six key areas of public policy: pension, health, medical care, employment, transportation and environmental protection. Last but not least, we put forward the relationship model of nudge and boost, and discuss its internal political implication, namely "libertarian paternalism" and "paternalistic liberalism". The conclusion is that

---

[*]　基金项目:本文获国家社会科学基金青年项目(项目编号:18CGL043)资助。
[**]　张书维,中山大学中国公共管理研究中心、政治与公共事务管理学院副教授;王宇,中山大学政治与公共事务管理学院硕士研究生;周蕾,暨南大学管理学院助理研究员。

both nudge and boost from the BPP perspective can be combined.

Key words Nudge, Boost, Behavioral Science, Public Policy, NB Model

一、引言:行为公共政策

公共政策是对全社会的价值做权威性的分配(Easton,1965;吴玄娜,2016);制定公共政策已成为政府的核心职能。毋庸置疑,公共政策的目的是为了解决社会公共问题,维护大多数人的共同利益。因此,好的公共政策必须以人为本,基于人的行为特点而进行设计和执行。近年来,发达国家公共部门兴起了一场声势浩大的公共政策变革,以"有限理性"(bounded rationality)为假设的行为科学在公共政策中得到广泛应用,大力提升了政策的效果及其有效性(朱德米、李兵华,2018)。这一变革也催生出一种新的理论范式——"行为公共政策"(Behavioral Public Policy),推动了公共政策研究向行为科学的转向(Heap,2017;李文钊,2018;吕小康等,2018)。公共政策研究提倡以问题为中心(陈振明、薛澜,2007),但传统公共政策基于理性主义的认知模型即"理性人"假设在解释问题时并不完整,解决问题难免就事倍功半或隔靴搔痒;这为行为科学的进入提供了空间(蒙克、汪佩洁,2019)。行为科学是一个成熟的、多学科的研究领域,而将心理学和行为经济学为代表的行为科学知识引入到公共政策的制定和执行过程,以此改善政策的实施效果,则是行为公共政策的一大贡献(Sanders, Snijders, & Hallsworth, 2018)。在这方面,由英国政府资助、成立于2010年的"行为洞见小组"(Behavioural Insights Team, BIT)进行了很多富有成效的尝试,取得了超乎预期的成功,因而最具代表性(Delaney, 2018; Hansen, 2018)。2017年国际学界发生的两个标志性事件,使行为公共政策研究的热度大增:其一是行为经济学家理查德·塞勒(Richard H. Thaler)荣获诺贝尔经济学奖(李宝良、郭其友,2017);其二是 *Behavioral Public Policy*(《行为公共政策》)学术期刊由剑桥大学出版社在线平台创刊[1]。权威学者的示范引领加上学术交流专业平台的搭建,以及各国政府部门先后成立的行为科学智囊团队(如 BIT),预示着"行为政策"正在成为公共政策研究的新主题与公共政策实践的新势力,这一领域的研究和实践大有可为。

在行为公共政策的视角下,产生了全新的行为干预工具:"助推"(nudge)

---

[1] 该刊由阿克洛夫(George Akerlof)、奥利弗(Adam Oliver)和桑斯坦(Cass R.Sunstein)担任编辑,每半年发行一期,截至2018年底已发行两卷四期。网址:https://www.cambridge.org/core/journals/behavioural-public-policy。

和"助力"(boost)。助推的概念由塞勒和桑斯坦于2008年出版的 *Nudge* 同名书中正式提出,指不依赖于明显的经济刺激或行政手段,在保持个体选择自由的前提下,以一种非强制性的干预方式,通过改变选择架构引导人们的行为朝着预期的方向改变(Thaler & Sunstein, 2008)。随着2017年塞勒被授予诺贝尔经济学奖,助推思想广为人知,助推作为干预工具在推动政策制定、促进社会发展中发挥的作用也备受瞩目。除了助推以外,行为公共政策还有另一重要的工具——助力。不同于助推,助力重在培养个体做出更好决策的能力(competence)而非行为本身,通过干预行为认知或决策环境等方式,使人们能够行使自己的权力,做出真正符合自身意愿的选择(Grüne-Yanoff & Hertwig, 2016; Hertwig & Grüne-Yanoff, 2017)。"助力"作为独立概念的提出(Grüne-Yanoff & Hertwig, 2016)虽略晚于助推(Thaler & Sunstein, 2008),但助力的相关研究和实践30年来一直在进行(Gigerenzer、栾胜华、刘永芳,2018; Hertwig, 2017)。助推与助力可视作行为公共政策视角下行为干预的两大并行"法宝";其目的都在于让目标人群行为发生预期的变化(何贵兵、李纾、梁竹苑,2018),但二者分别代表了行为改变的不同思路,明确二者的区别有助于厘清行为公共政策的内涵,也为政策制定者提供更多选择。因此,本文旨在通过对比"助推"和"助力"的各自策略,分析二者在公共政策领域的应用研究,进而归纳出行为公共政策视角下助推和助力的理论模型。

二、"助推"和"助力"的策略对比

赫特维希和格鲁内-雅诺夫从七个方面阐述了助推和助力的区别:干预目标、研究项目和证据的立足点、因果路径、对人类认知结构的假设、可逆性、计划的野心,以及规范性启示(Hertwig & Grüne-Yanoff, 2017)。该分类较为全面,但用在解释公共政策的研究却显得层次不够分明,特别是缺乏一个清晰的政策主线。有鉴于此,本文聚焦干预工具之于公共政策的作用,借助行为公共政策的视角,将助推与助力间的差异按照"认知基础—干预核心—效果评价"的政策逻辑进行梳理,并逐一探讨。首先解释二者的认知基础,追溯其理论根源;其次在既定的认知基础上,分析二者对公共政策干预的侧重点;最后评价二者在公共政策领域所达到的不同效果。

(一)"助推"和"助力"的认知基础

助推策略的建立源于人类认知结构的"双系统(Dual-system/process)模型"(Evans, 2008; Kahneman, 2003, 2011)。该模型假设个体思维过程涉及两个系统:基于直觉的自动系统(系统1)和基于理性的分析系统(系统2)。系统1加工速度迅速,不占用或占用很少的心理资源,多来自人们不假思索的自动化反应;系统2加工速度迟缓,需占用较多的心理资源,主要来自人们有意识的思维反应(张书维、李纾,2018)。系统1自主运行,但容易受到系统偏差和非理性的影响;系统2在原则上可以监督第一系统并纠正偏差,然而耗时费力。基于此,改变行为的尝试可以采取两种途径:一种是利用自动系统的各种启发式和偏差,另一种是启动分析系统并维持。由于第二种途径效率低且成本高,人们在很大程度上偏好采取前一种方法。也正是由于自动系统导致的惯性、损失厌恶和自制力差等问题,使人们存在一定程度上的认知缺陷(cognitive deficiencies/cripple),影响其做出完全符合自身权益的决策(Sunstein,2014)。助推的核心就在于"选择架构师"或政策制定者充分了解并巧妙利用个体的认知缺陷,通过合理设计选择架构,引导人们改变行为,从而取得比其他方式更好的结果(Thaler,2015;Thaler & Sunstein,2008)。

助力策略的建立源于人类认知过程的"简捷启发式"(simple heuristics),即人们在自身与环境资源有限的情况下,依据包含一系列简单启发式策略进行快速且合理判断的有效手段(Gigerenzer et al.,1999,2011)。"简"意味着信息搜索的简化和依靠单一理由做出决策;"捷"意味着判断与决策的过程中有明确的步骤和停止原则(王晓田、陆静怡,2016)。在很多情况(如不确定性高的环境)下,简捷启发式的效果优于效用最大化或复杂的贝叶斯模型(Gigerenzer & Selten,2001;Gigerenzer & Gaissmaier,2011)。其精髓在化繁为简,优势是生态效度高(王晓田,2018)。有别于"启发式与偏差"研究所坚持的稳定性和不可渗透性(Kahneman,2003;Tversky & Kahneman,1974),简捷启发式的存在受制于有限的计算能力及信息条件等可变因素,故可通过"教育"来教会人们如何精明老练地处理风险(Gigerenzer等,2018),而这正是"助力"的关键所在:人是具有认知可塑性的(cognitive plasticity)。因此,培养提高人的能力,让个体具有更高层次的判断和决策水平,实现预定政策方向的改变将成为可能。正所谓:"授人以鱼不如授人以渔。"

综上,助推遵循"思维双系统"理论,强调利用人的认知缺陷来设计和调整选择架构,无须改变人的能力即可引导行为。而助力则继承"简捷启发式"思想,主张利用人的认知可塑性,寻求培养人们的认知和动机能力,从而改变行为。值得一提的是,助推和助力的认知基础虽然有所不同,但两者都遵循西蒙的有限理性假设和满意原则(Simon,1956,1990)。无论是自动化思维还是简捷启发式,都承认人类认知是有限理性的,会受到种种因素的干扰,使得决策存在问题,需要其他力量(助推和助力)的积极介入,达到满意而非最优解(Grüne-Yanoff & Hertwig,2016)。

(二)"助推"和"助力"的干预核心

在分析"助推"和"助力"的干预核心之前,需要首先明确二者拥有的类别。助推存在两种形式:"非教育性助推"(non-educative nudge)和"教育性助推"(educative nudge)。"非教育性助推"即典型的助推,通过选择架构的重塑引导人们的行为(如默认选项效应);与此相对,"教育性助推"是桑斯坦新近提出的概念,试图利用提示信息(如提醒、警告和标签等)来改变人们的行为(Sunstein,2016)。无独有偶,助力也有两种表现:"短期助力"(short-term boost)和"长期助力"(long-term boost)。"短期助力"聚焦的是改善某一特定情境下的具体能力;"长期助力"是指通过增加一种新能力或增强现有能力,达到认知和行为上的持久、主动和跨情境的改变(Hertwig & Grüne-Yanoff,2017)。由以上定义可知,教育性的助推和短期助力在很大程度上形成重叠,二者都代表了对给定问题的局部修复。尽管如此,非教育性助推和长期助力才是符合各自思想精髓的主流和代表(Hertwig & Grüne-Yanoff,2017);故以下对助推和助力干预核心的对比,主要聚焦于非教育性助推和长期助力间的差异。同时,如无特别说明,后文的助推指非教育性助推,助力指长期助力。

助推的干预核心是行为。在塞勒和桑斯坦看来,任何能够显著改变"社会人"(而非"经济人")行为的因素都可以被称为助推(Thaler & Sunstein,2008)。即便在助推的批评者眼里,也认可助推作为一个标签,泛指那些非强制性的引导民众行为的方法(Gigerenzer等,2018)。就连BIT都被习惯地称为"助推小组"(The Nudge Unit)(Thaler,2015)。由此可见,"行为助推"是密不可分的。助推的理念实际上暗合了行为主义的"刺激—反应"模式:选择架构的设计是刺激呈现,因此导致的行为变化是反应结果。在这一过程中,人们的能力没有实质上的改变或提高;当刺激不再出现,行为即恢复如常。尽管一些反复影响行为的助推或持续时间较长的助推也可能最终会形成新的行为习惯而固定下来,但是助推的干预核心仍然主要针对人们的直接行为而非其他。以帮助人们做出好决策为例,助推的套路是"简单粗暴"地驾驭(steering)(Hertwig & Grüne-Yanoff,2017)。

助力的干预核心是能力,包括风险辨识力、对不确定性的管理以及动机调适等。其最终目标仍然是改变决策者的行为,但它采取了一种"曲线救国"的赋能(empowering)方式(Hertwig & Grüne-Yanoff,2017)。通过培养现有的能力或发展新的能力(即"赋能",如通过自然频数的培训使人们具有与贝叶斯统计相当的概率推理能力),使得人们能够自主地选择相应的行为(Grüne-Yanoff & Hertwig,2016)。换言之,助力通过赋能让个体在有意识的情况下(此时没有第三方干预),更容易做出好的决策。想要实现赋能,就需要改善人类的认知、环境和/或动机。而助力的范围,也从只需个体投入较少的时间和认知资源的干预到需要大量培训、努力和动机的干预(Hertwig,2017),以达到政策制定的预期结果。

(三)"助推"和"助力"的效果评价

如前所述,助推和助力有着不同的认知基础,侧重不同的干预核心,自然收获的效果也就大相径庭。在此通过三个标准来评价助推和助力的政策效果:直接性、持续性和经济性。

首先,从对行为是否具有直接作用来看,助推和助力路径不同。助推的原理是改变人们的选择架构,助推的三大策略:增加策略、减少策略和转换策略都是在选择架构的设计上做文章(张书维、梁歆佚、岳经纶,2018),以实现不费力气的行为引导,向着政策制定者期望的方向。因此,行为之助推是直接的。另一方面,助力的原理是培养人们的决策能力;助力的主要做法:培养人们理解统计信息的能力、培养人们掌握决策程序的能力、培养人们自我控制与激励的能力都着眼于通过能力的提升去影响相应的行为(Hertwig & Grüne-Yanoff,2017)。一言以蔽之,工欲善其"行",必先利其"能"。因此,行为之助力是间接的。

其次,在行为的持续性上,助推和助力存在差异。助推并不涉及个人的内在能力,只改变个人的外在行为。看似不起眼的干预暗藏选择架构师的"心机",助推对象在这个过程中是被动的;一旦干预被取消,其行为可能会恢复到之前的状态,好像什么都没有发生过。相比之下,助力剑指能力,通过助力对象的主动参与,改善其现有能力甚至建立起新的能力(如对健康统计数据的理解、更好的财务决策、更健康的食物选择),在能力塑造下的行为具备了稳定性,就会经得起时间的考验。即使干预取消,行为也能维持。因此,助推的政策效果往往是即时而短暂的,而助力的政策效果缓慢但长久。

最后,考虑干预的经济性,助推和助力也有分别。助推公认的低成本是其受推崇的原因之一(Benartzi et al., 2017)。这既体现在选择架构师所需的物力人力投入低,也体现在个体所需的认知资源投入低。与助推相比,助力的"花费"就会多一些。因为助力需要政策制定者和个体双方都投入一定的时间、精力和动机,尽管有一些助力技术如表达性写作(expressive writing)[1]也不过几分钟的时间(Hertwig & Grüne-Yanoff,2017)。考虑到助力效果的持续性,似乎这样的成本也是必要的。

---

[1] 表达性写作是一种简易操作的临床干预手段,鼓励个体自由地写下他所面临某个重要压力源时的想法和感受。研究表明,表达性写作可以增加工作记忆的容量,提升数学焦虑者在考试中的表现(Klein & Boals, 2001; Park, Ramirez, & Beilock, 2014)。

综上,在认知基础、干预核心与效果评价三个政策维度上,助推与助力泾渭分明。通过本部分的对比分析,可以简要地概括出表1。

表1 "助推"与"助力"的策略对比

维　度	助推	助力
认知基础	"思维双系统",利用认知缺陷性	"简捷启发式",利用认知可塑性
干预核心	行为	能力
效果评价	直接、短效、成本低廉	间接、长效、成本适度

三、"助推"和"助力"的政策应用

随着行为科学对公共政策影响的不断深入,越来越多的人开始关注助推和助力对公共政策的作用及实践。行为公共政策的优势体现在两个方面:一方面能够纠正行为化的市场失灵;另一方面因其非强制性、留有选择权的特点使得成本—收益分析理想,易被接受(句华,2017)。行为公共政策的执行是一种精细化治理的过程,其精髓是对症下药、有的放矢(胡鞍钢、杭承政,2018)。目前助推和助力在公共政策制定和执行中应用较多、效果较好的有养老、健康、医疗、就业、交通、环保六大民生领域。本文针对上述领域,系统地梳理两类工具相关的研究及其应用发展。

(一)养老领域

民众养老金储蓄参与率低的难题普遍存在,迫使各国政府每年需花费大量的财政资金进行补贴,公共财政不堪重负。助推策略为此提供了一种解决思路:只要改变养老金计划的默认选项,由原来的默认"不参加"改为默认"参加"。原来默认"不参加"时,参加养老金计划需要申请;改为默认"参加"时,不参加需要申请;但都是自愿且非强制的。这样的一个小小改变,既能保留人们的自由选择权,又能显著提高参保率(Thaler & Sunstein, 2008)。通过简单的政策设计就能够大幅度提升人们对养老金账户的储蓄率。这一助推巧妙地利用了人们的思维惯性——保留事先被选定的选项,也就是选择默认选项的倾向性,而人们做选择的能力并没有实质上的改变。若默认选项恢复为"不参加"时,养老金参与率极有可能出现回落,因此其产生的效果是迅速而短期的,并且这样的策略几乎不需要花费什么成本(Thaler & Sunstein, 2008)。同样,英国养老金计划的成功,很大程度上归因于采取自动登记政策(Cribb & Emmerson, 2016)。

与助推策略不同,助力的支持者认为提高养老金参与率的方式还可以做得更"彻底"。鉴于养老金储蓄专业知识复杂(涉及复利、通货膨胀和风险分散等),运用助力策略可以将这些专业知识简化为经验法则(如养老储蓄是多元化的风险分散投资中的一种),帮助人们增加对养老金储蓄的直观理解,从而使其易于操作。例如,世界最具影响力的信用评级机构"标准普尔"在调研全球十万个资产稳健增长的家庭基础上,分析总结出"标准普尔家庭资产配置图",图中将家庭资产划分为四个账户,括弧内为相应比例:日常开销账户即"要花的钱"(10%)、杠杆账户即"保命的钱"(20%)、投资收益账户即"生钱的钱"(30%)、长期收益账户即"保本升值的钱"(40%),养老储蓄属于最后一个账户。只需一张图就能教会人们如何科学合理地配置资产[1]。此外,通过向人们呈现外貌随时间变化的图片,或者让人们写一篇关于想要后代如何记住自己的短文,使人们建立当下自我与未来自我的心理连续性(psychological connectedness),同样有助于养老金的储蓄(刘云芝等,2018)。也就是说,一个人越意识到自己将成为今天储蓄的未来受益者,他就越有可能为退休储蓄,使其尽力避免满足当前消费而忽视长远问题,从而增强人们的养老金储蓄意愿。助力策略认为人的认知是可塑的,将养老专业知识简化为经验法则正是体现了其化繁为简的精髓所在,"教会"了人们如何在养老金储蓄面前精明且老练地选择最适合自己的策略,这种干预手段正是通过培养个体能力从而实现预定政策方向的改变。诚然,这样的改变需要时间,无论对于民众还是政策制定者。

(二) 健康领域

在健康饮食情境中,助推与助力各自产生着不同的影响。运用助推策略,美国一高校重新设置学校食堂的取餐通道,增加专供健康食品的通道,从而使得学生在选择时更倾向于选择健康的食品,降低对高热量非健康食品的摄入量(Hanks, et al., 2012)。同理,超市收银台摆放口香糖、避孕套等小件的健康商品比香烟、薯片更能助推消费者的健康选择。更进一步,耿晓伟等人(2018)的实验通过启动健康目标,改变人们对不同热量食物的情感预测,从而降低对高热量食品的选择。事实上不只是饮食,利用助推策略,在原有选择之外增加另一个更差的选择后,原来的那个选择会变得更有吸引力,从而促进个体的洗手行为(Li, Sun, & Chen, 2018)。

运用助力策略,通过教育提高人们对健康知识的理解,培养其对风险的认知,能够在健康领域得到显著的效果。在各种高热量美食诱惑前,人们追求健

---

[1] 新浪财经(2016):据说这是世界上最牛的家庭资产配置! http://finance.sina.com.cn/money/2016-11-28/doc-ifxyawxa2938331.shtml。

康的意愿很难转换为有效行动,因此对健康行为的有意识干预是有必要的。诸如在食物包装上标识热量等级(而不仅是绝对数值),在香烟包装盒的醒目位置印制警示标志(文字+图片)等措施,且将这类信息尽可能展示地通俗易懂生动形象,向公众明确告知食物的高热量与香烟的危害性及对健康的潜在风险,从而提高认知深度,强化健康动机,使人在理智的引导下减少高热量的摄入和香烟的消费,能够有效改善人们的饮食和吸烟问题(Lin, Osman, & Ashcroft, 2017)。再有,收看环保纪录片(如《穹顶之下》),也可对公众的自我防护行为意向(如戴口罩)产生间接的积极影响(Qin et al., 2018)。可见,以健康饮食为例,助推通过一些巧妙的构思和新颖的设计直接干预人们对高热量食物的摄入,而助力则提升了人们对风险和危害的判别能力从而主动选择更健康的食物。二者相比,显然增加专供健康食品通道的措施起效更快、成本更低、更易操作,但也存在一旦脱离助推环境,行为改变随即消失的可能性。如在没有专供健康食品通道的普通食堂,学生又会被高热量美食所俘获。若想长期克服日常饮食中摄入热量过高这一顽疾,根本上还是要从说服教育出发,帮助人们在高热量与健康风险之间建立联系,增强其决策能力。

(三) 医疗领域

助推和助力策略在医疗卫生的情境下也发挥着各自的作用。助推策略通过精简选项、使用智能分配系统优化选择架构,使得人们做出更合适的选择,从而显著提高医疗保险的参保率(Thaler, 2008);美国政府推出的儿童健康保健计划(Children's Health Insurance Program)利用助推思想,简化参保流程,实现了参保人数的显著增加(Rice, 2013)。这两种方式都是通过精简流程或选项,让人们更"容易"做出政策制定者希望导向的选择。与"减少"策略相反,还可通过"增加"策略促进信息披露和公开,进而助推个体的决策(张书维等,2018)。如只向需要再次入院诊疗的病患发送信息,无须入院则不发送信息,即可使患者不必要的再住院率明显降低(Bardhan et al., 2015)。无独有偶,非洲一些国家通过每周一次的短信提醒,使得艾滋病人能够按时地服药(World Bank, 2015)。再有,通过默认选项的转换策略(张书维等,2018),能够显著提高器官移植所需的捐献率(Abadie & Gay, 2006; Johnson & Goldstein, 2003, 2004; 黄元娜等, 2018)。

助力策略在医疗方面的应用通过提高人们的医学统计知识,来理解某些特定操纵和不透明,从而判断是否需要进行医疗检查和治疗(Gigerenzer & Hoffrage, 1995)。为了应对心血管疾病,医疗中心向人们提供中风和心脏病发作的主要症状的基本知识,以及最重要的反应——拨打911,这些措施可大大减少这些突发性疾病导致的死亡(Mata et al., 2014)。通过面对面教育、健康知识课堂的方式改变了儿童监护人的认知能力和行为，显著增加了农村留守儿童的疫苗接种率（白晶等，2015）；同样，针对父母和校长及老师的营养知识普及和宣讲，能改善农村小学生的健康状况（常芳等，2013）[1]。助力采取的是教育和宣传的方式提高人们的医疗知识，从而做出更适合自身的决策，而不是直接引导其选择，这样的措施使人们"知其然"又"知其所以然"，更能够经得起时间的考验，即使取消干预，行为也能在相当程度上得到维持。

（四）就业领域

在提升就业率方面，助推最为有效的应用来自 BIT。他们重新设计了找工作的过程，将其划分为一个又一个的小步骤，通过公开预先承诺的方式，让求职者做出某些具体的、主动承诺的行为，改变过去"被动推脱"的习惯，这不仅能够减少求职者消极松懈和半途而废的现象，更重要的是强化了求职者的求职动力，在一定程度上提高了求职成功率（Lourenco et al.，2016）。助推还可有效解决失业保险的福利依赖问题，政府通过设置失业金发放的期限（time-limited unemployment insurance），从而降低依靠失业金而拖延找工作的情况（Shavell & Weiss，1979）。匈牙利将"失业保险"重新命名为"求职者福利"，同时增加就业中心对求职者的访问，并要求求职者主动报告求职进展情况，多管齐下对解决再就业问题产生了积极的影响（Lourenco et al.，2016）。从主动承诺到求职者福利，这些政策的共通之处在于利用了公共政策中的框架效应（史燕伟等，2014），取得了立竿见影的实效。

助力在就业领域的应用更多是通过培训教育来使求职者对未来产生信心、对自我真实水平正确定位。政府通过宣传等手段告知失业者真实情况，以此避免失业者因过度消费而陷入贫困也是十分必要的（蒙克、汪佩洁，2018）。这一做法也有助于其实现客观的自我认知，对未来求职有一个合理的预期，从而做出适当的决策。另外，退休政策作为就业问题的终端环节，事关国家利益和个人福祉。目前看来，延迟退休似乎是大势所趋。要想顺利地推行延迟退休政策，可考虑改变政策益处的宣传立场，使之由国家转为个人，实验表明如此能够显著提升民众的政策可接受性及民众对政策的满意度（曾艳，2017）[2]。背后的原因在于人们更相信站在自身对立面说话的人，认为他们的话更具说服力，更易让人态度发生改变（Eagly & Chaiken，1978）。政策宣传立场与说服者立场类似，站在国家立场的宣传相当于站在说服者自身的立场；而站在个人立场的宣传至少摆脱了说服者自身的立场。

---

[1] 这一做法也可算作使用增加策略的信息助推（张书维等，2019），体现了助力和助推的交叉。
[2] 同上。

（五）交通领域

在交通领域，助推为缓解交通压力，降低交通事故做出了重要贡献。芝加哥为减少湖滨大道上S形危险弯路的翻车事故，出台了一个运用助推方式的办法，即在危险弯道的起始处放置减速慢行标志，利用越来越近的白线这一视觉效应，给司机造成一种车速越来越快的错觉，从而使其不知不觉在进入弯道前减速慢行（Thaler & Sunstein，2008）。类似的，近年来国内外多个城市街头采用的3D斑马线，较之传统的2D斑马线，3D的视觉冲击能够有效提醒司机让行[1]。这些助推措施本身并没有额外增加政策成本，只不过施以小小的"障眼法"，就直接降低了车祸发生概率，提高道路安全，实现了既定的政策目标。此外，利用助推的"增加策略"（张书维等，2018），发送新的违章信息能够及时降低交通违规的概率（Lu，Zhang，& Perloff，2016）；利用描述性社会规范，当被告知自己的违规数量高于其他同类人时，司机会感受到社会压力从而减少违规（Chen，Lu，& Zhang，2017）。

助力在交通安全领域也有独到之处。如美国国会为减少汽车侧翻交通事故，要求汽车销售商在卖车时必须明确告知消费者车辆侧翻的风险，为立法扫平了道路[2]。实践发现，让违章司机在安全宣传教育室观看交通事故案例并写下感悟，也收到了不一样的效果[3]。当司机有机会参与交通管理时，他们会更主动地遵守交通规则；而且司机在交通治理上给出的建议比警察给的更有效[4]。这些降低交通违法行为的策略正是通过对司机进行情景带入，让其更有参与感，认识到交通犯罪导致的事故危害，培养人们理解交通统计信息的能力，从而实现助力能力再到助力行为的转变。

（六）环保领域

助推对于环境保护成效显著。一方面，利用描述性社会规范原理助推，如向住户提供所在小区的平均用电量（哪怕是虚构的），并配之以"笑脸"（该家庭用电量低于平均值）或"哭脸"（该家庭用电量高于平均值），效果远好于传统干预方法的电费账单折扣和激励教育（Arimura et al.，2012；Benartzi et al.，

---

[1] 新华网（2018）：德国小镇现3D人行道斑马线提高道路安全，http://www.xinhuanet.com/world/2018-05/01/c_129862583_6.htm。

[2] Transportation Recall Enhancement, Accountability and Documentation Act（TREAD）[EB/OL]. https://www.govtrack.us/congress/bills/106/hr5164。

[3] 昆明信息港（2016）：违章司机看事故案例写感悟曲胜高速交巡警开全省先河，http://xw.kunming.cn/a/2016-11/22/content_4431056.htm。

[4] 中国人民大学国家发展与战略研究院（2017）："公共政策的助推机制应用"会议顺利召开，http://nads.ruc.edu.cn/displaynews.php?id=5440。

2017; Ito, 2015);为了提高毛巾的再利用率,也可以依靠在酒店房间中"多数客人都会重复利用这条毛巾"的提示语(Goldstein et al., 2003),亦属于描述性规范,起到提醒的作用。另外,利用默认选项原理助推,例如将打印机默认设置为双面打印来减少纸制品消耗(Egebark & Ekström, 2016),或是默认安装智能电表(Ölander & Thøgersen, 2013),还是默认登记参与节能方案(World Bank, 2015),都直接有助于节约资源、推动环保事业的发展。此外,新近一项研究将"长计远虑"作为一种助推方式,可以增加人们对长远环保政策的支持意愿和实际的环保捐助行为(李爱梅等,2018)。助推在环保领域的成功应用对于节约资源、保护环境具有"以小拨大"的深远意义。

助力通过政策宣传或行动改善计划,在环保领域也得到了积极应用。首先,利用带有教育色彩的指令性社会规范助力:如哥伦比亚通过大量宣传节水的紧迫和益处,降低了用水量,度过了缺水危机(World Bank, 2015);在国内不少公共场所至今还随处可见"节约用水,从我做起"的主题标语[1]。站在"规劝"的角度,对节能措施的表述如果是由损失为参照点,强调不节能会浪费金钱而非节能会省钱,效果更佳(Thaler & Sunstein, 2008)。收看环保纪录片(如《穹顶之下》),也可对公众的自愿缓解行为意向(如少开车)产生间接的积极影响(Qin et al., 2018)。其次,新近有实验利用"影像发声法",通过组织小区居民拍摄社区垃圾分类问题的照片(影像),并以小组为单位讨论照片(发声),从而改善了居民对垃圾分类的认识和行为意向,增加了社区的一般参与行为、邻里互动和社区认同(陈泓菲、辛自强,2018)。这种"影像发声法"旨在以周边行动改变核心认知,进而产生目标行为。本质上仍是助力思维的"助人自助",让居民最终在没有第三方干预的情况下,也能够自觉做出环保行为,并加以维持。

除了上述的六大领域,助推实践在法规推行、税务改革、政府债券发行等公共事业项目上也初现成效(Halpern, 2015)。助力则在教育领域显示出独特优势:学校的课程应当进行改革来提升学生的统计思维和启发式思维的能力,并且能意识到前者适用于风险情境,而后者在不确定性情境中不可或缺。这样日常生活中的大部分问题都能够从容应付(Gigerenzer 等,2018)。助力的核心理念与教育的原则十分贴切,目的都在于教会人们老练地处理风险和应对不确定性,以便做出明智的决定(Gigerenzer, 2014);换言之,助推和教育的本质均在于通过培养人的决策能力进而改善他们的决策行为。

---

[1] 新华网(2018):世界水日,你节水了吗? http://www.gd.xinhuanet.com/newscenter/2018-03/21/c_1122570599.htm。

四、结论:NB 模型

行为公共政策作为行为科学引入公共政策领域的创新之举,已然成为一个新的学术增长点和政策"试验田",挑战和机遇并存,总体而言形势乐观(Lepenies, Mackay, & Quigley, 2018; Sanders et al., 2018; Spencer, 2018)。"助推"和"助力"这两个行为公共政策的干预工具一经诞生,就极大地丰富了政策制定者和执行者的政策工具箱。通过本文的分析可知,在"有限理性"的假设下,助推基于"双系统思维"认知模型,利用个体认知及动机上的缺陷,对行为产生直接、短效、低成本的干预;助力基于"简捷启发式"认知规律,利用个体认知及动机的可塑性,发展既有能力或培养新能力,间接让人们做出自主选择,这种效果是持久甚至难以逆转的。无论"助推"还是"助力",目标都是实现人们行为的预期改变,各自却选择了不同路径。二者的关系如图1所示。图中助推与助力重叠的部分即为教育性助推和短期助力(如世界各地所售香烟,包装盒上均印有"吸烟有害健康"类的警示语),均代表了对给定问题的局部修复,尽管在实践中不太好区分,但这两者并非各自主流。特别地,一些反复影响行为的助推可能会形成惯例,意外地实现"教育性"的效果。但是从机制上看,这种助推仍是在利用认知缺陷引导行为的过程中,无意中影响了认知和动机本身,从而产生了持久的影响(Grüne-Yanoff & Hertwig, 2016)。

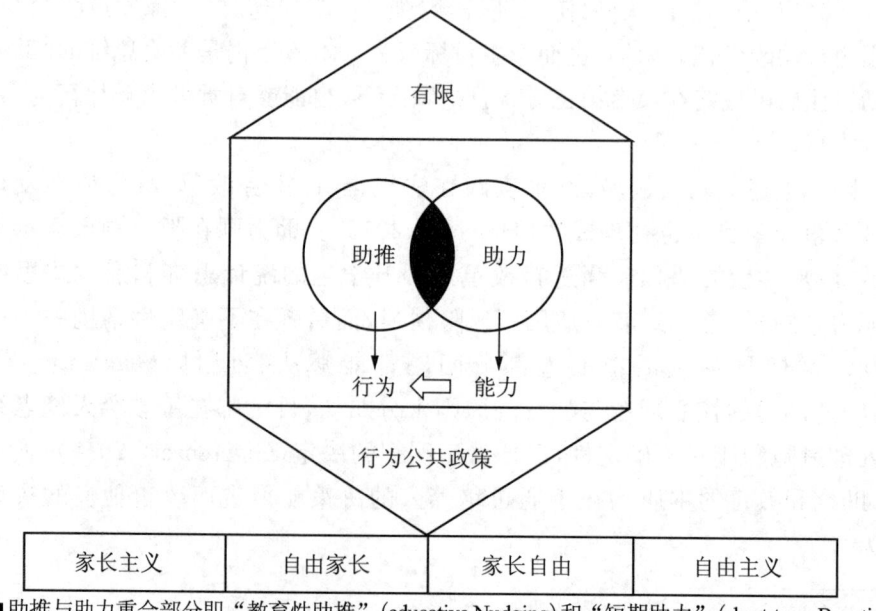

■助推与助力重合部分即"教育性助推"(educative Nudging)和"短期助力"(short-term Boosting)

图1 行为公共政策视角下的"助推"和"助力"关系模型(NB 模型)

然而,这绝不意味着可以将助推和助力混为一谈,也不意味着助力是一种特殊的助推。助力的目的在于能力提升,这些能力可以适用于广泛的环境,包括那些无法通过教育性助推达成的能力,这与助推存在很大的不同。由此,本文正式提出"行为公共政策视角下的助推与助力关系模型",简称"NB 模型"。

NB 模型有着特定的政治内涵和政策理念——"自由家长主义"(libertarian paternalism)[1]和"家长自由主义"(paternalistic liberalism)。传统上,对政府的管理方式存在两种相对观点:家长主义(paternalism)与自由主义(liberalism)。家长主义者认为政府出于好心,可以行使权力代替个人做出决策,此时个人的选择自由将被限制;自由主义者坚持个人的选择自由不可剥夺,政府的手不该伸得过长。以上缴养老保险为例,家长主义的做法是由政府出台规定要求每个人必须购买养老保险,并且硬性从工资中扣除,这样是为他们的将来着想;自由主义则反对这一做法,买不买养老保险完全是个人自由政府不应干涉,即便有人因此而老来受苦,那也是咎由自取,现实会教育他们并警示他人。可以猜测,两种做法的效果大概都不会太好:前者让人反感,后者让人放纵(何贵兵,2016)。塞勒和桑斯坦认为自由主义和家长主义虽然有冲突,但是并不矛盾。政府应以"自由家长主义"引导和帮助,而不是用强制手段迫使个体做出符合自身利益的选择和行为(Thaler & Sunstein, 2008)。所谓"自由家长主义",是指一系列的干预措施,其方式是利用人们稳定的认知偏差来克服这些偏差本身,而其目标是引导和帮助人们做出他们自己所认同的理性选择(Gigerenzer 等,2018;Rebonato, 2012)。显然,助推完全符合自由家长主义的作风,对行为的引导并不限制人们的选择,这是它"自由性"的关键(Thaler & Sunstein, 2003)。另一方面,助力着重于认知的改善和能力的培养,其对行为的干预程度弱于助推,重心在于保护和行使人们的自主选择权(陈泓菲、辛自强,2018)。当然,间接干预不等于没有干预,在这个意义上,体现出助力的"家长性"。因此,相对于自由家长主义,我们认为助力背后的理念可被称为"家长自由主义"(Canovan, 1983)。如果说自由家长主义更接近于家长主义;那么家长自由主义则更靠近自由主义。二者的差异主要是程度不同,但从性质上看均处在家长主义和自由主义之间(参见图 1);这意味着二者的共同点是改变行为的同时并不违背人们的自由意志,避免了单纯的家长主义事事包办或自由主义放任不管的极端,通过有条件的积极介入塑造行为,走出一条社会治理的全新道路。

必须指出的是,以助推和助力为主要干预工具的行为公共政策并不会取代传统公共政策的工具(如行政命令、经济杠杆),而是给政策制定者和执行者

---

[1] 也译作"自由家长制""自由式专制"或"自由主义的温和专制"。

更多选择。作为一种温和的政策工具,助推和助力既没有管制型政策工具的强制色彩,也鲜有激励型政策工具高昂的经济成本。对于政府监管而言,行为公共政策式的设计提供了命令控制型规制和激励型规制之外的真正意义上的第三种政府监管创新方案(孙志建,2018)。换言之,以助推和助力为代表的新型行为工具于政策领域的适用性体现在针对传统政策政策工具难以应付的"个体失灵"(如有限理性、有限意志和有限自利)——这在民生领域表现得尤为充分(Mongin & Cozic,2018);行为公共政策有的放矢地准备了更人性化的解决方案,超越了"放任自由"和"一刀切"式的管制政策。未来,行为工具的使用需更注重社会性,以应对复杂棘手的社会困境(van der Linden,2018)。在行为公共政策内部,助推和助力亦是互补而非替代的关系;助推失效之处,恰是助力用武之地(Sunstein,2017)。正确的态度应该是将两者加以结合,因时因地制宜,使之在适用的政策情境下充分发挥效用,共同促进公共政策的合理完善。至此,可以得出结论:在行为公共政策视角下的助推和助力,各美其美,双璧交辉,殊途同归。

参 考 文 献

白晶、张义、戴侃记、张建霞、张少白、张峰等,2015,"陕西省山区留守儿童预防接种核心信息干预效果评价",《医学动物防制》第31(12)期,第1370—1372页。

常芳、史耀疆、李凡、岳爱、杨斌、杨矗,2013,"信息干预对留守儿童身体健康的影响——来自陕西省的随机干预试验",《农业技术经济》第4期,第117—125页。

陈泓菲、辛白强,2018,"助推、促进、由心而治——社会治理的三种心理学路径",《中国社会科学报》,3月19日第6版。

陈振明、薛澜,2007,"中国公共管理理论研究的重点领域和主题",《中国社会科学》第7(3)期,第140—152页。

耿晓伟、张峰、王艳净、范琳琳、姚艳,2018,"健康目标启动降低高热量食物消费",《心理学报》第50(8)期,第840—847页。

何贵兵,2016,"助推:第三条道路",《管理视野》第6期,第101—106页。

何贵兵、李纾、梁竹苑,2018,"以小拨大:行为决策助推社会发展",《心理学报》第50(8)期,第803—813页。

胡鞍钢、杭承政,2018,"论建立'以人民为中心'的治理模式——基于行为科学的视角",《中国行政管理》第1期,第13—17页。

黄元娜、宋星云、邵洋、李纾、梁竹苑,2018,"以小拨大:默认选项和反应模式效应助推中国器官捐献登记",《心理学报》第50(8)期,第868—879页。

句华,2017,"助推理论与政府购买公共服务政策创新",《西南大学学报(社会科学版)》第43(2)期,第74—80页。

李爱梅、王海侠、孙海龙、熊冠星、杨韶丽,2018,"'长计远虑'的助推效应:怀孕与环境跨期决策",《心理学报》第50(8)期,第858—867页。

李宝良、郭其友,2017,"经济学和心理学的整合与行为经济学的拓展及其应用——2017年度诺贝尔经济学奖得主理查德·塞勒主要经济理论贡献述评",《外国经济与管理》第39(11)期,第138—152页。

李文钊,2018,"向行为公共政策理论跨越——间断—均衡理论的严谨逻辑和趋势",《江苏行政学院学报》第1期,第82—91页。

刘云芝、杨紫嫣、王娱琦、陈鋆、蔡华俭,2018,"未来自我连续性及其对个体心理和行为的影响",《心理科学进展》第21(12)期,第2161—2169页。

吕小康、武迪、隋晓阳、汪新建、程婕婷,2018,"从'理性人'到'行为人':公共政策研究的行为科学转向",《心理科学进展》第21(12)期,第2249—2259页。

蒙克、汪佩洁,2019,"政策科学的范式转移:从经典政策科学到行为政策科学",《中国公共政策评论》本卷。

史燕伟、徐富明、李燕、刘程浩、李彬,2014,"公共决策中的框架效应:理论解释及影响因素",《心理科学进展》第22(8)期,第1303—1311页。

孙志建,2018,"迈向助推型政府监管:机理、争论及启示",《甘肃行政学院学报》第4期,第57—66页。

王晓田、陆静怡,2016,《进化的智慧与决策的理性》,上海:华东师范大学出版社。

王晓田,2018,"用行为经济学应对不确定性:拓展有效助推的范围",《心理学报》,即出。

吴玄娜,2016,"程序公正与权威信任:公共政策可接受性机制",《心理科学进展》第24(8)期,第1147—1158页。

张书维、李纡,2018,"行为公共管理学探新:内容、方法与趋势",《公共行政评论》第11(1)期,第7—36页。

张书维、梁歆佚、岳经纶,2019,"行为社会政策:'助推'公共福利的实践与探索",《心理科学进展》,即出。

朱德米、李兵华,2018,"行为科学与公共政策:对政策有效性的追求",《中国行政管理》第8期,第59—64页。

曾艳,2017,《民众对延迟退休政策的可接受性:政策宣传立场的影响》,中国科学院硕士学位论文。

Gigerenzer、栾胜华、刘永芳,2018,"人非理性且难教化？论支持自由家长主义的证据",《心理学报》,即出。

Abadie, A., & Gay, S., 2006, "The Impact of Presumed Consent Legislation on Cadaveric Organ Donation: A Cross-country Study", *Journal of Health Economics*, 25(4): 599-620.

Arimura, T.H., Li, S., Newell, R.G., & Palmer, K., 2012, "Cost-effectiveness of Electricity Energy Efficiency Programs", *Energy Journal*, 33(2):63-99.

Bardhan, I., Oh, J.H., Zheng, Z., & Kirksey, K., 2015, "Predictive Analytics for Readmission of Patients with Congestive Heart Failure", *Information Systems Research*, 26(1):19-39.

Benartzi, S., & Thaler, R.H., 2013, "Behavioral Economics and the Retirement Savings Crisis", *Science*, 339(6124):1152-1153.

Benartzi, S., Beshears, J., Milkman, K.L., Sunstein, C.R., Thaler, R.H., Shankar, M. et al., 2017, "Should Governments Invest More in Nudging?" *Psychological Science*, 28(8):1041-1055.

Canovan, M., 1983, "Paternalistic Liberalism: Joseph Priestley on Rank and Inequality", *Enlightenment and Dissent*, 2:23-37.

Chen, Y., Lu, F., & Zhang, J., 2017, "Social Comparisons, Status and Driving Behavior", *Journal of Public Economics*, 155:11-20.

Cribb, J. & Emmerson, C.(VerfasserIn)., 2016, *What Happens When Employers are Obliged to Nudge? Automatic Enrolment and Pension Saving in the UK*. IFS Working Papers.

Delaney, L., 2018, "Behavioural Insights Team: Ethical, Professional and Historical Considerations", *Behavioural Public Policy*, 2(2):183-189.

Eagly, A.H., Wood, W., &Chaiken, S., 1978, "Casual Inferences about Communicators and Their Effect on Opinion Change", *Journal of Personality and Social Psychology*, 36(4):424-435.

Easton, D., 1965, *A Systems of Analysis of Political Life*. New York: Wiley.

Egebark, J., & Ekström, M., 2016, "Can Indifference Make the World Greener?" *Journal of Environmental Economics and Management*, 76:1-13.

Evans, J.S.B., 2008, "Dual-processing Accounts of Reasoning, Judgment, and Social Cognition", *Annual Review of Psychology*, 59(1):255-278.

Gigerenzer, G. & Gaissmaier, W., 2011, "Heuristic Decision Making", *Annual Reviewer of Psychology*, 62(1):451-482.

Gigerenzer, G. & Selten, R.(Eds.), 2001, *Bounded Rationality: The Adaptive Toolbox*. Cambridge/MA: MIT Press.

Gigerenzer, G., 2014, *Risk Savvy: How to Make Good Decisions*. New York: Viking.

Gigerenzer, G., Hertwig, R., & Pachur, T.(Eds.), 2011, *Heuristics: The Foundations of Adaptive Behavior*. New York: Oxford University Press.

Gigerenzer, G. & Hoffrage, U., 1995, "How to Improve Bayesian Reasoning without Instruction: Frequency Formats", *Psychological Review*, 102(4):684-704.

Gigerenzer, G., Todd, P.M., & the ABC Research Group, 1999, *Simple Heuristics that Make us Smart*. New York: Oxford University Press.

Goldstein, N.J., Cialdini, R.B., & Griskevicius, V., 2008, "A Room with a Viewpoint: Using Social Norms to Motivate Environmental Conservation in Hotels", *Journal of Consumer Research*, 35(3):472-482.

Grüne-Yanoff, T., & Hertwig, R., 2016, "Nudge versus Boost: How Coherent are Policy and Theory?" *Minds and Machines*, 26(1-2):149-183.

Halpern, D., 2015, *Inside the Nudge Unit: How Small Changes can Make a Big Difference?* London: Ebury Press.

Hanks, A.S., Just, D.R., Smith, L.E., & Wansink, B., 2012, "Healthy Convenience:

Nudging Students toward Healthier Choices in the Lunchroom", *Journal of Public Health*, 34(3):370-376.

Hansen, P.G., 2018, "What are We Forgetting?" *Behavioural Public Policy*, 2(2):190-197.

Heap, S. H., 2017, "Behavioural Public Policy: The Constitutional Approach", *Behavioural Public Policy*, 1(2):252-265.

Hertwig, R., 2017, "When to Consider Boosting? Some Rules for Policymakers", *Behavioural Public Policy*, 1(2):143-161.

Hertwig, R. & Grüne-Yanoff, T., 2017, "Nudging and Boosting: Steering or Empowering Good Decisions", *Perspectives on Psychological Science*, 12(6):973-986.

Ito, K., 2015, "Asymmetric Incentives in Subsidies: Evidence from a Large-scale Electricity Rebate Program", *American Economic Journal: Economic Policy*, 7(3): 209-237.

Johnson, E.J., & Goldstein, D.G., 2003, "Do Defaults Save Lives?" *Science*, 302(5649): 1338-1339.

Johnson, E.J., & Goldstein, D.G., 2004, "Defaults and Donation Decisions", *Transplantation*, 78(12):1713-1716.

Kahneman, D., 2003, "Maps of Bounded Rationality: Psychology for Behavioral Economics," *The American Economic Review*, 93(5):1449-1475.

Kahneman, D., 2011, *Thinking, Fast and Slow*. London: Penguin.

Klein, K., & Boals, A., 2001, "Expressive Writing Can Increase Working Memory Capacity", *Journal of Experimental Psychology: General*, 130:520-533.

Li, M., Sun, Y., & Chen, H., 2018, "The Decoy Effect as a Nudge: Boosting Hand Hygiene with a Worse Option", *Psychological Science*. https://doi.org/10.1177/0956797618761374.

Lin, Y., Osman, M., & Ashcroft, R., 2017, "Nudge: Concept, Effectiveness, and Ethics", *Basic & Applied Social Psychology*, 39(6):293-306.

Lourenco, J. S., Ciriolo, E., Almeida, S. R., & Troussard, X., 2016, *Behavioural Insights Applied to Policy: European Report 2016 (EUR 27726 EN)*. Publications Office of the European Union, European Union, Luxembourg, Europe.

Lepenies, R., Mackay, K., & Quigley, M., 2018, "Three Challenges for Behavioural Science and Policy: The Empirical, the Normative and the Political", *Behavioural Public Policy*, 2(2):174-182.

Lu, F.W., Zhang, J.N., & Perloff, J., 2016, "General and Specific Information in Deterring Traffic Violations: Evidence from a Randomized Experiment", *Journal of Economic Behavior & Organization*, 123(2):97-107.

Mata, J., Frank, R., & Gigerenzer, G., 2014, "Symptom Recognition of Heart Attack and Stroke in Nine European Countries: A Representative Survey", *Health Expectations*, 17(3):376-387.

Mongin, P., & Cozic, M., 2018, "Rethinking Nudge: Not One But Three Concepts", *Behavioural Public Policy*, 2(1):107-124.

Ölander, F., & Thøgersen, J., 2013, "Informing or Nudging, Which Way to a More Effective Environmental Policy?" In *Marketing, Food and the Consumer*, 141-155.

Park, D., Ramirez, G., & Beilock, S.L., 2014, "The Role of Expressive Writing in Math Anxiety", *Journal of Experimental Psychology: Applied*, 20:103-111.

Qin, C.S., Xu, J.H., Wong-Parodi, G., & Xue, L., 2018, "Change in Public Concern and Responsive Behaviors toward Air Pollution under the Dome." *Risk Analysis*, doi:10.1111/risa.13177.

Rebonato, R., 2012, *Taking liberties: A Critical Examination of Libertarian Paternalism*. Basingstoke, United Kingdom: Palgrave Macmillan.

Rice, T., 2013, "The Behavioral Economics of Health and Health Care", *Annual Review of Public Health*, 34:431-447.

Sanders, M., Snijders, V., & Hallsworth, M., 2018, "Behavioural Science and Policy: Where are We Now and Where are We Going?" *Behavioural Public Policy*, 2(2):144-167.

Spencer, N., 2018, "Complexity as an Opportunity and Challenge for Behavioural Public Policy", *Behavioural Public Policy*, 2(2):227-234.

Shavell, S., & Weiss, L., 1979, "The Optimal Payment of Unemployment Insurance Benefits over Time", *Journal of Political Economy*, 87(6):1347-1362.

Simon, H.A., 1956, "Rational Choice and the Structure of the Environment", *Psychological Review*, 63(2):129-138.

Simon, H.A., 1990, "Invariants of Human Behavior", *Annual Review of Psychology*, 41(1):1-19.

Sunstein, C.R., 2014, *Why Nudge?: The Politics of Libertarian Paternalism*. New Haven: Yale University Press.

Sunstein, C.R., 2017, "Nudges that Fail", *Behavioral Public Policy*, 1(1):4-25.

Sunstein, C.R., 2016, *The Ethics of Influence: Government in the Age of Behavioral Science*. Cambridge: Cambridge University Press.

Thaler, R.H., 2015, *Misbehaving: The Making of Behavioral Economics*. New York: W.W.Norton & Company.

Thaler, R.H., & Sunstein, C.R., 2003, "Libertarian Paternalism", *American Economic Review*, 93(2):175-179.

Thaler, R.H. & Sunstein, C.R., 2008, *Nudge: Improving Decisions about Health, Wealth and Happiness*. New Haven: Yale University Press.

Tversky, A. & Kahneman, D., 1974, "Judgment under Uncertainty: Heuristics and Biases", *Science*, 185(4157):1124-1131.

van der Linden, S., 2018, "The Future of Behavioral Insights: On the Importance of Socially Situated Nudges", *Behavioural Public Policy*, 2(2):207-217.

World Bank, 2015, *World Development Report 2015: Mind, Society, and Behavior*. Washington: World Bank Group.

实验方法在公共管理研究中的应用：
基于 PAR 和 JPART 两种期刊
(2010—2017)的文献分析*

岳经纶　张虎平**

【摘要】 实验方法在社会科学中的应用越来越重要，但公共管理的研究对于实验方法的应用还十分不足。究其原因，一是作为一门应用性学科，公共管理过度重视对外部效度的关注，二是实验方法在公共管理研究中没有得到及时的总结和推广。本文基于 2010 年至 2017 年《公共行政评论》(PAR)和《公共管理研究与理论杂志》(JPART)所有应用实验方法的文章进行归纳总结，结果显示：公共管理研究中最为常用的实验方法为调查实验法，即在调查研究中加入实验控制的思想，研究的内容主要为政府行为包括公共服务动机、透明度与政策决策，公民感知与态度包括公共服务绩效评价、满意度、信任等议题，公民行为包括公民参与、共同生产等议题。从对这两份公共管理顶级刊物的分析可以看到，实验方法在公共管理中的研究已经开始逐步增长，但相关的应用还十分不规范，缺乏统一的一致性标准，实验研究的评价机制尚未得到统一，实验方法在公共管理中应用及发展大有可为但又须谨慎而行。

【关键词】 公共管理学　实验方法　因果关系　干预

Application of Experimental Methods in Public Management Research
—Literature Analysis from 2010 to 2017 in PAR and JPART

Kinglun Ngok　Huping Zhang

Abstract The application of experimental methods in social science is becoming more and more important. However, its application in of the field

---

* 基金项目：本文为 2016 年度教育部人文社会科学重点研究基地重大项目《社会政策创新与共享发展》(项目编号：16JJD630011)、广州市人文社会科学重点研究基地资助项目的研究成果。

** 岳经纶，中山大学中国公共管理研究中心/政治与公共事务管理学院教授；张虎平，中山大学政治与公共事务管理学院博士生。

of public management research is still very inadequate due to the following two reasons: first, public management research pays much more attention to externalities, second, public management research is lack of the review of the experimental methods. This paper examines all the research articles which used the experimental methods published in *Public Administration Review*(PAR) and *Journal of Public Administration Research and Theory* (JPART) from 2010 to 2017. The results show that the most commonly used experimental method in the research of public management is the investigation experimental method, which include the idea of experimental control into the investigation and research. The main contents of these research are about government behavior, including public service motivation, transparency and policy decision; citizen perception and attitudes, including public service performance evaluation, satisfaction, trust and other issues; civil behaviors, including issues such as citizen participation and coproduction. It is argued that the application of experimental methods in public management has begun to grow gradually, but the scope of application is still very limited, which is accompanied by the lack of consistent standards, and unified experimental research evaluation mechanism. Hence, the application and development of experimental methods in public management is promising, but it should be done with caution.

Key words Public Management, Experimental Methods, Causal Relationship, Intervention

一、引 言

因果关系是科学研究的核心问题,对因果性的追求也是社会科学之所以成为科学的根本所在(梁玉成,2018)。实验方法是探索因果关系的最佳研究方法(Anderson & Edwards, 2014),也是社会科学知识积累的重要途径。实验方法的一个优势是可以使因果推断的研究过程更具透明性和可复制性,从而使知识体系更为系统化(Falk & Heckman, 2009; Mcdermott, 2002; Walker et al., 2017)。然而,作为一门应用性极强的学科,公共管理对研究的外部效度过分重视(Baekgaard et al., 2015),因而,与其他社会学科,如心理学、经济学、管理学、政治学等相比,实验方法在公共管理学科中的应用尚未普及(Blom-Hansen et al., 2015; Bouwman & Grimmelikhuijsen, 2016)。

虽然早在1992年波兹曼(Barry Bozeman)就在《公共管理研究与理论杂

志》(*Journal of Public Administration Research and Theory*)"公共管理实验设计"(Experimental Design in Public Management)的专栏中强烈呼吁公共管理学者重视实验方法作为知识积累的重要途径,但"在这之后的20年中,公共管理研究中实验方法的应用并无明显进展"(引自李晓倩等,2017:17)。除了在1992年《公共管理研究与理论杂志》专栏中的5篇实验研究论文之外,据鲍曼和格雷姆里克怀森(Bouwman & Grimmelikhuijsen,2016)的统计,1993—2009年期间在公共管理前十名的期刊[1]中一共仅发表了8篇实验研究论文。可见,实验研究方法在公共管理中的应用陷入了失落的20年。究其原因,除了对外部效度的质疑之外,实验研究的成本问题也是重要的阻碍因素(Anderson & Edwards,2014),因为招募被试及组织的成本相对于观察研究的成本而言更为高昂。此外,实验开展之中及之后还可能会产生意料之外的成本(刘军强等,2018)。而且,与其他研究方法相比,实验研究还可能需要研究者付出更多的心力,因为实验研究必须精心设计,谨小慎微,任何被忽略的微小因素都有可能对实验结果产生"污染"。另外,实验伦理问题也是影响实验研究发展的因素之一,实验的刺激与干预分配稍有不慎可能会使一部分研究对象处于不利地位(Blom-Hansen et al.,2015)。可以说,以上种种因素制约并限制了实验方法在公共管理研究中的发展与应用。

尽管如此,实验方法对于科学研究的重要性在许多社会科学学科中已经得到了充分的验证。正如佩里(Perry,2012)在《公共行政评论》(*Public Administration Review*)中所言:"良好的实验设计应该与其他研究方法一道成为提升有用知识(usable knowledge)的重要方面。"事实上,近十年来公共管理学界的许多研究者也一直在呼吁公共管理研究要重视实验方法的应用(Anderson & Edwards,2014;Baekgaard et al.,2015;Brewer & Brewer,2011;Jilke et al.,2016;Margetts,2011;Perry,2012;Van Ryzin,2013;Walker et al.,2017)。

自2010年以来,实验方法在公共管理学科研究中的应用开始崭露头角,呈现稳步增长的态势。为了更详细地了解公共管理学科中实验方法的应用,本文以公共管理学两大顶级期刊《公共行政评论》(PAR)和《公共行政理论与研究》(JPART)为例[2],分析实验研究方法在公共管理研究中的应用状况。本文以这两本期刊自2010年至2017年的所有使用实验研究方法的研究论文

---

[1] 十本期刊为:*Journal of Public Administration and Research Theory*,*Public Administration*,*Public Administration Review*,*Journal of Policy Analysis and Management*,*International Public Management Journal*,*Public Management Review*,*Public Performance and Management Review*,*International Review of Administrative Sciences*,*Review of Public Personnel Administration*和*Governance*。

[2] 根据2017年Journal of Citation Reports显示,PAR影响因子为4.591,JPART影响因子为3.907,分别名列公共管理类期刊第一名和第二名。

为综述对象,期望回答以下三个问题:第一,公共管理学科所使用的实验方法及其分类;第二,实验方法在当前公共管理研究中的应用状况;第三,实验方法在公共管理研究中的特点与展望。

二、公共管理研究中的实验方法

(一) 实验方法

何谓"实验方法"?这里借用臧雷振(2016:152)给社会科学实验研究方法所下的定义:"社会科学实验研究是基于相关理论研究假设,运用必要的、合情合理合法的人为手段,主动干预自变量及控制无关因素(干扰变量),实现探究特定研究对象和揭示社会生活因果关系的研究方法。"

在自然科学研究中,实验方法是最具基础性的研究方法,也是进行科学知识积累的基本途径。自然科学研究者将研究对象随机分配在控制组与实验组,通过严格控制外部环境,尽力还原干预条件对研究对象的作用,从而得出因果关系。如今,社会科学越来越多地在借鉴自然科学的实验研究。不过,由于研究对象的特殊性,实验方法在社会科学的应用颇为困难。尽管如此,社会科学开展实验研究同样需要遵从干预控制,进而找出因果关系。因此,社会科学实验研究的关键点同样在于对外生变量的干预控制(Blom-Hansen et al., 2015)。如果不能有效地对外生变量进行干预控制,因果关系的探究就会存在威胁。此外,实验研究方法更为重要的是能够保证数据产生过程的随机性。随机性是推断因果关系的重要前提,它要求控制被试及干预条件,并且保证因果关系不是偶然的、内生的或外在系统误差带来的(景怀斌,2015)。目前,常用的回归分析探知因果的研究方法,如工具变量法、倾向值匹配法、双重差分法等,无一不是针对观察研究数据产生过程中的偏误(自选择问题、遗漏变量问题,等等),实验方法的随机分配在避免此类干扰因素上独具优势,具有较高的信度。简而言之,如果要识别 X 对 Y 的因果效应,实验方法对外部环境的控制即是消除外生因素的影响,随机分配则旨在尽量消除内生性系统偏误的影响。然而,社会科学研究对象为"人",不同个体的经历与想法所产生的偏误始终是无法完全消除的,也就是说实验对象并不是完全同质的,这也是实验方法在社会科学中相较于自然科学中进展缓慢的一个重要原因。不过,相较于观察研究,实验方法从开始就注意减少"内生性"和各种偏误问题,实验过程中的"前测"和"后测"之间存在明确的时间先后关系,再通过比较干预前后的差异可以得出确切的因果关系(刘军强等,2018)。因此,到目前为止,实验方法对于因果推断依然具有最佳的品质。

(二) 公共管理研究的实验方法分类

干预是实验研究的一个重要特征。社会科学实验虽然接纳了干预,但是,作为研究对象的人并不是同质的。社会科学家,特别是经济学家一直在思考如何拓展实验研究的外部有效性,使经济学实验室实验更加贴近现实社会。当然,随着对外部环境控制的逐步放松,实验室实验也就逐步贴近真实世界。经济学家把对真实世界干预强弱的差别分为人为的田野实验、框架的田野实验、自然的田野实验,一直到自然实验(各类实验特征参见表1)。

表1 经济学实验研究分类

	被试类型	被试信息	激励	实验环境	被试知晓实验	研究者干预	外生改变
实验室实验	大学生	抽象信息	诱导价值	实验室	是	是	否
人为的田野实验	各类人群	抽象信息	诱导价值	实验室	是	是	否
框架的田野实验	各类人群	情景信息	真实激励	自然环境	是	是	否
自然的田野实验	各类人群	情景信息	真实激励	自然环境	否	是	否
自然实验	各类人群	情景信息	真实激励	自然环境	否	否	是

注:该表参考了李斯特和拉苏尔(List & Rasul, 2011)表1和罗俊等(2015)表1,有删减。

公共管理学作为社会科学研究中最具应用性的学科,对当下真实社会现象的解释是公共管理学最为关注的。公共管理的"政策分析关心的是如何解决所面临的问题而不是如何解释这些问题,它强调通过定性分析方法、定量分析方法和技术来寻求公共政策问题的解决方案"(陈振明、薛澜,2007:146)。实验方法天然求"理"的本质一定程度上是与此"违和"的,由此公共管理学的实验研究也落后于其他学科(Baekgaard et al., 2015)。公共管理学科对实验研究的分类也十分关注研究的外部有效性。实验室实验可以建立在严格意义上的随机分配上,而且实验情境是人为设定的。但真实社会情境往往与此标准存在较大差异。因此,实验室实验在公共管理研究中的外部有效性也一直广受质疑(Margetts, 2011; Bozeman & Scott, 1992; Druckman, 2011; Morton & Williams, 2010)。公共管理研究更重视调查实验与田野实验方法的应用。需要指出的是,实验室实验是开展理论研究的基础,对于学科知识的积累是极为重要的(Walker et al., 2017)。在公共管理研究中,学者对实验研究的分类较为清晰简单,包括以下四类:实验室实验(lab experiment)、调查实

(survey experiment)、田野实验[1]（field experiment）、自然实验（natural experiment）（Blom-Hansen et al., 2015；Bouwman & Grimmelikhuijsen, 2016）。鉴于自然实验的"外生干预"是自然发生的，实验者无法参与操作（Dunning, 2012），因此，它并不是真正意义上的实验研究方法（刘军强等，2018）。因此，本文在对公共管理学实验研究方法的分析中主要关注前三种实验研究方法的应用，即：实验室实验、调查实验和田野实验。

实验室实验。实验室实验是试图通过一个可控的环境来判断预设的因果关系，因此，其内部有效性较高。尽管其外部效度在公共管理学科也一直受到质疑，但其对于得出公共政策解决方案的真理性知识具有重要意义（Jilke, Walle, & Kim, 2016；Voß & Simons, 2018）。实验室实验的可控性包括两个方面：第一，实验外部环境的严格控制；第二，实验对象的尽可能一致性。实验环境的外部控制即指对实验环境加以干预，一般指即时性实验，例如，公共管理研究中在教室、实验室进行的实验研究，能够对实验环境进行良好的干预与控制。实验对象的一致性要求导致社会科学中的实验室实验大多以学生为被试对象，除了便于招募之外（Baekgaard et al., 2015），学生群体之间的个体特征差异性相对于现实世界中的公职人员之间的小了很多，有助于减少实验对象差异性造成的因果关系"污染"。因此，本文将以学生为被试对象开展的实验研究归为实验室研究。

调查实验。调查实验通过问卷调查形式，利用问题措辞差异设计进行随机干预（Baekgaard et al., 2015），因其简便易行而成为当前公共管理研究中应用频率最高的实验设计（Bouwman & Grimmelikhuijsen, 2016）。由于该实验设计的调查对象没有被给予较强激励，因而实验的干预强度较弱，且实验样本的回收率一般也较低。

田野实验。田野实验（或称随机控制实验、随机性田野实验）（罗俊等，2015）是在真实世界中的"实验室实验"，目的是运用实验方法去检验在自然发生的环境下的因果效应。在实验室实验中，随机将研究对象分为实验组与控制组，研究者积极干预。同理，在田野实验中，除了环境是自然状态下的现实世界外，其余要尽量贴近实验室实验的环境。因此，干预、受试者、外部环境和测量结果都反映了真实世界的发生（Davenport et al., 2010）。已经有文献关注实验室实验与田野实验结果之间的关系。"当两种类型的实验具有共同研

---

[1] 田野实验（field experiment）的讨论参见周业安（2014）。"现场实验"更接近经济学中的"Field Experiment"一词的本意，经济学中的"field"并不是特定的空间概念，而是强调介于实验室和自然之间的某种真实情境。这种情景可以是某个地域，但也可以是不受空间限制的某个真实社会群体。按照社会学的传统，"field"通常被译作"田野"，在公共管理文献中有译为"实地实验"（马亮，2015），也有译为"田野实验"（刘军强等，2018）。本文则直译为"田野实验"。

究目的时,其得到的结果趋同或类似。"(Coppock & Green, 2015)当然,实验室实验与田野实验之间的差异也是十分明显的,即使针对同一研究,实验室实验与田野实验的效果也不一样(Levitt & List, 2007)。田野实验试图将实验室实验带进真实的社会场景,自然也存在一些问题。第一,田野实验通常实施成本较高,因为要求实验对象为现实世界中的对象;第二,当中存在的霍桑效应等通常难以克服;第三,自然环境下的实验外部"污染"难以控制,比如,不同实验组的个体有无相互沟通等;第四,研究问题受局限,有些研究很难通过田野实验进行研究,例如,政治冲突的研究(Blom-Hansen, Morton, & Serritzlew, 2015)。

表 2　公共管理实验研究分类

	被试类型	实验环境	随机分组	研究者干预	外生改变
实验室实验	大学生	实验室/教室	是	是	是
调查实验	各类人群	自然环境	是	是	否
田野实验	各类人群	自然环境	是	是	否
自然实验	各类人群	自然环境	是	否	否

注:该表参考了 Blom-Hansen et al.(2015),有增改。

(三) 行为公共管理学

行为公共管理学(behavioral public administration)从微观层面分析个体行为或从心理学视角分析个体与群体行为(Grimmelikhuijsen et al., 2017)。微观个体行为的研究基础来源于心理学,最主要的研究方法主要是实验研究方法,考察控制环境下个体行为变化。行为公共管理学是在公共管理情景下考察特定组织的行为及其带来的个体、其他组织行为的变化。归根结底,行为公共管理学从深层次来说,关注的也是人的心理变化。它借助心理学的基础,在公共管理情景下以政策为场域,考察各方的博弈与反应。换言之,就是借助心理学的理论与方法考察公共管理中个体与群体的心理与行为规律(李晓倩,2018)。所以,实验方法也是探究行为公共管理学问题的最佳途径。

行为公共管理学的提出与发展对于公共管理学来说,意义十分重大。长期以来,公共管理学的理论基础与其他社会学科相比是相对不足的,很多理论与方法较多地是从临近学科中借鉴。而行为公共管理学的建立与发展则有助于打通公共管理学与其他学科之间的理论差距,因而也必将强化公共管理学对整个社会科学的贡献(Battaglio et al., 2018)。可见,经济学在运用心理学基础上发展兴起了行为经济学,行为经济学的发展进而推动了行为公共管理学的发展,从而为从更深层次探究政府与公民行为变化打开了一条通道,同时实验方法的研究在行为公共管理的应用中也将大放异彩。

行为公共管理学研究的核心是政府和公民的互动。传统的公共管理研究注重政府运作的机制,忽略公民参与和公民体验的研究(Jakobsen, 2013)。这种情况的出现应该说主要是因为研究方法的限制,因为公民的态度与公民体验很难通过观察性的研究得出结论。行为公共管理学应用实验方法的研究,则可以很好地观察政府行为过程与公民体验过程之间的相互影响与作用(张书维、李纾,2018)。

公共管理学研究的核心始终围绕政府而进行。纵观目前阶段的实验研究方法的研究主题,大体也是围绕着政府与公民互动关系的研究而展开的。按照李晓倩(2018)基于张书维和李纾(2018)的"政府行为—公民体验"双轮模型的归纳总结,实验研究方法基本涵盖了公共管理研究领域所有能够涉及的问题。该双轮模型将政府行为分为政府本身的主体行为和针对公民的对象行为两类,其中政府主体行为包括政府个体行为,如决策、感知、工作动机、态度、绩效、个体特征等;群体行为,如领导、谈判、合作和决策等;组织行为,如绩效评价、工作规范、管理方式和管理工具等;而针对公民对象的行为包括公共服务,如绩效信息形式、绩效信息来源、部门差异和认知偏差;政策倡议,如政策干预和服务倡议等;管理行政,如透明度、腐败、繁文缛节、第三方委派、代表性官僚等。公民体验分为三部分:公民感知、公民行为和公民态度。公民感知包括公民对政府的评价、对服务绩效的评价、对政府行政特征的认知等;公民行为包括:公民参与、共同生产决策和公民合作等;公民态度包括:满意度、信任、期待、责备和信念等(李晓倩,2018:39)。

由于实验研究的特点是探究因果关系,其特点在于实验控制的精妙与恰到好处,因此,基于心理学实验研究的特点,目前的实验研究主要集中在对公民体验的研究上,主要议题较多涉及的是公民对公共服务的认知与评价、公民参与、公民合作与公民态度、公民满意度等;而针对政府行为的研究,则集中在政府透明度的公民感知与政策决策过程的实验研究等。由此可以看出,就目前而言,实验研究在公共管理研究的应用中也是有其自身局限性的。因此,实验研究是公共管理研究中的重要方法,但绝不是不可替代的,只是构成公共管理研究的有效方法之一。

三、实验方法在公共管理研究中的应用

(一)综述对象筛选

在科学网(Web of Science)数据库中分别选定 JPART 和 PAR,限定时间

为2010—2017年,文献类型为研究性论文(research article),结果分别为349篇和594篇,以主题(TS=experiment*)在两本期刊中分别获得33篇和35篇(PAR上一共37篇,但有两篇述评予以排除),合计68篇。

对68篇文章进行人工阅读,排除自然实验研究、准实验设计研究、非实验研究和文献综述类文章,余43篇,各年份分布如表1所示,其中,PAR由于在2016年组织了实验方法类文章的专栏,所以2016年实验研究方法的论文数量较多,为12篇。由图1可以看出,实验研究方法在公共管理类顶级期刊中的应用呈现上升趋势,但总体所占比重还处于较低的水平。

表3 JPART和PAR实验类文章统计

时间	JPART			PAR		
	实验类	总数	占比	实验类	总数	占比
2010	0	49	0.00%	0	124	0.00%
2011	2	52	3.85%	0	87	0.00%
2012	2	35	5.71%	0	75	0.00%
2013	2	37	5.41%	4	71	5.63%
2014	3	38	7.89%	1	48	2.08%
2015	1	47	2.13%	3	60	5.00%
2016	5	50	10.00%	12	67	17.91%
2017	5	41	12.20%	3	62	4.84%
合计	20	349	5.73%	23	594	3.87%

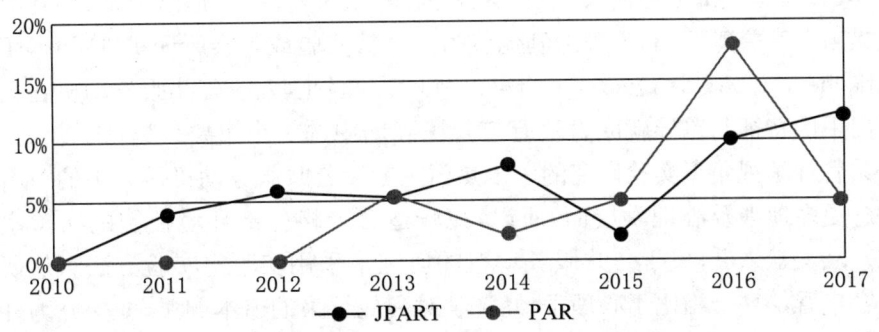

图1 实验类方法论文在JPART和PAR发表情况

(二)实验方法应用概览

在43篇实验研究论文中,按照实验分类来看,因为詹姆斯(James,2011)的论文同时采用两种独立不同的实验方法,计为两次;另外,也有部分文献在同一篇文章中采取两个或多个实验,但总体而言大部分文献多采用同一种研究方法,只是实验环境的更改或者实验对象的变动(Baekgaard & Serritzlew,

2016),因此,均按照一种实验方法统计。统计结果显示,调查实验所占比重最大,为50%;其次为田野实验,占比为27.3%;实验室实验,10篇(22.7%)。而在干预方式上,绝大多数(69.8%)采取的是单因素干预,即考察一种主要因果效应机制;双因素干预的占比为18.6%;多因素干预占比为11.6%。从实验实施的地点统计来看,公共管理的研究对象来源主要为美国(39.5%),目前美国也是公共管理理论研究与实验方法应用的主要阵地。值得注意的是,丹麦在实验研究的应用中表现突出,占比为25.6%。其余是西欧的国家,如荷兰、英国、意大利等,它们在实验研究的开展方面也是可圈可点的。就实验样本的大小而言,也符合不同实验研究的特点,实验室实验一般样本较小,调查实验一般样本较大,田野实验居中(参见表4)。

(三)实验方法应用主题分析

依据目前的研究主题来看,实验方法在公共管理中的研究应用主要归结为三个方面:第一,政府行为:公共服务动机,透明度与政策决策;第二,公民感知与态度:公共服务绩效评价、满意度、信任等议题;第三,公民行为:公民参与、共同生产等议题。当然,行为公共管理学更关注的是公民与政府之间的互动关系、互相影响过程,而实验研究本质是为了探知相互之间的因果,所以,各个主题并无十分明显的割裂与区别,简单的归类只是为了更好地呈现实验研究方法在公共管理中的应用。

政府行为下的公共服务动机研究。公共服务动机的本质问题是人是利他的,人并不是经济学理性人假设下的完全自私的人,不管是出于亲缘、互惠抑或是自身声誉等原因,人类的利他行为已经被实验或观察所证实(Fehr & Fischbacher, 2003; de Quervain et al., 2004)。因此,人的公共服务动机在公共部门下的特征与差异就成为政府与公民互动中的一个重要议题,也成为行为公共管理学视角下实验研究的一个热门主题。公共服务动机研究中的"动机"概念更多地涉及心理学层面,所以,比较适合严格外部环境控制的实验室实验。从文献来看,关于公共服务动机的研究多采用实验室实验方法。从研究内容来看,第一,相比于心理学、经济学对利他行为的追本溯源,即探究为什么公共服务动机会存在,公共管理学者更重视如何激发个体的公共服务动机,从而提高工作绩效。如个体的亲社会动机在个体特性与工作相匹配时,公共服务动机将会被放大(Smith, 2016);百丽(Bellé)通过对意大利医院护士进行的田野控制实验发现,个体与服务对象的接触与自我说服型的个体特征使得工作绩效更为突出(Bellé, 2013);另外,低强度的激励与自我重要性的感知同样对激发公共服务动机具有重要意义(Pedersen, 2015)。第二,侧重于个体在不同环境之间的公共服务动机差异,如布鲁尔(Brewer)以学生为被试对象,论证

表 4 JPART 和 PAR 实验研究发表情况 (2010—2017)

序号	期刊	年份	作者	研究主题	实验分类	干预方式	实验对象	样本大小	实验地点	是否显著
1	PAR	2017	Leth Olsen	公民绩效评价	调查实验	单因素干预	公众	1 013	丹麦	显著
2	PAR	2017	Demaj	政策决策	田野实验	双因素干预	立法者	122	瑞士	显著
3	PAR	2017	ben-Aaron et al.	透明度	田野实验	单因素干预	地方政府	100	美国	显著
4	PAR	2016	James et al.	避责	田野实验	单因素干预	公众	1 000	英国	显著
5	PAR	2016	Grohs et al.	行政公平性	田野实验	单因素干预	公共部门	991	德国	显著
6	PAR	2016	Karens et al.	公共组织的信任	实验室实验	单因素干预	学生	213	波兰、比利时、荷兰	显著
7	PAR	2016	Smith	代表性官僚	调查实验	单因素干预	成人志愿者	117	美国	显著
8	PAR	2016	Riccucci et al.	公共组织绩效	实验室实验	单因素干预	学生	733	美国	部分显著
9	PAR	2016	Hvidman & Andersen	公民参与	实验室实验	双因素干预	学生	148	丹麦	显著
10	PAR	2016	Arceneaux & Butler	地方政府政策执行	双因素干预	双因素干预	公众	340	美国	不显著
11	PAR	2016	Hess et al.	公民态度	田野实验	单因素干预	政府人员	93	美国	部分显著
12	PAR	2016	Marvel & Girth	绩效信息偏误	调查实验	单因素干预	网民(MTurk)	690	美国	部分显著
13	PAR	2016	Baekgaard&Serritzlew		调查实验	单因素干预	公众	1 784	丹麦	显著
								1 416		
14	PAR	2016	Adres et al.	公民参与	实验室实验	多因素干预	学生	897	澳大利亚、德国、以色列、哥伦比亚	显著
15	PAR	2016	Esteve et al.	公共服务动机	实验室实验	单因素干预	学生	263	荷兰	部分显著
16	PAR	2015	Bellé	公共组织激励	田野实验	多因素干预	护士	300	意大利	显著
17	PAR	2015	Leth Olsen	公共服务满意度	调查实验	单因素干预	丹麦	3 443	丹麦	显著
18	PAR	2015	Pedersen	公共服务动机	实验室实验	多因素干预	网民(YouGov)	528	丹麦	显著
19	PAR	2014	de Fine Licht	透明度	调查实验	单因素干预	学生	1 032	瑞典	显著
20	PAR	2013	Grimmelikhuijsen et al.	透明度	实验室实验	单因素干预	公众	660	荷兰、韩国	显著

(续表)

序号	期刊	年份	作者	研究主题	实验分类	干预方式	实验对象	样本大小	实验地点	是否显著
21	PAR	2013	Hock et al.	公民参与	田野实验	双因素干预	民众	277	美国	显著
22	PAR	2013	Bellé	公共服务动机	田野实验	双因素干预	护士	90	意大利	显著
23	PAR	2013	Jakobsen & Andersen	合作生产	田野实验	单因素干预	家庭	284	丹麦	显著
24	JPART	2017	Alon-Barkat & Gilad	公民态度	调查实验	单因素干预	公众	507	以色列	显著
25	JPART	2017	Andersen	代表性官僚机制	调查实验	单因素干预	校长	1 428	美国	显著
26	JPART	2017	Oliver & Van Ryzin	公民态度	调查实验	单因素干预	网民（CivicPanel P.）	661	美国	显著
27	JPART	2017	Nielsen & Moynihan	政府责任归因	调查实验	单因素干预	官员	1 016	丹麦	显著
28	JPART	2017	Leth Olsen	公民绩效评价	调查实验	单因素干预	网民（YouGov）	3 443	丹麦	不显著
29	JPART	2016	Andersen & Moynihan	绩效信息管理	田野实验	单因素干预	教师	200	丹麦	部分显著
30	JPART	2016	Barrows et al.	公民态度	调查实验	双因素干预	公众	5 567	美国	显著
31	JPART	2016	Anderson & Stritch	组织激励	实验室实验	单因素干预	学生	214	美国	显著
32	JPART	2016	Jilke et al.	选择超载问题	调查实验	单因素干预	网民（MTurk）	1 154	美国	显著
33	JPART	2016	Marvel	公民态度	调查实验	单因素干预	网民（MTurk）	999	丹麦	显著
34	JPART	2015	Nielsen & Baekgaard	政治决策	田野实验	多因素干预	市政委员	844	丹麦	部分显著
35	JPART	2014	Bellé	领导力与绩效	调查实验	双因素干预	护士	138	意大利	显著
36	JPART	2014	Grimmelikhuijsen	透明度	调查实验	双因素干预	网民	570	荷兰	显著
37	JPART	2014	Riccucci et al.	象征性官僚代表	调查实验	多因素干预	网民	789	美国	显著
38	JPART	2013	Avellaneda	政策决策	田野实验	单因素干预	市长	120	拉美12个国家	显著
39	JPART	2013	Jakobsen	合作生产	田野实验	单因素干预	公众	614	丹麦	显著
40	JPART	2012	Feeney	官僚作风	调查实验	单因素干预	政府人员	902	美国	显著
41	JPART	2012	Herian et al.	公民参与	调查实验	单因素干预	公众	197	美国	显著
42	JPART	2011	Brewer & Brewer	公共服务动机	实验室实验	单因素干预	公众	40	美国	显著
43	JPART	2011	James	公共服务绩效	实验室实验	单因素干预	学生	100	英国	显著

了个体在公共部门与私人部门之间的公共服务动机差异,结果显示,个体在公共部门环境下公共服务的动机更强、效率更高(Brewer & Brewer,2011)。当然,也有学者研究了个体的亲社会行为与公共服务动机之间的关系,亲社会行为越强,公共服务动机越高(Esteve et al.,2016)。

政府透明度与政策决策研究。政府透明度与政策决策涉及公共管理学研究的多个维度。透明度往往与公民信任、政治合法性相联系。这方面的实验研究更多的是探讨透明度的影响因素,如文化、政体等因素的影响,政府透明度与公民信任感并不一定呈现正相关(Grimmelikhuijsen et al.,2013;Grimmelikhuijsen & Meijer,2014);不同政策领域的透明度可能对政府合法性的影响也不同(Licht,2014)。此外,同侪效应对政府信息透明度的公开也具有积极作用(ben-Aaron et al.,2017)。

政策决策的影响因素主题也是涉及多个方面的,实验研究比较偏爱的自变量干预为财政预算约束。尼尔森(Nielsen)等的研究认为,预算绩效较好或者较差时才会对政策决策起到积极作用,平均水平的绩效具有负效应(Nielsen & Baekgaard,2015);预算的绩效信息对政策决策会有更大的偏差(Demaj,2017)。而来自对市长的调查实验研究表明,政府官员决策在面临问题重要性程度、压力环境与选择约束时,政策决策依然会选择具有寻租空间或政治利益的决策(Avellaneda,2013)。

公民感知与态度。公民感知与态度的实验研究从个体认知的角度给公共管理学提供了很多富有心理学启发的新洞见。个体对公共组织绩效的评价与态度往往受环境与个体特征的制约,例如,公民对公共组织效率低下存在刻板印象(Hvidman & Andersen,2016;Marvel,2016),"个体失灵"(蒙克、汪佩洁;2019)问题;公共组织的宣传符号(promotional symbol)影响公民对公共组织的信任与评价(Alon-Barkat & Gilad,2017);等效框架效应(同一数据信息的正反表述)对公民绩效评价也有影响(Olsen,2015);公民对绩效信息的评价受个体特征(政治态度、信仰、身份等)的影响从而带有偏见(James & Van Ryzin,2017);个体的先验信念与绩效数据都会对公共服务评价产生影响(Barrows et al.,2016)。奥尔森通过呈现公共服务的数字绩效信息与情景信息检验其对政府公共服务的评价,结果显示,情景信息对公民具有很强的情感吸引力,更容易被引导(Olsen,2017)。此外,政府的品牌策略也会影响公民的信任(Karens et al.,2016);公共服务提供者与问责链的长短对公共服务绩效的评价也有影响(Marvel & Girth,2016)。

公民行为。公民行为实验研究主要关注的是政府行为带给公民的行为变化,观察公民是否意愿配合政府行为。这类研究探究公民态度与行为变化是否与政府行为有关的因果关系,强调政府行为是否有助于个体的行为改变,以及能否改善"个体失灵"。相关的实验研究表明,政府干预对提高公民参与具有积极作用,电话邀请有助于提高公民参与公共议会(Hock,2013);消除对弱势群体限制的公共政策有助于提高公民参与,减少不平等(Jakobsen & Andersen, 2013)。同样,雅克布森对移民家庭的实验研究也证明政府的积极干预措施能够提高公民参与率(Jakobsen, 2013)。不过,这种干预的效果在不同群体中是有差异的,例如,政府干预措施(如技能培训)并未提高经济地位较低公民的公共参与(Arceneaux & Butler, 2016)。此外,其他因素也会影响到公民的公共参与,例如,全球化对公民参与当地公共事务的影响(Adres, 2016)。当然,以公共参与作为自变量的研究也发现,公众参与有助于提高公众对政府程序公平的认知(Herian et al., 2012)。

对于实验研究的归纳,除了上述几类外,也有关于公共管理其他主题的零星研究。例如,代表性官僚制,族裔特征对代表性官僚的影响(Andersen, 2017);性别对代表性官僚公平性及绩效等的影响(Riccucci et al., 2016)。公共组织激励,如安德森等从目标清晰度、任务的意义与个体水平三方面考察了个体在公共组织中的绩效表现(Anderson & Stritch, 2016);百丽利用公立医院护士的实验研究证明了金钱激励对于具有高亲社会感的个体具有负面效应(Belle, 2015);外包服务与公民指责的关系(James, 2016);政府部门内部责任归因问题(Nielsen & Moynihan, 2017);公民对公共服务选项过量的反应(Jilke et al., 2016),以及一些可能只有通过实验研究方法才能探知的政府与公民互动中十分有意思的现象与问题。

(四)实验方法在公共管理研究应用中的特点与问题

公共管理研究始终围绕着政府与公民互动的关系,在这种情景下,公共管理的实验研究呈现出本学科的一些特点。

第一,研究对象的身份性。公共管理研究对象的特定性,使得公共管理的实验研究较为重视公职人员的身份特征在整个政府与公民互动中所起的作用,与基于个体的心理学实验和基于效用最大化的经济学实验具有本质区别。

第二,问题导向性。公共管理极具应用性特征,所以公共管理学的实验研究更多的是从实际的政策决策、政策执行、政策反馈与评估的实际出发,考察政府干预的效果与影响,更具现实性与政策因果的评估意义,所以,在实验过程中呈现的干预条件更多的是真实的公共政策。

第三,实验伦理的特殊性。由于公共管理的实验研究更多的是从政府行为的角度出发,政府行政公平性对社会稳定性具有重要影响,在研究针对政府公共行为的实验设计中,干预措施一定是政府真实行为发生的(如某项政策干预),不能有欺骗性;实验对象及实验调查问题的选择要避免歧视性嫌疑(如民族、性别、移民问题等);采取实验干预,要尽量避免不必要的伦理问题。

当然,公共管理学的实验方法相对于其他学科的应用较为落后,相应的实验研究并没有形成一致的科学标准,不同研究者的随意性、自主性较大,因而呈现出一些问题。为此,公共管理学界的实验研究亟须形成较为统一规范的实验研究范式与程序。

第一,实验对象。经济学实验室实验强调被试的激励是一个关键因素(周业安,2014),即真实的激励有助于保证实验对象的真实表达。然而,在公共管理的实验室实验研究中较少注意这个问题,并未提及是否给予被试真实激励(Karens, Eshuis, Klijn, & Voets, 2016)。当然,公共管理较少关注个体层面的研究(Bozeman & Scott, 1992),而实验经济学的本质在于研究个体的真实状态行为决策,这可能是目前公共管理学者在进行以学生为被试的实验研究中并未重视真实激励的原因之一。学生是否可以代表一般群体,部分学者给出了肯定意见(Druckman & Kam, 2011),也有学者持保留态度(Hvidman & Andersen, 2016)。公共管理研究的核心对象为政府,关注更多的是组织的行为特征以及组织的行为所带来的社会及民众的行为改变,所以实验对象的变化也许会引起研究结果的巨大差异。因此,在公共管理的实验研究中,要十分注意避免因研究对象不同而造成的研究误差。

第二,实验结果。实验结果的比对,并未形成较为规范的操作处理,不同实验研究呈现的结果处理方式五花八门,实验研究的科学性在于操作的流程化与标准化(例如,一般实验研究的小样本,不适合参数估计的数据处理问题),进而达到实验结果的可复制性,形成知识的积累。所以,对实验结果的处理与可重复性说明也是至关重要的。

四、实验方法在公共管理研究中的展望

自然科学研究中的实验方法在社会科学领域的兴起,表明当前社会科学正在经历从人文学科特征转向自然学科的过程(Druckman et al., 2006),实验方法的一个重要特征是研究的可复制性,许多学者已经开始呼吁在公共管理研究中的可重复性(Pedersen & Stritch, 2018),这对公共管理以至整个社会科学的知识创造来说是革命性的。

但是,实验方法要求的设计精巧与控制的严格,对于社会科学来说近乎苛责。例如,为了减少因实验对象的个体差异而造成的影响,近年来社会科学对双胞胎实验数据格外地痴迷,双胞胎实验在满足个体同质化的实验要求上确实更进了一步(Alford & Hibbing, 2008)。但无论怎样,社会科学实验研究永远无法实现像自然科学那般的精确。此时,更需要反思的是,在不同方法视域

下，社会科学的边界究竟在哪里？中心在哪里？共同体在哪里？作为方法论意义上使用的实验概念，正在产生越来越大的影响力，但实验方法能否切实地在"探寻事实、检验各种理论假设、建构实验者和政策制定者之间的对话"（Druckman, et al. 2006）三个方面发挥作用，这需要公共管理研究者们认真思考，因为公共管理研究如何把握好实验研究的内部有效性和外部有效性的有机结合，在确保内部效度的基础上尽可能追求外部效度（张书维、李纾，2018）方面至关重要。因此，公共管理研究者要注重借鉴行为经济学实验研究的现实世界真实性设计，也要学习心理学实验注重的心理过程（Dickson，2011）。可以说，实验研究在公共管理学的道路上还有很长的路要走。

参考文献

陈振明、薛澜，2007，"中国公共管理理论研究的重点领域和主题"，《中国社会科学》第3期，第140—152页。

景怀斌，2015，"专栏导语：强化公共管理实验研究的几个问题"，《公共行政评论》（第8卷）第3期，第120—125页。

李晓倩、吕孝礼、徐浩、刘求实，2017，"国外公共管理实验研究的进展与启示"，《公共管理评论》第2期，第16—34页。

李晓倩，2018，"行为公共管理学实验：基于ssci期刊（1978—2016）相关文献的分析"，《公共行政评论》（第11卷）第1期，第37—61页。

梁玉成，2018，"专栏导语：研究方法与社会科学的因果性追求"，《公共行政评论》，《公共行政评论》（第11卷）第5期，第1—2页。

刘军强、胡国鹏、李振，2018，"试点与实验：社会实验法及其对试点机制的启示"，《政治学研究》，第4期，第103—116+128页。

罗俊、汪丁丁、叶航、陈叶烽，2015，"走向真实世界的实验经济学——田野实验研究综述"，《经济学（季刊）》（第14卷）第3期，第853—884页。

马亮，2015，"公共管理实验研究何以可能：一项方法学回顾"，《甘肃行政学院学报》第4期，第13—23页。

蒙克、汪佩洁，2019，"政策科学的范式转移：从经典政策科学到行为政策科学"，《中国公共政策评论》本卷。

臧雷振，2016，"社会科学研究中实验方法的应用与反思——以政治学科为例"，《中国人民大学学报》（第30卷）第5期，第150—156页。

张书维、李纾，2018，"行为公共管理学探新：内容、方法与趋势"，《公共行政评论》（第11卷）第1期，第7—36页。

周业安，2014，"经济学中的实验室实验：经济学迈向科学研究的关键一步？"，《南方经济》第8期，第91—97页。

Adres, E., Vashdi, D. R., & Zalmanovitch, Y., 2016, "Globalization and the Retreat of Citizen Participation in Collective Action: A Challenge for Public Administration",

Public Administration Review, 76(1):142-152. doi:10.1111/puar.12424.

Alford, J.R., & Hibbing, J.R., 2008, "The New Empirical Biopolitics", *Annual Review of Political Science*, 11(1):183-203.

Alon-Barkat, S., & Gilad, S., 2017, "Compensating for Poor Performance with Promotional Symbols: Evidence from a Survey Experiment", *Journal of Public Administration Research and Theory*, 27(4):661-675. doi:10.1093/jopart/mux013.

Andersen, S.C., 2017, "From Passive to Active Representation-Experimental Evidence on the Role of Normative Values in Shaping White and Minority Bureaucrats' Policy Attitudes", *Journal of Public Administration Research and Theory*, 27(3):400-414. doi:10.1093/jopart/mux006.

Anderson, D.M., & Edwards, B.C., 2014, "Unfulfilled Promise: Laboratory experiments in public management research", *Public Management Review*, 17(10):1518-1542. doi:10.1080/14719037.2014.943272.

Anderson, D.M., & Stritch, J.M., 2016, "Goal Clarity, Task Significance, and Performance: Evidence From a Laboratory Experiment", *Journal of Public Administration Research and Theory*, 26(2):211-225. doi:10.1093/jopart/muv019.

Arceneaux, K., & Butler, D.M., 2016, "How Not to Increase Participation in Local Government: The Advantages of Experiments When Testing Policy Interventions", *Public Administration Review*, 76(1):131-139. doi:10.1111/puar.12387.

Avellaneda, C.N., 2013, "Mayoral Decision-Making: Issue Salience, Decision Context, and Choice Constraint? An Experimental Study with 120 Latin American Mayors", *Journal of Public Administration Research and Theory*, 23(3):631-661. doi:10.1093/jopart/mus041.

Baekgaard, M., Baethge, C., Blom-Hansen, J., Dunlop, C.A., Esteve, M., Jakobsen, M., Wolf, P.J., 2015, "Conducting Experiments in Public Management Research: A Practical Guide", *International Public Management Journal*, 18(2):323-342. doi:10.1080/10967494.2015.1024905.

Baekgaard, M., & Serritzlew, S., 2016, "Interpreting Performance Information: Motivated Reasoning or Unbiased Comprehension", *Public Administration Review*, 76(1):73-82. doi:10.1111/puar.12406.

Barrows, S., Henderson, M., Peterson, P.E., & West, M.R., 2016, "Relative Performance Information and Perceptions of Public Service Quality: Evidence From American School Districts", *Journal of Public Administration Research and Theory*, 26(3):571-583. doi:10.1093/jopart/muw028.

Belle, N., 2013, "Experimental Evidence on the Relationship between Public Service Motivation and Job Performance", *Public Administration Review*, 73(1):143-153. doi:10.1111/j.1540-6210.2012.02621.x.

Belle, N., 2015, "Performance-Related Pay and the Crowding Out of Motivation in the Public Sector: A Randomized Field Experiment", *Public Administration Review*,

75(2):230-241. doi:10.1111/puar.12313.

ben-Aaron, J., Denny, M., Desmarais, B., & Wallach, H., 2017, "Transparency by Conformity: A Field Experiment Evaluating Openness in Local Governments", *Public Administration Review*, 77(1):68-U197. doi:10.1111/puar.12596.

Blom-Hansen, J., Morton, R., & Serritzlew, S., 2015, "Experiments in Public Management Research", *International Public Management Journal*, 18(2):151-170. doi:10.1080/10967494.2015.1024904.

Bouwman, R., & Grimmelikhuijsen, S., 2016, "Experimental Public Administration from 1992 to 2014", *International Journal of Public Sector Management*, 29(2):110-131. doi:10.1108/ijpsm-07-2015-0129.

Brewer, G.A., & Brewer, G.A., Jr., 2011, "Parsing Public/Private Differences in Work Motivation and Performance: An Experimental Study", *Journal of Public Administration Research and Theory*, 21(S.3):1347-1362. doi:10.1093/jopart/mur030.

Coppock, A., & Green, D.P., 2015, "Assessing the Correspondence between Experimental Results Obtained in the Lab and Field: A Review of Recent Social Science Research", *Political Science Research & Methods*, 3(1):113-131.

Demaj, L., 2017, "What Can Performance Information Do to Legislators? A Budget-Decision Experiment with Legislators", *Public Administration Review*, 77(3):366—+. doi:10.1111/puar.12713.

Dominique J-F, D.Q., Urs, F., Valerie, T., Melanie, S., Ulrich, S., Alfred, B., & Ernst, F.J.S., 2004, "The neural basis of altruistic punishment", *Science*, 305(5688):1254-1258.

Dunning, T., 2012, "*Natural Experiments in the Social Sciences: A Design-Based Approach*", Cambridge: Cambridge University Press.

Ernst, F., & Urs, F.J.N., 2003, "The Nature of Human Altruism", *Nature*, 425(6960):785-791.

Esteve, M., Urbig, D., van Witteloostuijn, A., & Boyne, G., 2016, "Prosocial Behavior and Public Service Motivation", *Public Administration Review*, 76(1):177-187. doi:10.1111/puar.12480.

Falk, A., & Heckman, J.J., 2009, "Lab Experiments are a Major Source of Knowledge in the Social Sciences", *Science*, 326(5952):535-538.

Grimmelikhuijsen, S., Porumbescu, G., Hong, B., & Im, T., 2013, "The Effect of Transparency on Trust in Government: A Cross-National Comparative Experiment", *Public Administration Review*, 73(4):575-586. doi:10.1111/puar.12047.

Grimmelikhuijsen, S.G., Jilke, S., Leth Olsen, A., & Tummers, L.G., 2017, "Behavioral Public Administration: Combining Insights from Public Administration and Psychology", *Public Administration Review*, 77(1):1-12.

Grimmelikhuijsen, S.G., & Meijer, A.J., 2014, "Effects of Transparency on the Perceived Trustworthiness of a Government Organization: Evidence from an Online Experiment",

Journal of Public Administration Research and Theory, 24(1): 137-157. doi: 10.1093/jopart/mus048.

Herian, M.N., Hamm, J.A., Tomkins, A.J., & Zillig, L.M.P., 2012, "Public Participation, Procedural Fairness, and Evaluations of Local Governance: The Moderating Role of Uncertainty", *Journal of Public Administration Research and Theory*, 22(4): 815-840. doi: 10.1093/jopart/mur064.

Hock, S., Anderson, S., & Potoski, M., 2013, "Invitation Phone Calls Increase Attendance at Civic Meetings: Evidence from a Field Experiment", *Public Administration Review*, 73(2): 221-228. doi: 10.1111/j.1540-6210.2012.02627.x.

Hvidman, U., & Andersen, S.C., 2016, "Perceptions of Public and Private Performance: Evidence from a Survey Experiment", *Public Administration Review*, 76(1): 111-120. doi: 10.1111/puar.12441.

Jakobsen, M., 2013, "Can Government Initiatives Increase Citizen Coproduction? Results of a Randomized Field Experiment", *Journal of Public Administration Research and Theory*, 23(1): 27-54. doi: 10.1093/jopart/mus036.

Jakobsen, M., & Andersen, S.C., 2013, "Coproduction and Equity in Public Service Delivery", *Public Administration Review*, 73(5): 704-713. doi: 10.1111/puar.12094.

James, O., Jilke, S., Petersen, C., & Van de Walle, S., 2016, "Citizens' Blame of Politicians for Public Service Failure: Experimental Evidence about Blame Reduction through Delegation and Contracting", *Public Administration Review*, 76(1): 83-93. doi: 10.1111/puar.12471.

James, O., & Van Ryzin, G.G., 2017, "Motivated Reasoning about Public Performance: An Experimental Study of How Citizens Judge the Affordable Care Act", *Journal of Public Administration Research and Theory*, 27(1): 197-209. doi: 10.1093/jopart/muw049.

Jilke, S., Van Ryzin, G.G., & Van de Walle, S., 2016, "Responses to Decline in Marketized Public Services: An Experimental Evaluation of Choice Overload", *Journal of Public Administration Research and Theory*, 26(3): 421-432. doi: 10.1093/jopart/muv021.

Jilke, S., Walle, S.V.D., & Kim, S.J., 2016, "Generating Usable Knowledge through an Experimental Approach to Public Administration", *Public Administration Review* 76(1): 69-72.

Karens, R., Eshuis, J., Klijn, E.-H., & Voets, J., 2016, "The Impact of Public Branding: An Experimental Study on the Effects of Branding Policy on Citizen Trust", *Public Administration Review*, 76(3): 486-U424. doi: 10.1111/puar.12501.

Levitt, S.D., & List, J.A., 2007, "Viewpoint: On the Generalizability of Lab Behaviour to the Field", Canadian Journal of Economics/revue Canadienne Déconomique, 40(2): 347-370.

Licht, J.d.F., 2014, "Policy Area as a Potential Moderator of Transparency Effects: An

Experiment", *Public Administration Review*, 74(3): 361-371. doi: 10.1111/puar.12194.

Margetts, H.Z., 2011, "Experiments for Public Management Research", *Public Management Review*, 13(2): 189-208. doi: 10.1080/14719037.2010.532970.

Marvel, J.D., 2016, "Unconscious Bias in Citizens' Evaluations of Public Sector Performance", *Journal of Public Administration Research and Theory*, 26(1): 143-158. doi: 10.1093/jopart/muu053.

Marvel, J.D., & Girth, A.M., 2016, "Citizen Attributions of Blame in Third-Party Governance", *Public Administration Review*, 76(1): 96—108. doi: 10.1111/puar.12474.

Mcdermott, R., 2002, "Experimental Methods in Political Science", *Annual Review of Political Science*, 5(5): 31-61.

N. Druckman, J., P.Green, D., H.Kuklinski, J., & Arthur Lupia., 2006, "The Growth and Development of Experimental Research in Political Science", *American Political Science Review*, 100(4): 627-635.

Nielsen, P.A., & Baekgaard, M., 2015, "Performance Information, Blame Avoidance, and Politicians' Attitudes to Spending and Reform: Evidence from an Experiment", *Journal of Public Administration Research and Theory*, 25(2): 545-569. doi: 10.1093/jopart/mut051.

Nielsen, P.A., & Moynihan, D.P., 2017, "How Do Politicians Attribute Bureaucratic Responsibility for Performance? Negativity Bias and Interest Group Advocacy", *Journal of Public Administration Research and Theory*, 27(2): 269-283. doi: 10.1093/jopart/muw060.

Olsen, A.L., 2015, "Citizen(Dis) Satisfaction: An Experimental Equivalence Framing Study", *Public Administration Review*, 75(3): 469-478. doi: 10.1111/puar.12337.

Olsen, A.L., 2017, "Human Interest or Hard Numbers? Experiments on Citizens' Selection, Exposure, and Recall of Performance Information", *Public Administration Review*, 77(3): 408-420. doi: 10.1111/puar.12638.

Pedersen, M.J., 2015, "Activating the Forces of Public Service Motivation: Evidence from a Low-Intensity Randomized Survey Experiment", *Public Administration Review*, 75(5): 734-746. doi: 10.1111/puar.12325.

Pedersen, M.J., & Stritch, J.M., 2018, "RNICE Model: Evaluating the Contribution of Replication Studies in Public Administration and Management Research", *Public Administration Review*, 78(4): 606-612.

Perry, J.L., 2012, "How Can We Improve Our Science to Generate More Usable Knowledge for Public Professionals?", *Public Administration Review*, 72(4): 479-482.

Riccucci, N.M., Van Ryzin, G.G., & Li, H., 2016, "Representative Bureaucracy and the Willingness to Coproduce: An Experimental Study", *Public Administration Review*, 76(1): 121-130. doi: 10.1111/puar.12401.

Smith, J., 2016, "The Motivational Effects of Mission Matching: A Lab-Experimental Test of a Moderated Mediation Model", *Public Administration Review*, 76(4):626-637. doi:10.1111/puar.12514.

Van Ryzin, G.G., 2013, "An Experimental Test of the Expectancy-Disconfirmation Theory of Citizen Satisfaction", *Journal of Policy Analysis and Management*, 32(3):597-614. doi:10.1002/pam.21702.

Voß, J.-P., & Simons, A., 2018, "A Novel Understanding of Experimentation in Governance: Co-producing Innovations between 'Lab' and 'Field'", *Policy Sciences*, 51(2):213-229. doi:10.1007/s11077-018-9313-9.

Walker, R.M., James, O., & Brewer, G.A., 2017, "Replication, Experiments and Knowledge in Public Management Research", *Public Management Review*, 19(9):1221-1234. doi:10.1080/14719037.2017.1282003.

医疗卫生研究

中国社会医疗保险中的逆向选择行为：
基于 CHNS 2009 年和 2011 年数据的实证检验*

谢予昭　顾　昕**

【摘要】 本文基于医疗保险的信息经济学理论，对中国社会医疗保险体系中是否存在逆向选择进行实证检验。基于中国健康与营养调查（CHNS）2009 年和 2011 年的数据和 Logit 模型进行分析，本文发现：逆向选择在公立的社会医疗保险中的确有可能存在，但其存在性具有不确定性；逆向选择有可能随着政府补贴水平提高、保险给付结构改善以及保险制度建立的时间延续而降低。这说明，保险项目的制度完善对于阻遏逆向选择是至关重要的，而社会医疗保险在参保人当中所产生的学习效应也有缓解逆向选择之效。

【关键词】 医疗保险　逆向选择　城镇职工医保　城镇居民医保　新农合

Adverse Selection in China's Social Health Insurance: Empirical Analysis Based on CHNS 2009 and 2011
Yuzhao Xie　Xin Gu

Abstract　The article focuses on the adverse selection problem in China's social health insurances system. Based on empirical results by quantitative analysis of data from the CHNS 2009 and 2011 survey, the findings are include: (1) adverse selection exists in China's social health insurance schemes, yet the existence is uncertain; and (2) adverse selection could be eliminated by higher governmental subsidies, improved insurance policy or

---

* 基金项目：本文为国家社会科学基金重大项目"中国特色现代社会福利制度框架设计研究"（项目编号：15ZDA050）和国家社会科学基金重点项目"中国社会医疗保险制度整合的效果评价"（项目编号：13AGL011）的阶段性研究成果。

** 谢予昭，北京大学政府管理学院博士研究生；顾昕（通讯作者），浙江大学公共管理学院教授、博士生导师，浙江大学民生保障与公共治理研究中心专职研究员，北京大学国家治理研究院高级研究员。

the consolidation of the schemes. The article concludes with a policy advice, stressing the importance of institutional design and the self-learning effects by the participants of the insurance schemes.

Key words　Medical Insurance, Adverse Selection, Medical Insurance for Urban Employees, Medical Insurance for Urban Residents, New Rural Cooperative Medical System

一、引　言

逆向选择(adverse selection)产生于合同订立过程中的信息不对称。信息不对称是保险市场的典型特征之一(Arrow, 1963; Akerlof, 1970; Rothschild & Stiglitz, 1976),而医疗保险市场更是逆向选择的高发区(Browne & Doerpinghaus, 1993; Sloan & Norton, 1997; Culter & Reber, 1998; Handel, 2013)。在私人医疗保险市场上,由于投保人(通常也是被保险人)比保险人掌握更多自身健康状况的信息,而保险人却无法确定被保险人的真实健康状况,只能按照平均风险来制定保险费率。因此,有不同健康状况感知的人可能会采取不同的投保行为:自我感觉健康状况不佳或未来医疗费用支出较高的人更可能购买保险,感觉自身健康状况较佳者则比较不愿意买保险,由此导致了逆向选择(Pauly, 1984; Newhouse, 1984; Cutler & Zeckhauser, 1998, 2000)。

从理论上说,只要是自愿投保的保险,都有可能出现逆向选择。私立医疗保险市场上逆向选择的普遍存在,为政府建立公共医疗保障体系提供了一个主要的论据。阿克洛夫(Akerlof, 1970)和阿罗(Arrow, 1970)等很早就据此提出由政府出资建立强制性公共医疗保险的构想,以提高保险的覆盖率,从而消除逆向选择。显然,这一方案成功的前提条件是保险覆盖面足够大。如果公立医疗保险由于强制力度不足或本身是自愿性的,无法保证较高的覆盖率,那么同样也有可能出现逆向选择。

由于政府介入一向被视为逆向选择问题的有效解决方案,那么值得深入探究的问题是:在公共医疗保险体系中,逆向选择是否存在。中国政府主导的基本医疗保障体系存在三个不同的医疗保险项目,即新型农村合作医疗(简称"新农合")、城镇职工基本医疗保险(简称"城镇职工医保")和城镇居民基本医疗保险(简称"城镇居民医保"),这为我们考察此问题提供了一个良好的自然实验场所。

二、文献综述

对逆向选择的现象描述很早就出现在医疗保险的教科书之中(Dickerson, 1959: 333; Denenberg et al., 1964: 446)。在国际学界,医疗保险市场中的逆向选择一直是经济学的重要研究课题之一。这些研究包含两方面的内容:(1)逆向选择究竟是否存在;(2)如何通过保险合同或保险项目的设计减少逆向选择。卡尔特和豪瑟(Culter & Zeckhauser, 1998)的实证研究表明逆向选择的确存在,并发现对高风险人群进行再保险能减少逆向选择。斯瓦茨和加尼克(Swartz & Garnick, 1999)发现,设定较高的保费可以规避逆向选择。卡登和汉德尔(Cardon & Hendel, 2001)发现,对投保决策影响更大的因素其实是保费水平、收入水平以及一些个体特征,而不是投保人对自我健康状况的感知,即逆向选择可以通过合同设计予以消除。简言之,逆向选择在医疗保险中是否存在,这本身是一个经验命题。信息不对称性的存在本身并不一定使逆向选择必然出现,而这一现象是否出现以及程度多高还取决于其他因素对投保决策的影响。正如科恩和西格尔曼(Cohen & Siegelman, 2010)所指出的:实证研究的重点不应仅限于探究逆向选择是否存在,也应探究逆向选择出现的条件及其如何随保险制度的设计而发生变化。

由于可以采用强制参保原则,再加上有政府补贴,公立医疗保险理论上不应该出现逆向选择。但如果强制参保的实施力度不强,逆向选择就有可能出现在公立医疗保险之中。然而,公立医疗保险中的逆向选择并非国际学界的一个热点,仅有寥寥无几的几篇论文提及这一点。拉伊科蒂亚和弗里克(Rajkotia & Frick, 2011)发现加纳的国家医疗保险系统中存在逆向选择,同时还发现以家庭为单位参保可以有效控制但不能完全消除逆向选择。卢特菲特(Lotfiet et al., 2015)证实了伊朗政府主办的基本医疗保险中存在逆向选择。但也有部分学者发现逆向选择在公立医疗保险中并不存在。龙和马奎斯(Long & Marquis, 2002)基于华盛顿基本健康保障计划 1997 年数据发现,当控制住与健康有关的人口学特征(比如年龄)时逆向选择并不存在。总体来说,国际文献中对于公立医疗保险中逆向选择的存在性的研究,依然是有欠系统的。

不少中国学者就中国社会保障体系中的逆向选择现象进行了探讨,且大部分研究都认为逆向选择存在。张欢(2006)以 1997—2004 年北京市海淀区社会保障基金数据,说明在养老保险、失业保险、医疗保险和生育保险中均存在严重的逆向选择。方黎明和顾昕(2006)则通过对新农合的参保激励机制以及宏观数据的分析,推断新农合中存在逆向选择。朱信凯和彭廷军(2009)就新农合建立了逆向选择模型,并通过 2006 年若干县 600 个农户样本调查数据的计量分析证实了逆向选择在新农合中的存在性。臧文斌等(2012)使用 2007

年和 2008 年城镇居民基本医疗保险跟踪调查的微观数据进行计量分析,证实逆向选择存在于城镇居民医保之中。王翌秋和王成(2016)运用中国健康与营养调查 2000—2011 年数据,发现社会医疗保险和商业医疗保险中均存在逆向选择,但相比社会医疗保险,商业健康保险市场上的逆向选择行为更明显;相比起城市居民,农村居民中的逆向选择程度更高;而且,在不同收入水平、不同年龄段、不同性别的人群之间,逆向选择行为存在异质性。

本文针对中国的新农合、城镇职工医保和城镇居民医保开展系统性、对比性实证研究,填补了国内外学界缺少对这三种保险进行比较研究的空白。尽管王翌秋和王成(2016)一文首次将三种公共医疗保险一并纳入考察之中,但并没有对民众在三种保险中不同的参保行为做出区分,本文也弥补了这一不足。本文使用中国健康与营养调查 2009 年和 2011 年数据,以获得一个三种公立医疗保险并存的自然实验环境,使我们得以进行横向对比。同时,考察 2008 年以后三种保险的最新情况也使本文的发现得以与已有研究的结论进行比较,以考察制度最新变化带来的影响。

三、研究框架

本节首先论证三个社会医疗保险项目未达至全覆盖,从而存在着逆向选择的可能性。与此同时,我们对三个保险项目中与本文的分析变量相关的制度因素给予概述。然后,本节再给出实证检验模型。

(一) 中国公共医疗保障体系中存在着逆向选择的可能性

1. 新型农村合作医疗

新农合从 2003 年开始建立,农村居民以家庭为单位自愿参保,保费名义上由农民家庭、乡(镇)和村集体、地方政府和中央政府共同出资缴纳,但实际上主要是家庭缴费与政府出资为主。尽管以家庭为单位参保能够在一定程度上防范逆向选择,但新农合未能完全从根本上抑制逆向选择。从实际数据(表1)来看,以乡村常住人口计算的居民参合率从 2007 年开始就超过 100%,也远高于同时期的官方参合率。这说明缴费人数多于常住居民人数。尽管官方用以计算参合率的分母无法从公开资料中找到,但从居民参合率与官方参合率的比较来看,出现这种情况的一种可能性是把外出务工的农村户籍人口计算在缴费人数之内。从事实来看,各地政府"强制"居民参保的情况并非没有。[1] 新

---

[1] 早在 2003 年就有媒体报道过广东省阳春市一些村民因未参加新农合而被开除村籍,被剥夺了选举权和村民福利待遇。资料来源:"时事围观"栏目:村民因未参保新农合被开除村籍,《农村经济管理》总第 117 期(2012 年 11 月),第 45 页。

农合在基层实施的过程中可能存在"虚假参保"的情况,官方公布的"高覆盖率"未必真实反映了农民的参保情况。即使是官方的高覆盖率也是在2008年以后才出现的。因此,新农合中存在未完全参保的情况。

表1　新农合历年参保情况,2004—2015年　　(单位:亿人、百分比)

年份	官方参合情况统计		乡村居民参合情况统计		农业户籍人口参合情况统计	
	参合人数	参合率	居民人口	参合率	户籍人口	参合率
2004	0.8	75.2	7.6	10.6	8.8	9.1
2005	1.8	75.7	7.5	24.0	8.7	20.6
2006	4.1	80.7	7.3	56.0	8.7	47.0
2007	7.3	86.2	7.1	101.5	8.8	82.7
2008	8.2	91.5	7.0	115.8	8.8	92.4
2009	8.3	94.2	6.9	120.8	8.8	94.3
2010	8.4	96.0	6.7	124.6	8.9	94.4
2011	8.3	97.5	6.6	126.7	8.9	94.0
2012	8.1	98.3	6.4	125.3	8.8	91.7
2013	8.0	98.7	6.3	127.4	8.8	91.6
2014	7.4	98.9	6.2	119.0	8.7	84.4
2015	6.7	98.8	6.0	111.0	—	—

注:(1)居民参合率=参合人数÷乡村居民(常住)人口数×100%;(2)户籍人口参合率=参合人数÷农业户籍人口数×100%;(3)从2015年起,官方不再统计农业户籍口数。

资料来源:参合人数、官方参合率数据来自《中国卫生和计划生育生育统计年鉴(2008年、2011年、2016年)》,乡村居民人口、农业户籍人口数据来自《中国人口与就业统计年鉴(2006—2016年)》。

2. 城镇基本医疗保险

中国城镇基本医疗保险由城镇职工医保和城镇居民医保两个社会医疗保险项目所组成。

城镇职工医保的制度建设从1999年初开始启动,到1999年底全部完成。其初始设定的目标定位人群是城镇所有用人单位的在职职工和退休人员,由用人单位与职工共同缴费。从政策设计上看,城镇职工医保是一个强制性的社会医疗保险项目,理论上应当不存在逆向选择的问题;然而,由于政府强制实施力度在各地有差异,城镇职工医保在各省的覆盖率差别很大,远未实现应保尽保(Liu,2011)。同时,值得注意的是,城镇职工医保的参保行为在很大程度上是由参保人个人与其雇主共同决定的,且在一定程度上其雇主在参保决策上更具有话语权。

城镇居民医保,是由居民自愿参与、个人缴费和政府补贴相结合的社会医疗保险制度,其保障的人群是不属于城镇职工医保覆盖范围的中小学学生、少年儿童和其他非从业城镇居民。该保险项目从2007年开始试点,2010年在全国全面推开。与新农合一样,城镇居民医保也遵循自愿参保原则,重点保障住院和门诊大病医疗支出。由表2可以看出,尽管参保率逐年上升,但截止到2015年底全国城镇医保仍未达到针对目标定位人群的全覆盖,逆向选择的可能性是存在的。

表2　城镇基本医疗保险历年参保情况,1999—2015年　　（单位:亿人、百分比）

	职工医保参保人数	居民医保参保人数	合计	城镇居民人口	城镇医保参保率
1999	0.21	—	0.21	4.4	4.7%
2000	0.38	—	0.38	4.6	8.2%
2001	0.73	—	0.73	4.8	15.2%
2002	0.94	—	0.94	5.0	18.7%
2003	1.09	—	1.09	5.2	20.8%
2004	1.24	—	1.24	5.4	22.8%
2005	1.38	—	1.38	5.6	24.5%
2006	1.57	—	1.57	5.8	27.0%
2007	1.80	0.43	2.23	6.1	36.8%
2008	2.00	1.18	3.18	6.2	51.0%
2009	2.19	1.82	4.01	6.5	62.2%
2010	2.37	1.95	4.33	6.7	64.6%
2011	2.52	2.21	4.73	6.9	68.5%
2012	2.65	2.72	5.36	7.1	75.4%
2013	2.74	2.96	5.71	7.3	78.1%
2014	2.83	3.15	5.97	7.5	79.8%
2015	2.89	3.77	6.66	7.7	86.3%

注:(1)城镇医保参保率=参保人数合计/城镇居民人口数×100%;(2)城镇居民医保从2007年建立,因此从2007年开始报告。

资料来源:城镇职工医保参保人数、城镇居民医保参保人数数据来自《中国劳动统计年鉴(2015年)》、《中国卫生和计划生育统计年鉴(2016年)》,城镇居民人口数据来自《中国人口与就业统计年鉴(2015年)》。

(二) 实证模型

检验的基本思路是,如果个体自我感觉健康状况较好会导致不参保,则认为存在逆向选择。因为对于公共医疗保险来说,我们要关注的是未参保人群的特征。

本文通过下式中模型进行检验逆向选择的存在性及考察参保行为的相关因素:

$$Enrollment_{i,t} = \alpha + \beta \cdot Health_{i,t} + \gamma \cdot Demographic_{i,t} + \delta \cdot Socio_{econ\,i,t} + \gamma \cdot Habbit_{i,t} + \theta \cdot Institutional_{i,t} + \eta \cdot Region_i + v_{i,t}$$

因变量 $Enrollment$ 表示个体的参保状况。自变量 $Health$ 为个体对自身健康状况的感知,本文从两个方面刻画:一是短期的患病或者受伤情况,即在过去四周内是否患病或受伤及其严重程度;二是长期患病情况,即慢性病患病情况。控制变量表示其他可能影响参保的因素。控制变量按照不同的影响方面分成了六大类:(1)人口学特征;(2)社会—经济特征;(3)行为习惯特征;(4)保险制度特征;和(5)地区固定效应。表3详细展示了回归分析的所有变量及其说明。基于因变量特征,本文选用 Logit 模型进行估计。

表3 变量说明

变量组别	变量	变量说明
因变量	$Enrollment$	是否未参加新农合(no_ncms)/城市居民医保(no_urbs)/城市职工医保(no_uebs)。1表示未参保,0表示已参保
自变量:健康状况	no_sick	过去四周内是否未患病或受伤,1表示未患病或受伤,0表示曾患病或受伤
	$Severe$	过去四周内患病或受伤的严重程度:$Severe1$(不严重),$Severe2$(严重),$Severe3$(很严重,回归时作为基准组)。1表示是,0表示否
	$no\_hyperts$	是否非高血压患者,1表示是,0表示不是
	$no\_diabetes$	是否非糖尿病患者,1表示是,0表示不是
控制变量:人口学特征	$Male$	是否为男性,1表示是,0表示不是
	Age	年龄
	age_sq2	(年龄/100)^2
	$Married$	是否已婚,1表示是,0表示不是
控制变量:社会—经济特征	$Education$	$Uneducated$(从未受过教育,回归时作为基准组);$Primary$(小学学历);$Junior$(初中学历);$Senior$(高中学历);$College$(大学及以上学历)。1表示是,0表示否

(续表)

变量组别	变量	变量说明
控制变量：社会—经济特征	*Occupation*	*job2*（供职于国有事业单位和研究所）；*Job3*（供职于国有企业）；*Job5*（供职于大集体企业）；*Job7*（供职于私营、个体企业）；*Job8*（供职于三资企业）。1表示是，0表示否
	Urban	是否为城镇户籍人口，1表示是，0表示不是
	Lninc	家庭人均年收入（单位：元）（按2011年CPI调整）的对数
	lninc_sq	Lninc^2
	Hhsize	家庭规模，即家庭成员人数
控制变量：行为习惯	*Smoke*	是否有吸烟的习惯，1表示有，0表示没有
	Drink	过去一年内是否有饮酒，1表示有，0表示没有
控制变量：保险特征	*Premium*	实际月保费支出（单位：元）
控制变量：地区固定效应	*Region*	*East*（东部地区）；*Central*（中部地区）；*West*（西部地区）

四、实证检验结果

（一）数据来源

本文所用数据来自由北卡罗来纳大学人口研究中心、美国国家营养与食物安全研究所和中国疾病与预防控制中心共同合作开展的中国健康与营养调查(CHNS)数据。到目前为止，CHNS分别在1989、1991、1993、1997、2000、2004、2006、2009和2011年进行了9次调查，调查省份（直辖市）共15个（有些年份个别省份有缺失或新增）。CHNS采用多阶段整群抽样的方法，并对调查样本的微观单元进行逐年轮换，样本覆盖东、中、西部地区，是具有全国代表性的轮换面板数据(rotating panel data，或译作"轮动面板数据"）。

本文使用CHNS中2009年和2011年数据，从中分别筛选出符合新农合、城镇职工医保和城镇居民医保的目标保障人群样本，对民众在三种公共医疗保险中的参保行为进行横向对比。新农合样本由农业户籍人口组成。城镇居民样本由城镇户籍居民中的非职工组成，其中主要由未成年人和非从业居民组成。城镇职工医保样本由城镇职工组成。对于城镇职工身份的确定，本文根据问卷中个体对工作单位类型的回答做出判定。如果答案为国有事业单位和研究所、国有企业、大集体（县、市、省所属）企业、私营和个体企业以及三资企业（外商、华侨和合资）的雇员，则认为该个体是城镇职工。

以下表 4 为三组样本的描述性统计结果。

表 4　各样本变量的描述性统计

变量样本	新农合			城镇居民医保			城镇职工医保		
	两年	2009年	2011年	两年	2009年	2011年	两年	2009年	2011年
no_ncms/no_urbs/no_uebs	0.046	0.036	0.055	0.622	0.661	0.596	0.697	0.729	0.674
	0.210	0.187	0.229	0.485	0.474	0.491	0.460	0.445	0.469
no_sick	0.847	0.845	0.848	0.786	0.797	0.778	0.886	0.895	0.879
	0.360	0.362	0.359	0.410	0.402	0.416	0.318	0.306	0.326
severe1	0.404	0.425	0.384	0.393	0.443	0.358	0.497	0.497	0.498
	0.491	0.495	0.487	0.489	0.497	0.480	0.500	0.501	0.501
severe2	0.487	0.469	0.503	0.502	0.461	0.532	0.442	0.442	0.441
	0.500	0.499	0.500	0.500	0.499	0.499	0.497	0.497	0.497
severe3	0.109	0.106	0.112	0.105	0.096	0.110	0.061	0.061	0.061
	0.312	0.307	0.316	0.306	0.295	0.314	0.239	0.240	0.239
no_hyperts	0.891	0.908	0.876	0.765	0.780	0.753	0.927	0.934	0.922
	0.311	0.289	0.329	0.424	0.414	0.431	0.261	0.249	0.269
no_diabetes	0.983	0.986	0.980	0.932	0.942	0.924	0.981	0.981	0.982
	0.130	0.116	0.141	0.252	0.233	0.264	0.135	0.136	0.134
样本量*	10 840	5 071	5 769	3 695	1 526	2 169	4 859	2 005	2 854

注：(1)在新农合、城镇居民医保和城镇职工医保样本中,过去四周所患疾病或受伤程度(severe1、severe2、severe3)在两年混合样本、2009年样本和2011年样本中的样本数量分别依次为:2172、1051和1121;772、312和460;1081、447和634。(2)因篇幅限制,省略控制变量的描述性统计结果。

(二) 回归结果

1. 个体对自身健康状况的感知有可能影响参保,导致逆向选择,但这种影响并不具有确定性。

从个别指标来看,新农合(表5模型5、模型6)、城职居民医保(表6模型5、模型7)和城镇职工医保(表7模型4)中,较健康的人群反而更可能不参保,说明三种保险均在一定程度上存在逆向选择现象,这与张欢(2006)、方黎明和顾昕(2006)、朱信凯和彭延军(2009)、臧文斌等(2012)等基于中国社会医疗保险早期发展的数据和资料所得出的推断性结论是部分一致的。但我们也发现,大部分健康状况指标不显著,并且一些指标呈负向显著。这些混合性的

表5 新农合 Logit 模型回归结果

	模型 1	模型 2	模型 3	模型 4	模型 5	模型 6	模型 7
no_sick	0.000 2				0.012 4*	0.018 4**	0.001 3
	(0.004 9)				(0.007 5)	(0.007 2)	(0.012 5)
severe1		0.002 9			0.002 4	−0.011 4	0.020 3
		(0.014 4)			(0.013 8)	(0.0100)	(0.023 9)
severe2		0.003 2			0.003 2	−0.017 5*	0.026 5
		(0.014 2)			(0.013 3)	(0.009 0)	(0.023 6)
no_hyperts			−0.012 0**		−0.012 3	−0.005 1	−0.014 9
			(0.004 8)		(0.007 9)	(0.007 4)	(0.012 2)
no_diabetes				−0.029 6***	−0.035 2***	−0.022 7*	−0.037 7**
				(0.008 3)	(0.011 8)	(0.011 9)	(0.018 0)
Log-Likelihood	−1 657.630 4	−351.629 22	−1 654.830 9	−1 652.469 4	−345.668 7	−114.945 2	−212.885 0
Pseudo R^2	0.185 7	0.163 8	0.187 0	0.188 2	0.178 0	0.197 6	0.211 5
样本量	10 840	2 172	10 840	10 840	2 172	1 051	1 121

说明:(1)模型 1—7 所报告均为边际效应及其稳健标准误(括号中);(2)严重程度变量基准组为很严重(severe3),教育变量基准组为未受教育(uneducated),地区基准组为中部地区(central);(3)因篇幅限制,省略回归结果;(4)* 10%统计水平上显著,** 5%统计水平上显著,*** 1%统计水平上显著;(5)以上结果均四舍五入至小数点后四位。

表6 城镇居民医保 Logit 模型回归结果

	模型 1	模型 2	模型 3	模型 4	模型 5	模型 6	模型 7
no_sick	0.011 0 (0.020 2)				0.023 4 (0.034 9)	−0.020 3 (0.055 3)	0.076 8 (0.048 4)
severe1		−0.056 4 (0.055 5)			−0.060 8 (0.056 1)	−0.247 1*** (0.085 7)	0.012 7 (0.073 1)
severe2		−0.047 2 (0.054 1)			−0.049 7 (0.053 8)	−0.285 1*** (0.083 5)	0.078 2 (0.068 5)
no_hyperts			0.012 6 (0.020 2)		0.059 0* (0.033 8)	0.002 4 (0.052 2)	0.082 0* (0.046 0)
no_diabetes				−0.019 5 (0.033 2)	−0.038 4 (0.048 0)	0.060 6 (0.073 6)	−0.074 4 (0.063 0)
Log-Likelihood	−2 310.571 3	−670.727 12	−2 310.526 1	−2 310.546 6	−668.685 8	−236.462 6	−396.715 5
Pseudo R^2	0.056 6	0.074 7	0.056 6	0.056 6	0.077 5	0.164 8	0.087 8
样本量	3 695	1 081	3 695	3 695	1 081	447	634

注:(1)模型1—7所报告均为边际效应及其稳健标准误(括号中);(2)严重程度变量基准组为很严重(severe3),教育变量基准组为未受教育(un-educated),地区基准组为中部地区(central);(3)因篇幅限制,省略控制变量回归结果;(4) * 10% 统计水平上显著, ** 5% 统计水平上显著,*** 1% 统计水平上显著;(5)以上结果均四舍五入至小数点后四位。

表7 城镇职工医保 Logit 模型回归结果

	模型 1	模型 2	模型 3	模型 4	模型 5	模型 6	模型 7
no_sick	−0.016 0 (0.025 1)				−0.044 4 (0.039 9)	0.003 9 (0.035 8)	−0.118 3* (0.063 6)
severe1		0.043 4 (0.089 7)			0.057 8 (0.088 7)	0.034 8 (0.078 4)	0.091 7 (0.134 9)
severe2		−0.001 5 (0.091 1)			0.008 2 (0.089 4)	−0.048 9 (0.078 8)	0.097 8 (0.134 2)
no_hyperts			0.040 6 (0.027 4)		0.038 6 (0.049 3)	0.010 4 (0.045 7)	0.075 3 (0.074 2)
no_diabetes				0.120 9** (0.050 7)	0.058 8 (0.077 9)	−0.012 9 (0.061 6)	0.124 4 (0.125 2)
Log-Likelihood	−1 894.211 1	−324.774 3	−1 893.280 1	−1 891.315 2	−323.649 7	−105.206 7	−199.691 9
Pseudo R^2	0.364 8	0.328 9	0.365 1	0.365 7	0.331 2	0.371 3	0.347 5
样本量	4 859	772	4 859	4 859	772	312	460

注:(1)模型 1—7 所报告均为边际效应及其稳健标准误(括号中);(2)严重程度变量基准组为很严重(severe3),工作单位变量基准组为三资企业(job8),地区基准组为中部地区(central),省略控制变量回归结果;(3)因篇幅限制,省略控制变量回归结果;(4)* 10%、** 5%、*** 1%统计水平上显著;(5)以上结果均四舍五入至小数点后四位。

情况说明,在民众拥有参保选择权的情况下,逆向选择的出现并不是必然的。自身健康状况指标对于民众的参保决策来说,并不一定是重要的影响因素,个体参保决策受其他因素影响的显著性更大。

2. 从 2009 到 2011 年,新农合中的逆向选择现象有所缓解。

对新农合(表 5)而言,逆向选择情况仅出现在 2009 年,在 2011 年这种现象消失了。逆向选择现象之所以会消失,有两种可能的解释:一是由于个体本身对于保险制度具有学习能力,也就是保险自身的改善以及参保者通过参保者提升的保险意识,会降低逆向选择的可能性;二是随着保险制度的完善和待遇的提高,个体的参保意愿也随之提高。然而,在城镇居民医保(表 6)和城镇职工医保(表 7)中,逆向选择情况并没有随着时间推移而改善。可能的原因是:城镇居民医保实施时间较短,有可能是制度学习效应还没有显现出来;城镇职工医保的待遇到 2009 年已经较高了,提升空间不大。

五、结 论

由政府主导建立社会医疗保险制度,一般被视为克服医疗保险市场上逆向选择问题的一个有效解决方案。社会医疗保险,要么具有强制性,要么依然自愿参保但政府提供了参保补贴。医疗保险只要是自愿的,理论上都有可能出现逆向选择;而强制性医疗保险的强制性力度如果不足,那么也有可能出现逆向选择。本文通过对 CHNS 微观数据的计量分析证明了在新农合、城镇职工医保和城镇居民医保中,均存在一定程度的逆向选择,但这种现象的出现具有不确定性。本文的发现确认了科恩和西格尔曼(Cohen & Siegelman, 2010)基于文献梳理得出的结论,即由于多种因素的影响,参保人对自我健康状况的认知并不必然是参保的主要决定因素,对逆向选择的实证分析不可能一劳永逸地确认其存在性,而是应该深入探讨逆向选择出现的具体条件。

同时本文还发现,新农合中的逆向选择现象随着社会保险项目的发展而消失了。逆向选择之所以消失,一方面与参保行为受到多种个体因素的影响有关,此外,或许还与这个项目的待遇水平有所提高有关。随着政府补贴的提高和给付条件的改善,参保者实际支付的保费与所享服务之间的"性价比"逐年提升。制度对居民的参保行为和观念有所作用,且随着补贴水平、给付水平和待遇水平的提高和改善,逆向选择现象消失,是顺理成章的。但同时,在城镇居民医保和城镇职工医保中,逆向选择现象并没有随着时间推移而消失。这一方面说明制度学习和制度完善的效果是需要一定时间才能发挥作用,另一方面也说明这种学习和完善效果是不确定的。正是由于个体的参保行为可能受到众多因素的共同影响,使得政策制定者完全有可能通过社会医疗保险制度的完善而减少逆向选择的发生。

参 考 文 献

方黎明、顾昕,2006,"突破自愿性的困局:新型农村合作医疗中参合的激励机制与可持续性发展",《中国农村观察》第 4 期,第 24—32 页。

王翌秋、王成,2016,"城乡医疗保险市场逆向选择行为及其异质性分析",《金融经济学研究》(第 31 卷)第 6 期,第 105—114 页。

臧文斌、赵绍阳、刘国恩,2012,"城镇基本医疗保险中逆向选择的检验",《经济学(季刊)》(第 11 卷)第 4 期,第 47—70 页。

张欢,2006,"中国社会保险逆向选择问题的理论分析与实证研究",《管理世界》第 2 期,第 41—49 页。

朱信凯、彭廷军,2009,"新型农村合作医疗中的'逆向选择'问题:理论研究与实证分析",《管理世界》第 1 期,第 79—88 页。

Akerlof, G. A., 1970, "The Market for 'Lemons': Quality Uncertainty and the Market Mechanism", *The Quarterly Journal of Economics*, Vol.84, No.3, pp.488-500.

Arrow, K.J., 1963, "Uncertainty and the Welfare Economics of Medical Care", *American Economic Review*, Vol.53, No.5, pp.941-973.

Arrow, K.J., 1970, "Political and Economic Evaluation of Social Effects and Externalities", in NBER (eds.), *The Analysis of Public Output*, pp.1-30.

Browne, M.J. & Doerpinghaus, H. I., 1993, "Information Asymmetries and Adverse Selection in the Market for Individual Medical Expense Insurance", *Journal of Risk and Insurance*, Vol.60, No.2, pp.300-312.

Cardon, J.H., & Hendel, I., 2001, "Asymmetric Information in Health Insurance: Evidence from the National Medical Expenditure Survey", *RAND Journal of Economics*, pp.408-427.

Cohen, A. & Siegelman, P., 2010, "Testing for Adverse Selection in Insurance Markets", *Journal of Risk and Insurance*, Vol.77, No.1, pp.39-84.

Culter, D.M. & Reber, S.J., 1998, "Paying for Health Insurance: The Trade-Off between Competition and Adverse Selection", *Quarterly Journal of Economics*, Vol. 113, No.2, pp.433-466.

Culter, D.M., & Zeckhauser, R.J., 2000, "The Anatomy of Health Insurance", in Culyer, A.J., & Newhouse, J.P., 2000, *Handbook of Health Economics*, p.607. Amsterdam: Elsevier.

Cutler, D.M., & Zeckhauser, R.J., 1998, "Adverse Selection in Health Insurance," in Alan M.Garber(eds.), *Frontiers in Health Policy Research*, Vol.1, pp.1-32. Cambridge, MA: The MIT Press.

Denenberg, H.S., Eilers, R.D., Hoffman, G.W., Kline, C.A., Melone, J.J. & Snider, H.W., 1964, *Risk and Insurance*. Englewood Cliffs, NJ: Prentice Hall.

Dickerson, O.D., 1959, *Health Insurance*. Homewood. IL: Irwin.

Handel, B.R., 2013, "Adverse Selection and Inertia in Health Insurance Markets: When Nudging Hurts" *American Economic Review*, Vol.103, No.7, pp.2643-2682.

Liu, J.Q., 2011, "Dynamics of Social Health Insurance Development: Examining the Determinants of Chinese Basic Health Insurance Coverage with Panel Data", *Social Science & Medicine*, Vol.73, No.4, pp.550-558.

Long, S.H., & Marquis, M.S., 2002, "Participation in a Public Insurance Program: Subsidies, Crowd-out, and Adverse Selection", *INQUIRY: The Journal of Health Care Organization, Provision, and Financing*, Vol.39, No.3, pp.243—257.

Lotfi, F., Gorji, H.A., Mahdavi, G. & Hadian, M., 2015, "Asymmetric Information in Iranian's Health Insurance Market: Testing of Adverse Selection and Moral Hazard", *Global Journal of Health Science*, Vol.7, No.6, p.146.

Newhouse, J.P., 1984, "Cream Skimming, Asymmetric Information, and a Competitive Insurance Market", *Journal of Health Economics*, Vol.3, pp.97-100.

Pauly, M.V., 1984, "Is Cream-Skimming a Problem for the Competitive Medical Market", *Journal of Health Economics*, Vol.3, No.1, pp.88-95.

Rajkotia, Y. & Frick, K., 2011, "Does Household Enrolment Reduce Adverse Selection in a Voluntary Health Insurance System? Evidence from the Ghanaian National Health Insurance System", *Health Policy and Planning*, Vol.27, No.5, pp.429-437.

Rothschild, M., & Stiglitz, J., 1976, "Equilibrium in Competitive Insurance Markets: An Essay on the Economics of Imperfect Information", *The Quarterly Journal of Economics*, Vol.90, No.4, pp.629-649.

Sloan, F.A., & Norton, E.C., 1997, "Adverse Selection, Bequests, Crowding out, and Private Demand for Insurance: Evidence from the Long-term Care Insurance Market", *Journal of Risk and Uncertainty*, Vol.15, No.3, pp.201-219.

Swartz, K. & Garnick, D.W., 1999, "Can Adverse Selection be Avoided in a Market for Individual Health Insurance", *Medical Care Research and Review*, Vol.56, No.3, pp.373-388.

卫生治理体系整合的政治学:三明模式再研究*

王春晓**

【摘要】 中国的卫生治理体系一直带有"碎片化"特征。在"条""块"治理模式下,"医疗""医药""医保"等各个子治理体系独立性强,整合性不足,跨部门决策较为困难。为此,三医联动是公共管理问题,不是单一个政府部门可以解决的。本轮新医改后成立的医改领导小组或办公室并没能解决这种治理体系创新的需求。不过,因为中国有着独特的体制优势和政治优势,可以克服强势利益集团的重重阻碍,在地方探索的基础上,此轮机构改革对现有的传统既得利益进行整合,建立各方有效互动与制衡的机制,重塑新的利益格局。作为医改明星的三明是典型案例,最早"改弦更张",在基本不增加原有资源、技术等的基础上,三明市通过政府主导进行存量改革,建立一把手负责领导体制,突破部门利益格局,进行治理体系整合,特别是横向整合、赋权"医保"履行卫生治理体系的重要主体和主要载体,采用"腾空间、调结构、保衔接"的路径,实现了三医联动,为国家顶层设计的卫生治理体系创新提供了学习借鉴经验,并在全国范围实现了政策扩散。

【关键词】 治理体系 政治学 整合 三明市

Politics of Health Governance System Integration: A Case Study of Sanming City Health Reform

Chunxiao Wang

Abstract China's health governance system has always been characterized by "fragmentation". Under the "*tiao*""*kuai*" governance model, government departments in charge of medical service, medicine and medical insurance are separate and independent, leading to insufficient integration and difficult

---

* 基金项目:本文得到国家社会科学基金重大项目"中国特色现代社会福利制度框架设计研究"(项目编号:15ZDA050),2016 年度教育部人文社会科学重点研究基地重大项目《社会政策创新与共享发展》(项目编号:16JJD630011)资助。

** 王春晓,中山大学中国公共管理研究中心、全球卫生研究中心、广州社会保障研究中心研究员。作者感谢中山大学政治与公共事务管理学院岳经纶教授、中山大学公共卫生学院吴少龙副教授对论文撰写的指导和建议。

cross-sector decision-making. Therefore, "*sanyi liandong*"(linkage among medical insurance, healthcare, and medicine) turns into a public management issue which cannot be solved by a single department. The health reform leading group and office, which established after the new medical reform since, have failed to address the need for innovation in this governing system. However, as China has unique institutional and political advantages, it can overcome the obstacles from interest groups. On the basis of local exploration, the latest round of institutional reform since early 2018 has integrated the existing interests, established the mechanism among all parties for effective interaction and balance, and reshaped the new interest pattern. As the star of medical reform, Sanming is a typical case and the first place to make changes. Dominated by the government, Sanming City has broken through the structure of departmental interests, and integrated the governance system with the existing resources and technology. In particular, the medical insurance is an important actor and the main carrier for horizontal integration and the health governance fulfillment. By adopting the path of "*tengkongjian*, *tiaojiegou*, *baoxianjie*"(freeing space, adjusting structure, retaining connection), the "*sanyi liandong*" in health care systems has been achieved, which provides experience for the national top-level design of health governance system innovation. And the policy diffusion has been realized nationwide as well.

Key words　Governance System, Political Science, Integration, Sanming City

一、医改的政治维度

2009年新医改以来,政府对医疗卫生的投入呈爆发式增长,增速连年超过20%,至2017年各级政府累计投入已达8万多亿元。尽管中国政府出台了有史以来最密集的卫生政策和举措,但在缺乏需要外部条件和配套措施保障的背景下,很多政策的执行效果往往与初衷"大相径庭"。一些医改政策出台,往往被地方政府广为夸大宣传,似乎仅仅这些措施就可以解决"看病难""看病贵"问题。这种做法把民众的期待值高高举起后却又轻轻放下,导致群众获得感低。尽管个人卫生支出占卫生总费用的比重由2008年的40.40%下降到2017年的28.8%,但个人绝对卫生支出却从2008年的0.59万亿元上升至2015年的1.49万亿元,较2008年上涨了152.54%。[1]同时,很多地方政府对

---

[1]　根据历年《中国卫生计划生育统计年鉴》《中国财政统计年鉴》数据整理。

于医院承诺的财政补偿不到位,"主力军"的医务人员工作量大、薪酬不合理。背负沉重债务包袱的公立医院仍然在逐利的路子上奔跑,基层服务能力仍亟待提升,政策设计的可操作性差,改革的技术和管理支撑不够,等等。可以说,这些情况反映出的不仅是供给侧卫生服务体系的问题,还涉及更大的制度背景,是整个国家卫生治理体系和治理能力的问题(李玲、王欣,2014)。

随着中国经济增长速度放缓,且地方政府债务进入偿还高峰期,公共财政对"医保"的投入力度能否保持之前的增速令人担忧,如不及时控制医疗费用、消除冲突,最终必将影响医保基金安全,无法保障医疗卫生服务的公益性、可及性,也就无法实现此轮新医改2020年预设的目标。正由于新医改整体推进成效不彰,加上目标实现的期限日益逼近,中央决策层有着迫切的政策创新的焦虑。这种情况一直维持到2015年。之后,业界开始流行这样一句话:"全国医改看福建,福建医改看三明。"刘延东在国务院副总理任内两次专程到三明肯定试点成绩。2018年,国务院新任副总理孙春兰、国家医疗保障局首任局长胡静林、国家卫生健康委主任马晓伟等政府高层又先后到三明视察,鼓励继续改革创新。为此,徐毓才(2015)认为:"三明医改是目前中国医改做的最实、最有成效,也基本形成一套体系的、唯一的。"不过,也有学者则认为"三明市试行这一改革措施四年的效果并不明朗,亦没有扎实的证据表明三明的医保管理绩效优于其周边地区及相似发展水平地区,也没有扎实严谨的证据表明三明市城乡居民医疗负担低于周边地区"(朱恒鹏,2017a)。一些网络自媒体及不少外地医生群体也对"三明模式""嗤之以鼻"。那究竟这个各方褒贬不一,却又被迅速推广的典型,究竟有什么体制改革?有什么机制创新?为什么可以做到这些体制改革和机制创新?

为了回答上述问题,作者决定对三明医改进行深入的案例研究。2015—2018年期间,作者多次到福建省三明市实地调研,进行深入访谈,尝试从治理体系改革创新的政治学视角对"三明模式"进行研究,进而揭示在中国情境下卫生治理体系的改革路径。本文的结构安排如下:首先,对现有中国卫生治理体系改革做文献综述并提出理论框架。其次,通过对三明案例进行分析,具体呈现卫生治理体系整合的重要性。再次,从政治学视角分析"三明模式"。最后是讨论与结论。

二、中国医改政治:重构治理体系

卫生治理体系改革的最终目的是解决卫生服务的可及性(accessibility)和可负担性(affordability)的问题,也就是解决"看病难""看病贵"。中国政府行政管理体系的碎片化,各个政府部门试图最大化其自身利益,在政策制定、形成和实施中,部门间协调和合作特别不稳定且困难重重(Lieberthal,1992)。卫生服务体系要接受多个政府部门管理,而这些部门指令往往含糊不清,有时甚至相互冲突,因为并没有清楚界定公立医院的职能、责任和问责,法律和政策框架不健全、管理体制不完善、治理结构不明晰,且颁布指令的政府部门自己的政策和利益关注点也不一致(Yip et al.,2012;李玲、江宇,2010;Allen et al.,2013)。黄严忠(2009)认为,中国医改之所以进展缓慢,一个重要原因是相关政府部门之间的"卸责"行为(buck-passing),尤其是主管医疗机构的卫生行政部门和主管医疗保险的人社部门之间的协同不力。萧庆伦(Hsiao,1995)认为,改革开放后,卫生行政部门对公立医院的控制力已经减弱到技术监督(technical supervision)和道德劝服(moral persuasion),缺乏强有力的工具进行政策干预。早在"两江试点"时,针对当时新建的职工基本医疗保险基金管理权的博弈结果反映了最高决策层对于卫生行政部门执行能力的疑虑(Aitchison,1997)。不过,和经纬(2011)发现,卫生行政部门并非如外界批评的那样缺乏主导改革的能力,在没有其他强势部门的配合下,也可以独立组织实施整改措施。

李玲和王欣(2014)认为,卫生领域是最能体现国家治理能力的领域,医改反映的是国家治理体系和能力的问题。卫生政策改革之所以没有进入政府政策议程,除了政府的主观意愿程度之外,更应是政府治理能力低下所带来的必然结果(刘鹏,2006)。中国的医改是以探索为主要特征的渐进式改革,制度碎片化、机构之间的协调问题则抑制了改革创新(Allen et al.,2014)。虽然卫生治理改革目标十分全面,但却没有改革相关政府部门责权不一致的具体方案,基本无法操作(俞卫,2017)。新医改后成立的医改领导小组任务过于单一,缺乏长期视角,也不够稳定,难以支持长期的卫生体系改革(Qian,2015)。一些地方试点治理结构还比较简单,治理工具缺乏长期有效性(毛瑛等,2014)。卫生政策应该致力于提高整个卫生治理体系的功效,而不是试图提高每个公立医院的效率,更不是让所有公立医院增强自筹资金的能力(李卫平,2006)。

卫生服务是专业技术问题,而卫生制度安排则是一个公共管理问题,应以公共治理、公共服务的理念来指导卫生体系改革(王虎峰,2008),把确立有效的治理体系放在卫生体系改革的首位(林闽钢,2006)。政府提供卫生公共品的效率与卫生治理能力相关,公共治理才是卫生改革的目标范式(杨燕绥等,2006)。林闽钢(2006)认为,应设立设置独立政府规制机构,负责对卫生服务提供者进行管制,并管理医疗保险金的风险。卫生治理的效率关键在于如何控制医院风险点(Weiner et al.,1993)。李玲等(2010)认为,应外部和内部治理并重,通过行政问责等手段,提高管理效能。还有学者认为,应协调好卫生领域中上游与下游之间的利益分配(刘鹏,2008),统筹进行药品生产流通、医疗保障、卫生服务等体系改革(王虎峰,2010;赵云等,2013)。中国可以探索建立与以社会医疗保险为主要筹资方式的卫生保障体系相适应的治理体系(世界银行集团等,2016)。全民医保体系通过其社会筹资功能,可以解决"看病难"问题,而通过合理设计付费机制则能有效约束卫生服务行为,缓解"看病贵"问题(岳娟,2011)。郝模等(2002、2007)提出"采取总额预算和按服务量支付方式促使医院注重内涵发展"的"三医联动"系统理论,只要改革按项目收费方式,形成"总额预算＋按服务单元(或病种、人头)"支付方式,就可解决"看病贵"等问题。

前述研究文献对中国卫生治理体系存在问题、原因与解决思路进行了梳理,丰富了对体系创新的认识。不过,从整体上看,中国卫生治理体系创新研究还处于描述阶段,或者说是框架的探索阶段,还没有精细的成熟理论和模型提出。很少有讨论中国健康政治或者从政治学角度分析中国卫生治理体系的研究(吴少龙,2018)。而且研究思路还比较传统,缺乏实地的调查研究,特别是缺乏结合案例进行分析以真实解构政府决策的深度研究。本文通过对三明医改的实证案例分析,通过深入访谈收集第一手资料,旨在从政治学视角探索卫生治理体系创新,并试图弥补当下我国治理研究中存在的前述不足。

三、卫生治理体系的整合:调整权力和利益

1949年以来,中国的卫生治理体系一直带有"碎片化"特征,基本上停留在各相关政府部门根据各自的职责、资源、人员和偏好在决策中谈判、讨价还价,为自己的权利近乎肉搏的讨价还价(余晖,2014)。从政府领导体制层面看,涉及医改的主要工作,在绝大多数地方,往往由两个或更多的政府领导分管,很容易导致政令不一,相互推诿扯皮,决策和管理效率低下。从管理机制上来看,相关政策涉及20多个行政部门,职责交叉重复和多头管理现象严重,造成了医改"九龙治水"的乱象和人人都是"龙王爷"的怪象。比如,职工医保、新农合和城镇居民医保这"三保"由两个不同的部门管理,导致了在资金使用效益等方面存在不少问题。如果政策方案无法合理平衡各方的利益或协调各种分歧,改革就很容易被拖延、变味,甚至无疾而终。这种相互冲突的利益集团大量聚集的现象,是许多国家医改过程中无法突破、跨越的主要决策难题(王绍光、樊鹏,2013)。

根据世界卫生组织2000年的报告,卫生治理体系包括监管体系、卫生筹资体系、卫生资源体系、卫生服务体系。在吸收各方面意见的基础上,2007年世界卫生组织提出的"系统模块"(Building Blocks)框架认为,国家在卫生领域的干预范围包括监管规制、卫生服务提供、卫生人力资源、卫生信息、医疗产品、疫苗和技术、卫生筹资。在中国,我们习惯上把这些干预范围重新解构为

"医疗""医保""医药""患者",即卫生服务体系、卫生筹资与支付体系、药品供应体系、公众(王春晓,2018)。其中,卫生服务提供体系的内容比较丰富,还包括健康教育与促进、预防保健、治疗、康复干预。卫生筹资与支付体系则包括保险费缴纳、账户管理、报销流程、不同类型医保的范围和标准、医疗服务价格标准等。"医药"包括医药的研发、生产、销售、定价、监管等。在这里,公众是最容易被忽略的干预范围。中国公众的健康素养不高,亟须进行干预和提升(世界银行集团等,2016)。国际主流观点认为,社会和个人都对健康负有责任(王虎峰,2008)。因此,既要改变供方的结构,还要有效引导需方形成健康习惯和行为。各个子体系之间可谓"你中有我、我中有你",唇齿相依,谁也离不开谁,却又在改革的方向、目标、政策手段上都存在冲突。

不过,中国有着独特的体制优势和政治优势,可以克服强势利益集团的重重阻碍,建立各方有效互动与制衡的机制。从政府的影响力和干预力来讲,"医保"属于政府政策直接调整范围,是受政府干预最明显的领域;其次是"医疗",公立医院占主体,因而这也是政府干预也较为明显的领域,而"医药"涉及市场经济中的各个企业,是政府干预最弱、自主性最强的领域。因而,政府可以通过重点强化"医疗""医保"干预,让受市场影响明显的"医药"自动适应"医疗"与"医保"两者的变化,形成三者的有效整合,解决卫生领域的制度碎片化和治理碎片化问题,实现有效卫生治理(王春晓,2017)。为此,卫生领域改革,如同其他政策变革,是一个深刻的政治过程,需要突出治理体系的改革。事实上,无论是英国的国家型医疗制度,还是美国的市场型医疗制度,都普遍采用医疗服务和医疗保障合二为一的统一管理模式,这有利于更好地使用有限的卫生资源,减少管理摩擦和管理成本,提高医疗卫生服务效率。另外,信息化建设是统筹、整合"医疗""医药""医保"信息的一条非常有效可行的整合途径,可以为政府公共决策提供支撑,并及时发布监测与预警信息。

四、三明医改的政治

2016年年末,三明全市常住人口255万人,经济总量和地方财政收入均排名处于福建省中等靠后。作为老工业城市,三明市退休职工多、企业效益差、财政包袱重,且青壮年人口外流情况日益突出。这给三明市带来了沉重的职工赡养负担。城镇职工医保赡养比由2010年的2.06∶1下降到2016年的1.64∶1(同期,省内发达地区福州市职工医保赡养比为9.17∶1,厦门市为13.89∶1),并保持继续下降的趋势。新医改以来,在全民医保等政策刺激下,卫生服务需求进一步被放大,医疗费用增长飞快。2009年,这个"未富先老"山城的职工医保基金开始收不抵支。2011年,职工医保统筹基金收不抵支已达

20 835万元,占当年市本级地方公共财政收入的14.42%。2011年,全市22家县级以上公立医院医药总收入为16.9亿元,与2000年相比,增长了4.4倍,其中药品、耗材费用占比更是高达61%,也就是说医院主要靠"卖药为生"。同期前后数年间,先后共有8位公立医院院长因涉及严重的医疗腐败入狱(王春晓,2018)。正在这种复杂的背景下,原本不是公立医院改革试点城市的三明开始"自带干粮搞改革","动真格""不走过场"。

制度改革必须由政府部门牵头(詹积富,2016a)。三明市首先从改革领导体制入手,将原来由四个副市长分管的、涉及"医疗""医保""医药"等有关职能的政府行政部门,集中调整给詹积富一人分管。市委市政府充分授权,由其全权负责,实际上成为"一把手"工程,改革效率得到极大提升。在机构设置、人员编制、干部配备及工作经费等方面,市委市政府给予全力保障,避免了政府部门间扯皮推诿、争过透过等现象,减少利益掣肘,提升改革的统筹协调性。在获得充分决策权、执行权的基础上,在詹积富分管医改的4年多时间里,除1项规定由市委、市政府印发文件外,全市涉及医改的其他100多项政策文件均由其签发(王春晓,2018)。也就是说,这些文件出台建基于拥有广泛权力的领导小组(世界银行集团等,2016)。三明属于经济不发达地区,财政收入有限。医保基金收不抵支,地方财政压力巨大。从财政部门的角度讲,三明要做的更多是存量改革,而不是增量改革。改革涉及的范围和领域非常多,每一个领域又涉及数十项具体改革内容。这就更为迫切需要"三医联动"。在得到了地方领导的强力支持后,财政局与卫生计生委在公立医院改革问题上形成了共识,结成了联盟,成为卫生政策的真正主导者。面对来自地方党政领导的强大改革压力,包括人社部门在内的其他相关政策部门则顺水推舟,不再纠缠于部门利益(岳经纶、王春晓,2017a),奠定了治理体系整合的制度环境。

三明决策者认为,"医保"是基本医疗卫生制度的基础,既连着"需方",又牵着"供方",是卫生治理的重要"引擎",也是"三医联动"的核心关键(詹积富,2016b)。"医保"作为代表医疗服务需求方的代理人,应该具有较强的谈判能力和限制权限,可以起到有效规范和约束"医疗""医药"行为的作用。2013年5月,三明市城乡居民医保实现市级统筹,在"医保"纵向整合上实现了一定程度的突破。当年6月,三明将城镇职工医保、城镇居民医保、新农合三类医保经办机构进行整合,成立了独立设置的市医疗保障基金管理中心(以下简称"市医保中心")。这个中心实行市、县垂直管理,具体承担药品限价采购与结算、基金管理、医疗服务价格调整、医疗行为监管等职能,从而建立了改革高效决策和强力推进的工作机制,成为政策执行的重要抓手和平台,形成了治理体系整合的组织条件。

药品耗材费用由医保中心直接支付,切断了医院与药品耗材供应商之间的资金往来关系,分别建立了医保中心与医院、医保中心与药品耗材供应商双向结算和统一配送的新机制,发挥医保基金对医疗服务价格和药品耗材费用的制衡作用(财政部社会保障司,2014)。这种状态下,"医保"既代替医院与药企进行价格谈判,又代表患者对医院的诊疗行为进行监管。市医保中心采用"腾空间、调结构、保衔接"的路径,其核心内容就是国务院医改办后来归纳的"腾笼换鸟"[1],来实现"三医联动",建立了治理体系整合的实施路径。

当然,这个新成立的三明市医保中心显然权力十分集中,那么谁来监督?三明的答案是用"阳光"切断利益链条,即信息公开全面彻底,方便任何人查阅监督。"健康三明"网站每月向社会公开全市22家县级以上公立医院运行情况、药品耗材价格、门诊和住院次均费用、用药排行、医保基金运行数据和情况分析,也可以查阅所有相关的政策文件。不仅如此,"医疗""医保""医药"三方数据都汇总到市医保中心,从而使得内部信息系统不再是孤岛。通过医保在线监控审核系统,以往"医疗"批评"医保"都是"转业兵"不懂医学、"秀才遇上兵"的现象也就不存在了。公开透明的信息平台,也为全社会提供了监督治理体系整合的方式。

国家对三明市试点的评价是:围绕"医疗""医保""医药"推进"三医联动",获得了"药价下降、医务人员收入增加、医保扭亏为盈"三赢(秦杰等,2018)。这一评价也得到了有关研究的印证。傅虹桥等(2017)通过采用双重差分模型方法,用22家三明试点公立医院与福建省187家公立医院的医院级数据进行比较,发现三明试点在没有降低临床质量和生产效率的背景下,显著降低了卫生费用。事实上,三明改革经验被国务院医改办大力推广,不仅在福建省乃至全国进行政策扩散,还得到了世界卫生组织、世界银行的充分肯定,并提供6亿美元贷款定向用于支持福建、安徽全面推广三明经验。这里面,"三明模式"核心机制的有效推动实施,依靠的正是一把手负责和医保中心两个抓手。一把手负责是在领导体制层面推动"三医联动",市医保中心则是从机构职能整

---

[1] "腾笼换鸟",即基于收入总水平基本不变,收入结构优化的原则,把物耗(药品、卫生材料)降低的部分,替换为医务性收入,以此测算技术劳务性项目收费可提升的空间,从而实现医务性收入占比和物耗占比倒置。"腾空间":挤出流通领域中虚高药价耗材水分,挤出医务人员不合理诊疗行为中的水分。降低药品耗材费用,切断医生与药品耗材间的回扣利益链,减少药品耗材支出。"调结构":将挤出的空间来调医疗服务价格。也就是说,用降低药品、耗材费用节省下来的开支来提升医疗服务费,从而让医生从拿回扣等灰色收入回归到通过提供医疗服务来赚取阳光化收入。"保衔接":由于药价下降和规范行医,节约了医保基金,可以相应地对提高了的医疗服务价格给予报销。通俗地解释,通过降低虚高药价的水分,也就等于给医保基金省了钱,同时,调高医生的医疗服务价格,并用之前医保基金省下的钱,再把调高的医疗服务价格调低了。如此整体平移的做法,患者原来付多少还是付多少,似乎没有太多直观感受。但实际上,患者为此享受了两个利好:一是药品价格便宜了,自付费用相应减少;二是在医生只通过正常的劳务诊察就可以得到合理报酬的情况下,诊疗行为就趋于正常。也就是说患者可以"少吃很多本不该吃的药","少做很多本不该做的检查"。后者是最核心的,其收益也是更加深远。由此,产生了药品耗材等物耗占比大幅下降和医务性收入大幅提升。这"一升一降"使得医药总收入"含金量"大幅提升,使得医院有更多的可支配财力,也为提高医务人员收入提供了来源。

合上实现"三医联动"(顾昕,2016a)。

五、探索大国卫生治理

2009年新一轮深化医改方案实施以来,随着改革不断纵深前行、推进,卫生管理体制、医疗保障体制、药品供应体制均产生了很大的变化,改革的复杂性和艰巨性也日益显现,牵涉面、覆盖面越发广泛。医改实际上进入"再分配"阶段(吴少龙,2018)。政府试图通过"平移调整"的方式将药品流通领域的不合理收益转移给医生和患者。这种"再分配"自然会遭遇既得利益者的强烈抵制,对利益格局和获取利益的方式进行调整异常困难。由于缺乏实质的干预工具与经济杠杆,与医疗业务有关的卫生行政部门实际处于弱势地位(Hsiao,1995)。国务院医改办主任由原卫计委副部级官员担任,要协调中央编办、财政部、发改委、人社部等正部级强势部门,难度可想而知。在快速老龄化和慢性病"井喷"的严峻挑战面前,部门分治格局已难担引领深化医改之重任。尽管国务院医改办克服重重困难出台一系列相关的配套文件、法规、法律,但似乎始终难以打破部委间利益格局。这其中最为明显的是,新农合、城镇职工医保和城镇居民医保仍然分别由卫计部门和人社部门管理,分属政府不同的主管领导分管。这就经常导致两个部门会因为各自利益、立场,在工作中,互相推诿、扯皮,效率低下。

部门归属问题一直是三大医保整合迟迟未能如期实现的主要因素。早在2013年,《国务院机构改革和职能转变方案》中就曾提出在2013年6月底前完成城镇职工医保、城镇居民医保、新农合的职责整合。在国务院印发的《深化医药卫生体制改革2013年主要工作安排》也提出整合三项基本医保的管理职责。之后,国务院在历年医改工作任务安排均有研制整合城乡医保管理体制改革等类似文字表述。然而,一些缺乏创新动机的地方政府和部门也仅仅是完成改革的最低要求(Florini,2012),"只听见打雷,不见下雨"。例如,人社部门担心"三明模式"的扩散会导致自己失去医保统一管理权,因而对政策创新、扩散采取"不配合""不参与"的态度(应亚珍,2016)。有处于改革一线的政府官员表示:"其实也未必是各省都不想改革,这里面来自中央主管部门某些条口机关的阻力尤为明显。每个部委都有自己的立场、利益。一旦涉及体制方面的改革,省里有关部门总以国家部委或者上位规章制度不允许为由不配合改革。"[1]尽管困难重重,这种横向整合还是在福建、海南、甘肃、安徽等省逐步推广开来。这也说明各方的共识正在逐步形成。2018年5月31日,国家医疗

---

[1] 来自个人访谈资料。

保障局正式挂牌。该机构将分散于人社部的城镇职工、城镇居民基本医疗保险和生育保险，卫计委的新农合，民政部的医疗救助，发改委的药品和医疗服务价格管理职责集中整合到一起。之后全国各省市医疗保障局相继成立，"三明模式"的全国推广进入实质性阶段。

顾昕（2016b）认为，"三明模式"也好，福建医改也罢，真正的龙头是医保改革，始于"医保办"的设立。三明市首先统筹整合城镇职工医保、城镇居民医保、新型农村合作医疗经办机构，成立市医保中心（医保局）。在国家层面对管理权归属的顶层设计久拖未决的情况下，三明的这种设计方案充分体现了决策者的政治智慧。由于无论新成立的机构是设在卫计部门还是设在人社部门，三明市都难免会得罪上级行政主管部门，为此，他们采取了折中的方式，即将市医保中心直接隶属于市政府、暂归财政部门管理的第三方形式。这种操作思路搁置和回避了利益纠葛，直接把"钱"交给"管钱"的机构来"管"，用最简单、最直接的办法解决了这个"烫手山芋"，暂时化解了两部门"剑拔弩张"的局面。这与改革开放之初，总设计师邓小平的黑猫、白猫理论是一致的。事实上，如果站在一个城市、一个省份，乃至上升到国家设计者的宏观角度上看，从更高决策者的角度上看，只要能整合在一起，能解决实际问题就可以。至于放在人社部门，还是卫计部门，还是财政部门，不过是"左手"和"右手"的区别而已。

横向整合并不是政府几个行政部门的合并，而是涉及范围内的要素整合，并形成一个闭环。三明市医保中心负责全市所有医保定点医疗机构的药品招标采购，并统一与医院和药商费用结算。医院每月产生的药款通过当月病人的医保基金对抵，多还少补，医院只负责"点菜"，不用再考虑"买单"，切断医院与药品耗材供应商之间的资金往来。通过设立这个中心解决了职工医保、居民医保和新农合由两个不同机构分别经办造成的重复参保、政策执行不一致、管理成本较高、资金使用效益低等问题。从保障的角度看，统一管理能够节约资源、避免重复建设浪费；变为单一购买人向医院购买服务，提升利用市场的力量与医院进行谈判的能力；也避免了由卫计部门管理医保基金，存在利益输送的批评声音。医保中心不再仅仅是出纳、会计角色，还发挥了杠杆作用，解决了药品招标采购环节没有发言权的问题，改变了以往事后控制的弊端，避免了事前控制功能失灵的事实。医保支付谈判制度将"医保"、医院、药商、消费者乃至政府的利益在"议"的基础上进行重新协调、整合，体现了一种从管理到治理的跃进（张录法，2015）。彼此双方都认同这种谈下来的价格，遵循契约精神，"点菜"和"买单"的利益是一致的。这就是"共识协商一致，形成一个契约，然后共同执行"的一个治理逻辑体系。三明经验也证明，"医保"在横向整合中发挥着至关重要的杠杆作用，其支付方式和控费措施直接影响医疗诊疗行为、成本及药品销售,对"医疗""医药"两方产生了"牵一发而动全身"的配置调节功能,起到"引擎"功效。这些年学界对于"医保"应从传统的防范经济风险向防范健康危害风险的方向转变的共识正在逐步形成。

当然,三明政策设计上也还存在一些不足。比如,三明改革更多的是进行治理体系"横向整合",对于治理体系"纵向整合"的力度有待加强。目前,"三保合一"仅仅是机构职能整合,还不是筹资渠道、标准及保障水平等方面的整合。筹资、补偿水平差异仍较大,不公平仍然明显。医保统筹层次仅仅是市级层面,医保基金风险分担能力发挥有限。在"纵向整合"上,各地正在探索医联体、医共体、医疗集团、专科联盟、远程医疗协助网等多种形式的医疗联合体建设。三明市从2016年开始探索全民健康四级共保工程,采取以医保打包支付为利益纽带,试图打破县、乡、村三级医疗机构行政壁垒,实行人财物集中统一管理,进而于2017年,又在县级层面,将县级综合医院与基层医疗卫生机构整合组建12个县级总医院,力促县域医疗资源均衡下沉。然而,到目前为止,改革的效果尚未明显表现出来。事实上,改革的空间,除了虚高的药价、医保支付方式改革之外,还有规模效益等方面。比如,借鉴国外检验和临床分开的做法,设置独立的第三方医学实验室,对分散的医学检查检验进行统一集中,又可以以量降价,同时还可以解决以往单一医院难以开展罕见病检查的问题。这便是整合的另一表现形式,其腾出的空间也可以进一步用来调整医疗服务价格。这些年来,中国的卫生治理体系一直缺少专门为公众健康负责的专业机构,没有机构愿意具体承担健康的"包产到户"的职责。事实上,无论是英国的国家型医疗制度,还是美国的市场型医疗制度,都普遍采用医疗服务和医疗保障合二为一的整合模式,这有利于更好地使用有限的卫生资源,减少管理摩擦和管理成本,提高医疗卫生服务效率(王春晓,2017)。这就提醒,任何改革都需要看清其所处的历史阶段、发展方向和改革次序,重大改革更需如此。要能够在一定的时间窗口形成改革措施的闭环,特别要注意横向整合和纵向整合的同步。比如,这些年来,卫生计生部门一直坚持的省级药品集中采购,这可以算是医药领域的"纵向整合"。理论上,"买一个西瓜肯定比买一车西瓜贵"(梁万年,2015)。但当大部分地区还处于医保市级统筹(也就是医保领域的"纵向整合"还处于市级水平)的背景下,医药领域的省级"纵向整合"可能走得快了些,没有能在"横向整合"上取得同步,木桶效应就可能会出现。

六、结 语

整合是治理的基础,治理促进整合(杨燕绥等,2016)。整合可以实现筹资方和服务提供方的契约内部化,降低了契约不完全的程度,有利于激励相容,降低交易成本。整合还可以产生规模效益,实施资源充分利用,降低成本。系统性、整合型的改革是三明改革区别于多个地区改革的关键。"三明模式"的成功经验在于政府主导,进行治理体系整合,促使"医疗""医保"和"医药"的协同改革。在不增加原有资源、技术等的基础上,三明市整合、赋权"医保"履行卫生治理体系的重要主体和主要载体,发挥着保障患者、收集"医疗"信息的重要作用,实现了和患者合理"共谋",利用信息化手段消除医疗信息不对称的弊端,促使"医疗"提高服务供给质量,迫使"医药"降低用药成本,有效化解"看病难""看病贵"难题,也有助于弥补落后地区政府卫生财政投入不足的困境(王春晓,2017)。不过,朱恒鹏等并不认同这种整合。他认为,将分散在各部门的职能合并于一个部门,将破坏"九龙治水"的智慧机制,或者说风险分散功能(朱恒鹏,2017b)。政府和市场都不过是整合的手段而已,未必需要拘泥于政府或者市场的方法。当医疗卫生服务市场契约不完全程度很高时,可以考虑采用统一型,实现政府主导下的整合;当医疗卫生服务市场契约不完全程度很低时,可以考虑采用协调型,实现市场主导下的整合;当医疗卫生服务市场契约不完全程度既不是很低,也不是很高时,可以考虑采用结合型,实现社会主导下的整合(岳经纶、王春晓,2017b)。不管采取哪一类型的整合,只要能找到充分发挥政府、社会、个人作用的平衡点就行,目的是最终组成一个主体多元化、方式多样化、内容丰富化、结构合理化的整合型卫生治理体系。

参 考 文 献

财政部社会保障司,2014,"'三医'联动,向综合改革要红利——福建省三明市公立医院改革调研报告",《中国财政》第 6 期,第 46—49 页。

方鹏骞、陈婷,2010,"我国公立医院政府规制失灵分析与优化策略",《中国卫生经济》第 11 期,第 5—7 页。

顾昕,2016a,"突破去行政化的吊诡——剖析三明模式的可复制性和可持续性",《中国医院院长》第 22 期,第 81—85 页。

顾昕,2016b,"让医改回归正道",《搜狐健康》2016 年 11 月 14 日,http://health.sohu.com/20161114/n473083982.shtml.最后访问时间:2018 年 11 月 20 日。

郝模、马安宁、罗力等,2002,"'三医联动'改革快速突破的政策研究概述",《中国医院管理》第 9 期,第 32—35 页。

郝模、林尚立、刘俊,2007,"解决看病贵等技术非常成熟,关键是政府的决心",《中国卫生资源》第 3 期,第 132—134 页。

和经纬,2011,"'医改'中的卫生部门:组织力量、行动策略与政策输出——以福建省卫生厅为例",《公共行政评论》第 2 期,第 97—115 页。

胡颖廉,2006,"管制与市场:中国医疗卫生体制改革困境的实证分析及应对策略",《经济体制改革》第 6 期,第 34—38 页。

李玲、江宇,2010,"关于公立医院改革的几个问题",《国家行政学院学报》第 4 期,第 107—

110页。

李玲、王欣,2014,"求解公立医院改革",《中国医院院长》第22期,第66—69页。

李玲、张维、江宇,2010,"公立医院管理与考核的国际经验及启示",《中国卫生政策研究》第5期,第17—23页。

李卫平,2006,"公立医院的体制改革与治理",《江苏社会科学》第5期,第72—77页。

梁万年,2015,"医改进入深水区,如何继续?",《搜狐健康》2015年11月2日,http://www.sohu.com/a/39167113_198018,最后访问时间:2018年11月20日。

林闽钢,2006,"我国医疗卫生体制改革的路径和模式探讨",《公共管理高层论坛》第2期,第185—194页。

刘鹏,2006,"合作医疗与政治合法性——一项卫生政治学的实证研究",《华中师范大学学报(人文社会科学版)》第2期,第24—31页。

刘鹏,2008,"超越计划与市场之辩:新医改方案的产业政治学观察",《中国处方药》第10期,第47—49页。

毛瑛、杨杰、刘锦林等,2014,"公共治理视角下的'子长医改'",《中国卫生经济》第4期,第15—19页。

秦杰、陈二厚、刘铮等,2018,"又踏层峰望眼开——《中共中央关于深化党和国家机构改革的决定》和《深化党和国家机构改革方案》诞生记",《人民日报》2018年3月23日第1版。

世界银行集团、世界卫生组织、财政部等,2016,"深化中国医药卫生体制改革——建设基于价值的优质服务提供体系"。

王虎峰,2010,"新医改应统筹进行药品生产流通体制改革和医疗制度改革",《医院领导决策参考》第17期,第27—30页。

王虎峰,2008,《解读中国医改》,北京:中国劳动社会保障出版社。

王春晓,2017,"政策试验是中国卫生治理能力提升的实现途径",《中国公共政策评论》第12卷,第167—171页。

王春晓,2018,"'三明医改'评估:卫生治理框架的分析",《甘肃行政学院学报》第1期,第33—46页。

王绍光、樊鹏,2013,《开门式中国式共识型决策:"开门"与"磨合"》,北京:中国人民大学出版社。

吴少龙,2018,"专栏导语:呼吁健康政治研究",《公共行政评论》第4期,第1—4页。

徐毓才,2015,"关于三明医改,我的几句心里话",《健康界》2015年12月19日,http://www.cn-healthcare.com/article/20151219/content-480541.html,最后访问时间:2018年11月20日。

杨燕绥、岳公正,2006,"中国医疗服务治理机制的目标范式",《中国医院管理》第9期,第5—7页。

杨燕绥、胡乃军、赵欣彤,2016,"以城乡居民医保整合为起点构建综合治理机制",《中国医疗保险》第4期,第11—14页。

应亚珍,2016,"福建医改的示范效应",《中国卫生》第4期,第53—57页。

余晖,2014,《一个独立智库笔下的新医改》,北京:中国财富出版社。

俞卫,2017,"我的期待:体制与治理都要创新",《中国卫生》第2期,第101页。

岳娟,2011,《中美新医疗体制改革对比研究》,北京交通大学硕士研究生学位论文。

岳经纶、王春晓,2017a,"三明医改经验何以得到全国性推广?基于政策创新扩散的研究",《广东社会科学》第5期,第186—197页。

岳经纶、王春晓,2017b,"深化医改的政策建议",《中国社会保障》第6期,第30—31页。

詹积富,2016a,"医改首先改医保",《中国卫生》第11期,第28—29页。

詹积富,2016b,"因为'一把手'到位,三明医改才能到位",《健康界》2016年3月22日, http://www.cn-healthcare.com/article/20160322/content-482062.html,最后访问时间:2018年11月20日。

张录法,2015,"药品医保支付价制度设计及实践探索模式比较——以三明、重庆和绍兴市为例",《价格理论与实践》第9期,第45—48页。

赵云、农乐根,2013,"医疗保险付费方式与公立医院管理体制改革",《中国医院》第6期,第48—51页。

朱恒鹏,2017a,"中国社科院经济研究所副所长:三明医改做对了什么?"《财经》第26期。

朱恒鹏,2017b,"医药医保管理整合如何可能?"《健康界》2017年11月17日,http://www.cn-healthcare.com/article/20171117/content-497333.html,最后访问时间:2018年11月20日。

Aitchison, L. R., 1997, "Bureaucratic Reform in a Transitional Economy: the Role of Urban Chinese Health Care". Cambridge, MA: Harvard University.

Allen, P., Cao, Q., & Wang, H., 2014, "Public Hospital Autonomy in China in an International Context". *International Journal of Health Planning & Management*, 29(2):141-159.

Florini, A., Lai, H., & Tan, Y., 2012, *China Experiments: From Local Innovations to National Reform*. Washington DC: Brookings Institution Press.

Fu, H., Li, L., Li, M., Yang, C., & Hsiao, W.C., 2017, "An Evaluation of Systemic Reforms of Public Hospitals: the Sanming Model in China". *Health Policy & Planning*, 32(8):1135-1145.

Huang, Y.Z., 2009, "An Institutional Analysis of China's Failed Healthcare Reform". In Wu, G., & Lansdowne, H.(eds.). *Socialist China, Capitalist China: Social Tension and Political Adaptation under Economic Globalization*. New York: Routledge.

Hsiao, W.C., 1995, "The Chinese Health Care System: Lessons for Other Nations". *Social Science & Medicine*, 41(8):1047-1055.

Hsaio, W.C., 2003, *What is a Health System? Why should We Care?* Cambridge, Massachusetts: Harvard School of Public Health.

Lieberthal, K., Oksenberg, M., 1992, *Policy Making in China: Leaders, Structures, and Process*. Princeton, N.J.: Priceton University Press.

Weiner, B.J., Alexander, J.A., 1993, "Corporate and Philanthropic Models of Hospital Governance: a Taxonomic Evaluation". *Health Services Research*, 28(3):325-355.

Organization, W.H., 2000, "The World Health Report 2000-health Systems: Improving

Performance". *Bulletin of the World Health Organization*.

Organization, W.H., 2007, "The World Health Report 2007: a Safer Future: Global Public Health Security in the 21st Century". *Bulletin of the World Health Organization*.

Qian, J., 2015, "Reallocating Authority in the Chinese Health System: An Institutional Perspective". *Journal of Asian Public Policy*, 8(1):19-35.

Yip, W.C., Hsiao, W.C., Chen, W., Hu, S., Ma, J., & Maynard, A., 2012, "Early Appraisal of China's Huge and Complex Health-care Reforms". *Lancet*, 379(9818): 833-842.

养老保险与服务研究

"模糊—冲突"模型下的私营企业养老保险政策执行偏差研究*

黄博函 谢嘉丽**

【摘要】 私营企业是我国经济的重要组成部分,其吸纳的就业人员众多,在国民经济中具有重要地位。但是,私营企业的社会养老保险政策执行存在较大偏差,对我国社会基本养老保险制度的稳定和可持续发展带来了负面影响。本研究主要采用访谈方法对珠三角地区私营企业进行实地考察,通过引入模糊—冲突模型进行政策执行过程分析,辨识出养老保险政策在私营企业执行的高模糊性和高冲突性的政策性质,找出了影响私营企业养老保险政策执行结果的关键性因素。在此基础上,有针对性地提出解决问题的对策建议。

【关键词】 养老保险政策 私营企业 政策执行偏差 模糊—冲突模型

A Study on the Deviation of Social Pension Insurance Policy in Private Enterprises under the "Ambiguity-Conflict" Model
Bohan Huang Jiali Xie

Abstract Private enterprise is an important part of our country's economy. It absorbs a lot of employed personnel and plays an important role in the national economy. However, the implementation of social old-age insurance policy in private enterprises has a large deviation, which has a negative impact on the stability and sustainable development of the basic social en-

---

* 基金项目:本文得到国家社会科学基金重大项目"中国特色现代社会福利制度框架设计研究"(项目编号:15ZDA050);2016年度教育部人文社会科学重点研究基地重大项目《社会政策创新与共享发展》(项目编号:16JJD630011);广州市人文社会科学重点研究基地资助项目的资助。

** 黄博函,中山大学政治与公共事务管理学院博士研究生;谢嘉丽,中山大学政治与公共事务管理学院公共管理硕士研究生。

dowment insurance system in China. This research mainly uses the interview method to carry on the field inspection to the private enterprise in the Pearl River Delta area, through the introduction the Ambiguity-Conflict Model carries on the policy implementation process analysis, This paper identifies the highly ambiguous and conflicting nature of the implementation of the old-age insurance policy in the private sector, and finds out the key factors that affect the results of the implementation of the pension policy in the private sector. On this basis, the countermeasures and suggestions to solve the problem are put forward.

Key words Pension Insurance Policy, Private Enterprise, Policy Implementation Deviation Ambiguity-conflict Model

一、引 言

2018年3月,中共中央发布的《深化党和国家机构改革方案》明确指出,"为提高社会保险资金征管效率,将基本养老保险费、基本医疗保险费、失业保险费等各项社会保险费交由税务部门统一征收。"由税务部门统一征收城镇职工五项社会保险费的决定打破了我国持续十余年的社保征缴双重体制,统一了社保征缴制度,标志着我国社会保障制度的一个重大改革。与此同时,这一改革也引发了企业尤其是私人企业的恐慌,担心新的社保征缴体制会大幅度增加企业负担。有机构甚至测算出,在新的征缴体制下,五险基金收入可以增加7 000亿元到2万亿元。一时间,社会议论纷纷。普遍的看法是,由税务部门统一征缴社保费的新规势必会加强征缴的强制性,有效避免企业欠缴、逃缴等行为。社会关于社保征缴改革会加大企业负担的讨论,直观地反映出在过往的社保征缴中,企业存在着严重的社会保险漏缴、逃欠等行为。

事实也是如此,尤以私营企业更为突出。根据2011年的《中国社会状况综合调查报告(CSS2011)》,国有企业、集体企业、三资企业和私营企业的员工参保率分别为78.3%、70.8%、88.4%和48.8%,私营企业职工的养老保险参保率远远低于国有、集体等公有制企业。[1] 私营企业职工参保率如此之低,不仅造成养老保险基金的严重流失,无法保障私营企业职工的养老保险合法权

---

[1] 中国社会状况综合调查(CSS2011)由中国社会科学院社会学研究所组织进行,抽样覆盖了全国28个省、市、自治区的100个县(市、区)和5大城市、480个村(居委会),共成功入户访问了6 468名年满18周岁及以上的城乡居民。调查报告详见中国社科智讯于2012年4月发布的《2011年中国民生问题及城市化问题调查》。

益,而且从长远来看,也不利于社会的和谐稳定和国家的长治久安。党的十九大提出"全面实施全民参保计划",私营企业社会保险参保扩面问题成为"全民参保"攻坚战中的"硬骨头"。如何改善私营企业的养老保险政策执行情况已然成为我国社会保障事业发展,乃至社会治理的棘手问题。

二、我国私营企业的发展及其养老保险政策执行现状

改革开放以来,为进一步发展社会主义市场经济,中央制定了多项优惠政策来支持私营企业经济发展,使得私营企业经济从无到有,不断壮大。1978年至1991年是我国私营经济发展的初期。在这个时期,随着个体经济的发展,私营企业经济也逐渐出现。1987年党的十三大报告以及1988年的宪法修正案确立了私营企业经济合法地位。从1992年至2002年的十年是我国私营经济制度化保障的建设期。1992年,我国正式确定建立社会主义市场经济体制,为私营经济发展带来了更大、更有利的空间和更多的机遇。1997年,党的十五大正式确定将私营、个体以及外资等非公有制经济纳入社会主义经济基本经济制度范围之内。1999年,《中华人民共和国宪法》更是首次在法律层面上明确"个体经济、私营经济等非公有制经济是社会主义市场经济的重要组成部分"。2002年,党的十六大报告中明确指出了"必须毫不动摇地鼓励、支持和引导个体私营等非公有制经济的发展"。随着私营企业经济发展的制度保障不断完善,我国私营企业经济进入高速稳定发展阶段。

根据2016年工商统计数据,截至2016年12月31日,全国个体私营经济从业人员实有3.1亿人,比2015年增加2 782.1万人。在第三产业中个体私营经济吸纳的从业人口占比最多,共吸纳就业人口2.3亿人。[1] 可见,随着私营企业经济的不断壮大和发展,已成为市场经济中的一支重要力量,更为我国的富余劳动力也创造了大量就业机会,私营企业经济已成为我国吸纳就业最多的经济类型之一。

为配合市场经济体制的发展,我国从20世纪90年代中期开始全面推进社会保险制度建设。1997年,国务院颁布《国务院关于建立统一的企业职工基本养老保险制度的决定》(国发[1997]26号文),从1998年1月起执行全国统一的养老保险制度。这是我国养老保险制度建设中一个里程碑式的文件,它首次明确要建立独立于企事业单位之外、资金来源多渠道、多层次、社会统筹和个人账户相结合的社会养老保险体系。同时,该文件也强调,城镇企业职工

---

[1] 工商总局发布2016年度全国市场主体发展等情况,中华人民共和国中央人民政府网站:www.gov.cn.2017-01-19。

基本养老保险制度将覆盖城镇各类企业职工和个体劳动者，将私营企业经济、自由职业人员、城镇个体工商户都纳入基本养老保险的保障范围。在26号文的基础上，一些地方，如广州，发布了私营企业和个体工商户从业人员基本养老保险实施办法，在全市范围内建立起不分户籍、不分职工身份、不分企业所有制的开放式的养老保险体系，养老保险覆盖面不断扩大。

2005年，国务院颁布了《关于完善企业职工基本养老保险制度的决定》（国发[2005]38号），进一步完善企业职工基本养老保险制度，特别是社会统筹和个人账户相结合的模式，对个人账户记账规模、基本养老金计发办法、城镇个体工商户参保等都做出了重大调整。其中，个人账户记账规模由原来的11%（单位划入3%，个人缴纳8%），调整为8%（全部由个人缴费形成，单位缴费不再划入），而企业缴费按照企业工资总额进行，费率则提高至20%左右。

同样重要的是，38号文进一步明确城镇个体劳动者都要参加企业职工基本养老保险的原则，进一步扩大了基本养老保险覆盖面，有利于维护私营企业劳动者、城镇个体工商户和灵活就业人员的社会保险权益。2010年出台、2011年7月开始实施的《中华人民共和国社会保险法》明确规定："职工应当参加基本养老保险，由用人单位和职工共同缴纳基本养老保险。"这一规定在法律层面进一步强调私营企业和职工缴纳基本养老保险的义务。党的十八大提出了社会保险全覆盖的要求，城镇职工养老保险覆盖面不断扩大。

自从20世纪90年代中期启动企业职工养老保险制度改革以来，我国已经相继建立了覆盖城镇企业职工、城乡居民和机关事业单位从业人员的社会养老保险制度，实现了社会养老保险制度的全覆盖。无论是私营企业，还是私营企业的职工，都已被社会养老保险制度所覆盖。目前，基本养老保险已成为我国社会保险制度的核心内容，具体包括三类：一是城镇职工基本养老保险；二是城乡居民基本养老保险；三是机关事业单位养老保险。

随着养老保险政策的贯彻执行，城镇职工基本养老保险的参保人数和覆盖面不断扩大，已经覆盖了越来越多的私营企业及其职工。根据国家统计局、国家工商行政管理局联合颁布的《关于划分企业登记注册类型的规定》，私营企业是指自然人投资设立或由自然人控股，以雇佣劳动为基础的营利性经济组织。随着私营经济的发展壮大，私营企业的社会保险政策执行对于中国社会保险制度的发展，特别是城镇职工的社会保险权益的保障具有越来越重要的意义。

然而，与国有、集体企业及外资企业相比，私营企业的社会保险政策执行情况并不乐观。本文以养老保险政策执行为例进行深入分析。从理论上讲，养老保险政策执行涵盖的内容比较多，涉及养老保险费的征缴、养老保险覆盖面/率、养老保险待遇水平、养老保险统筹、养老保险激励机制与道德风险等方面。为了更好地体现养老保险政策的执行情况,本文引入"参保率"概念。本文所指的参保率＝实际参保人数/应参保人数(同一时点相应的就业人数,本文采用的是同一时点的城镇就业总人数)。参保率是测量企业养老保险政策是否执行到位的有效指标,它定量地描述了企业养老保险政策的执行情况。参保率越高,代表参保政策的执行偏差越少。由于私营企业职工年龄普遍较低,大多数都是在职职工,退休职工较少,因此,本文提到的私营企业的养老保险政策执行问题主要是指私营企业的养老保险参保问题,具体表现在参保率上。

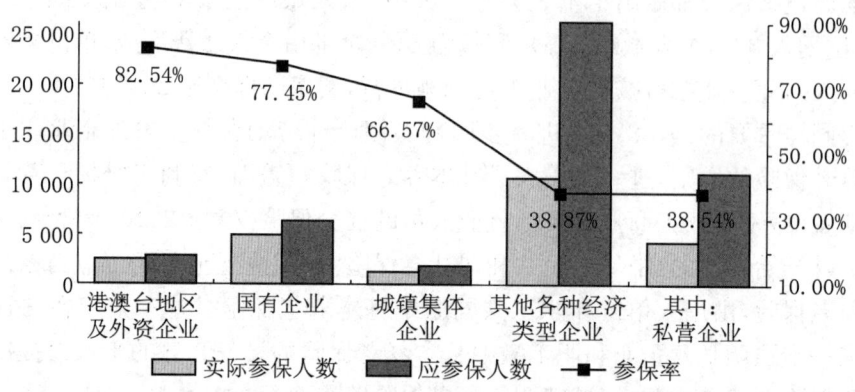

资料来源:根据《中国统计年鉴(2016)》整理。

图 1　分经济类型企业参加城镇职工基本养老保险情况(2015)

社会保险统计数据显示,2015 年私营企业的参保率只有 38.54%,大大低于其他经济类型企业,特别是国有企业、城镇集体企业这些公有制经济类型的企业(参见图 1)。纵观 2011—2016 年近六年来私营企业的参保率,除了《社会保险法》实施初期私营企业的在职职工养老保险参保率稍微回升外,自 2013 年后一直呈现回落趋势。截至 2015 年年底,全国私营企业在职职工参保率由 2013 年的 44.40% 降低至 38.54%,下降幅度达 13%。而且私营企业近六年来的参保率几乎一直保持在 45% 以下,远远低于国有企业、集体企业等其他经济类型企业的参保率,还不到同期国有企业参保率的 50%(参见图 2)。可见,私营企业执行养老保险政策的情况出现了较大偏差。私营企业职工养老保险参保率如此之低,与党的十九大提出的"全民参保计划"存在着巨大的落差。

通过历年的参保率对比,私营企业的养老保险政策执行情况主要有如下特点:第一,私营企业的参保率与国有企业、集体所有制企业相比差距较远,侧面反映了私营企业执行养老保险政策的情况对其他类型经济企业而言,执行出现的偏差较大;第二,私营企业的参保率低,反映了私营企业的参保人数较少、覆盖率低,与"全覆盖"要求相差较远;第三,自2013年以来,私营企业参保率呈现逐年下降的趋势。这表明,受经济下行、出口贸易减少的影响,部分私营企业为了增加利润选择逃避执行养老保险政策。

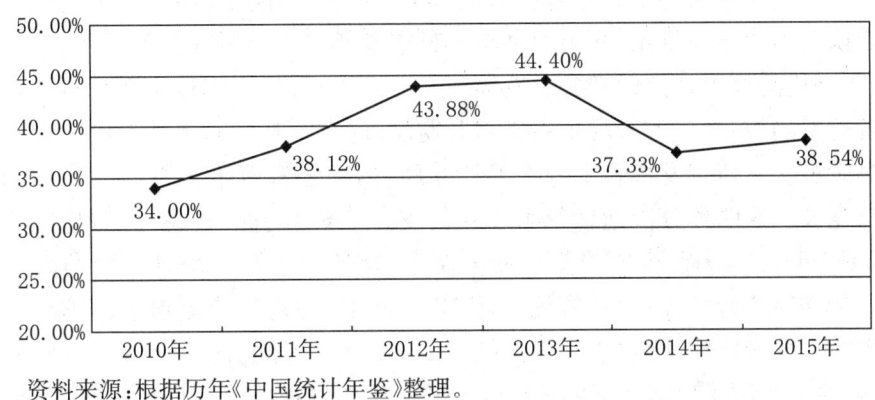

资料来源:根据历年《中国统计年鉴》整理。

图2 2010—2015年私营企业参保职工人数及参保率变化情况

三、分析框架:"模糊—冲突"模型

基于前述私营企业参保率低的现状,一个需要思考的问题是,社会养老保险政策在私营企业中的执行为何会出现比较严重的偏差?

关于私营企业参保率偏低这一问题,学者们从不同的角度进行了分析。董慧丽、丁建定(2004)认为私营企业从业人员养老保险参保率低的主要根源在于制度设计上存在缺陷;戴卫东(2007)认为私营企业主阶层的伦理道德和社会责任意识影响了私营企业参与社会保障的意愿;田松青(2002)认为我国现行采用的"统账结合"的养老保险制度本身制度设计具有缺陷,最终导致大规模企业拒缴、欠缴养老保险费现象严重;彭宅文(2010)指出,在我国地方政府分权的制度背景下,养老保险逃费不仅是因为缴费主体的规避原因,也有着地方政策执行主体的激励问题。陈勇、张艳平(2004)指出,非公企业员工由于分布广泛、构成复杂、流动性大等原因,参保进度缓慢,因此必须通过加大宣传力度,增强业主和员工的参保意识,强化监督等有效措施推进社会保险扩面征缴工作。这些研究指出了影响私营企业养老保险政策执行的不同因素,但是缺乏明确的政策执行研究视角,也没有找出影响政策执行的关键因素。尽管如此,它们为我们从政策执行视角分析私人企业养老保险政策执行偏差提供了有益的启示。本文以广东为研究现场,运用访谈方法,尝试引入政策执行研究的"模糊—冲突"模型,从社会养老保险政策本身的模糊性和冲突性出发,探讨私营企业的养老保险政策性质以及影响该政策执行的关键因素,进而为我国有效解决私营企业养老保险参保问题提供对策建议。

"模糊—冲突"模型是20世纪90年代中期由美国公共政策学者马特兰德在总结公共政策执行的"自上而下"和"自下而上"两种分析途径的基础上提出的。早期的政策执行研究有着明显的"自上而下"的视角,强调政策制定者在政策执行中的主导作用,认为中央政策制定者通过对政策执行的目标、量化指标、关键性的权力掌控以及关键性资源进行设置,可以一定程度实现对政策执行者行动的控制。不过,后来的研究者发现,现实中基层官员的自由裁量权其实对政策实际执行发挥着十分重要的作用,因而强调政策执行的"自下而上"分析途径。这两种分析途径都有自己的支持者(定明捷,2008)。而马特兰德(Matland,1995)提出的"模糊—冲突模型"则致力于对这两种主要的政策执行分析路径进行综合。在"模糊—冲突"模型中,马特兰德提出了影响政策执行的两个政策属性,即政策的模糊性(ambiguity)和冲突性(conflict)。所谓模糊性,主要来源于政策目标的模糊性和政策手段的模糊性。所谓冲突性,则来源于政策所涉及的不同利益相关者对政策目标认识的不一致或互相冲突。政策的模糊性和冲突性都对政策执行结果产生重要影响。根据政策的模糊性和冲突性,将政策执行分为四种类型。

第一,行政性执行:当政策的模糊性和冲突性均较低时,公共政策执行表现为行政性执行。行政性执行是一种理想状态的政策执行情境,在这种状态下政策目标清晰,政策手段透明,科层制执行无阻,执行效果可以预期。第二,政治性执行:在政策的模糊性较低和政策的冲突性较高时,就会出现政治性执行。在这种政策执行中,如果一方参与者拥有足够的资源,则可以将自己的意志强加于其他参与者,使政策获得成功执行或者通过讨价还价达到目标一致。权力要素决定了政策执行的结果。第三,试验性执行:在政策的模糊性较高和政策的冲突性较低时,就会出现试验性执行。这种执行的结果往往受外部情境状况的支配,取决于地方微观执行环境中的资源与参与者。第四,象征性执行:当政策模糊性和冲突性都比较高时,就会出现象征性执行。由于政策存在高度模糊性,因此导致结果因地而异,最终导致地方层面的联盟力量决定了结果。象征性执行与政治性执行的区别在于执行结果是由地方联盟力量而不是中央层面的联盟力量决定。相对于传统的"自上而下"与"自下而上"政策执行研究途径,马特兰德的模糊—冲突模型的分析框架还有一个优势是,它不仅要分析影响政策执行的各种变量,而且要探索这些变量之间的关系,找出影响政策执行的关键变量。近年来,已经有一些学者运用"模糊—冲突"模型分析我国的公共政策(胡业飞、崔杨杨,2012;竺乾威,2012)。为了找出导致私营企业养老保险政策执行偏差的主要因素,特别是其关键因素,本文认为马特兰德的模糊—冲突模型提供了一个比较合适的分析框架。

四、模糊—冲突模型下的私营企业养老保险政策执行偏差

(一) 养老保险政策模糊性分析

1. 政策目标的高模糊性

《社会保险法》明确规定:"职工应当参加基本养老保险,由用人单位和职工共同缴纳基本养老保险。"它表明用人单位和职工参加养老保险并缴费是强制性义务。尽管如此,法律对于养老保险政策的执行并没有规定具体的政策目标。对于企业如何执行养老保险政策,国家只是在法律和全国性政策层面规定原则性的政策方向,具体政策执行目标的确定通常交由地方确定。然而,纵观各省情况,很少有地方政府将企业的参保率、缴费率或征缴率等作为工作目标。对于档案资料不齐全,缴纳养老保险费用方式较灵活的私营企业而言,其养老保险政策的执行结果更是完全没有任何政策考核指标。到底私营企业的参保率目前是否达标?私营企业是否全部都执行养老保险政策到位?执行到何种程度?这些均没有考核指标或对政策执行结果的考查体系。对此,笔者曾对G省人社厅养老保险政策部门的负责人进行访谈,对于为何国家不断提出"全覆盖"的目标,但目前城镇职工养老保险的职工参保率仍未达到100%提出疑问,被访者有这样的看法:

"国家提出的'全覆盖'是指'制度全覆盖',并不是'人口全覆盖',目前我国养老保险制度包括城镇职工养老保险、城乡居民养老保险、机关事业单位养老保险,也就是说,无论你是何种人群,你都有办法可以参保,这就是达到全覆盖的目标了。"(访谈资料YW20170114)

这就解释了为什么私营企业参保率一直偏低,而政府部门并没有给予高度关注。主要是因为政府考察的指标在于参保覆盖面以及参保人数的增长而不是参保率的多少,只要养老保险参保人数一直有所上升,政府就不会重视私营企业的参保率偏低问题。

2. 政策工具的高模糊性

目前我国养老保险征缴制度并不统一,全国各地的征缴机构大致有两种:一种是由社会保险经办部门统一征收,另一种是由地税部门负责征收。但是,无论是社会保险经办部门还是地税部门,国家征缴办法并没有对企业逃避缴纳养老保险费用的监察执法机构进行明确。关于社会保险争议,《社会保险法》只是规定:"用人单位侵害个人社会保险权益的,个人也可以要求社会保险

行政部门或者社会保险费征收机构依法处理",并没有明确规定稽核查处私营企业执行养老保险政策情况的机构,带来了不同部门之间的互相推诿,最后对私营企业拒绝执行养老保险政策的情况放任不管。例如,在实行由地税部门全责征收养老保险费的地区,社会保险经办部门由于没有稽核执法的职能,平时收到职工对企业违规不参保的投诉举报时,只能转交至地税部门处理。而地税部门主要部门职责在于征收各种税费,对于养老保险费用的征收可以说是实行地税全责征收后才增加的职能,因此他们的稽核重点并不在稽核企业逃避缴纳养老保险费用。对企业缴纳养老保险违规行为的稽核问题,在访谈中,地方税务局工作人员有这样的看法:

"地税部门没有设置专职的社会保险稽核部门,只有一个大的稽核部门,负责各种税收、社保费的稽核工作。而且由于负责稽核工作的人手不足,平时多数应付税收的专项稽核任务,对于企业违规不缴纳养老保险费用的投诉举报根本无暇顾及,除非有专项整治稽核行动,一般很少会对企业的参保情况进行稽核。若收到企业违规不参保的投诉,会建议投诉人向劳动监察部门进行举报。"(访谈资料ZY20161218)

可是,劳动监察部门的监察能力低下是一个长期的问题(岳经纶、庄文嘉,2009)。以D市这个私营企业经济较发达的珠三角城市为例,它设有一个市级监察机构,属市财政全额拨款的机构,人员编制仅仅有15个。另外,由于劳动监察工作需要,在未得到编制部门批准同意下,D市在镇(街道)社会保障分局的内设机构设置了监察股,现33个镇(街道)社会保障分局共有214名兼职负责监察工作的人员。据D市人社局向笔者透露,2016年全市监察人员累计依法实地监察了36 792家企业,每人全年监察企业量达1∶161。(访谈资料LB20170129)

可见,目前的养老保险执法力量严重不足,根本无法对用人单位参加养老保险情况开展专项检查。对此,无论是在法律法规上还是在实际政策执行过程中,对企业养老保险政策执行都缺乏清晰、有效的政策执行工具和可操作性的执行手段。

(二)养老保险政策的冲突性分析

1. 不同政策之间的冲突性

改革开放以来,地方政府的首要任务就是推动经济发展。为了在任期内搞活经济、提高政绩,各地官员都会想方设法地积极招商引资,争取投资项目,从而拉动当地经济增长。若当地政府严格执行包括养老保险在内的社会保险法律,则可能会加重私营企业负担,甚至会增加企业破产的风险,进而有可能破坏当地招商引资的环境和声誉。因此,养老保险政策的严格执行和当地政府发展经济、招商引资政策具有冲突性(彭宅文,2010)。

另外,私营企业吸收的劳动力较多,为当地提供了大量的工作机会,若当地政府要求严格执行养老保险政策,则会增加企业的劳动成本,私营企业为了维持利润则会减少雇员数量,这样又会与就业政策相冲突。由于各地执法力度不一,严格执法地区的私营企业会"用脚投票",迁厂到提供优惠政策或执行政策不那么严格的地方。这样一来,不仅会造成当地失业率上升,而且会影响地方政府的财政收入。

为了防止这样的情况出现,一些地方政府在"保经济增长""保就业"的压力下,往往对私营企业不执行养老保险政策的行为"睁一只眼闭一只眼",默许私营企业逃避执行养老保险政策的行为。地方政府的这种取态突出地表现在地方人社局的工作中。作为负责就业和社会保险事务的政府职能部门,人社部门本身承担了大量的政策执行工作,私营企业的养老保险政策执行的监督工作只是其工作的一小部分。在劳动监察人员不足、业务经费紧张的情况下,劳动监察项目之间还会互相争夺资源,这种情况进一步弱化了对私营企业逃避养老保险政策执行的劳动监察工作。从对某市人社局劳动监察部门的工作人员进行访谈中了解到,在2015年,按照劳动监察案件涉及因素的不完全统计,该市仅有30%涉及社保的投诉得到了处理,而当中仅有不到一半涉及企业养老保险缴费的稽核查处。一名劳动监察工作人员在访谈时的一句话非常经典:"基层劳动监察部门是只猫,这只猫的主人是地方政府,它能不能捉老鼠,并不是由人社部门说了算,决定权都是在地方政府。"(访谈资料LR20170214、XX20170214)

2. 与私营企业营利目标的冲突性

在市场经济条件下,企业出于逐利的动机,都会想方设法地减少成本以获取高额利润。私营企业大多数都属于劳动密集型行业,主要依靠廉价劳动力成本获得竞争优势,对技术和设备的依赖程度较低。而养老保险费用作为企业劳动成本的重要组成部分,为职工缴纳养老保险费用意味着会增加劳动成本,减少企业的利润空间。因此,对主要靠廉价劳动成本获得竞争优势的私营企业来说,养老保险缴费无疑是一个不小的负担。尤其是近年来,面对人力成本不断上涨、税负增加等压力,虽然不执行养老保险政策存在一定违法风险,但对于私营企业而言,不执行养老保险政策是降低人力资源成本、增加企业利润的一种便捷的途径,因此必然选择尽量逃避执行养老保险政策。可见,私营企业的养老保险政策与私营企业的营利目标之间存在巨大的冲突性。此外,不同于规模较大、已经上市或者准备上市的公有制企业、港澳台地区及外资企业,私营企业大多数是中小型、甚至是小微型企业,不仅规模小,而且流动性强,部分私营企业甚至没有固定的生产或经营场所,导致稽核部门难以对私营企业逃避执行养老保险政策的行为进行有效的监督。

3. 与私营企业员工生活需要的冲突性

笔者通过对珠三角地区多个城市私营企业的实地调查发现,目前私营企业主要集中在低端制造业和劳动密集型企业,职工的工资收入普遍不高,职工更加注重当前工资收入,加上职工都比较年轻,还没有认识到养老保险的重要性,参保的意识不强,尤其是近年来中央不断倡导延迟退休,年轻人对于将来退休能否领取到养老金表示怀疑。相比养老这样的离他们很遥远的未来需要,当下的衣、食、住房、交通等生活需要才是他们最迫切的需要。有被访职工对养老保险持这样的观点:

"我现在才不到28岁,即使距离现行政策规定的退休年龄60岁还有32年,我就算再活多28年也达不到退休年龄。而且网上不断流传的延迟退休方案、社保基金亏空消息,我估计等我老了的时候早就没有什么养老保险了,就算有也不知道有没有养老金可以领,能选择的话当然不交养老保险费了!"(访谈资料 ZS20170124)

由于私营企业员工工资收入不高,缴纳养老保险费用无疑增加了他们的经济负担。一名在深圳私营企业工作的工人在访谈时与笔者算了一笔账:

"我的工资跟公司签合约的时候每月是有3000元的,但是缴纳养老保险费、医疗保险费、公积金等社保费用以及扣除个人所得税后,到手还不到2500元,在深圳的生活成本太高了,光是租房子每月就要1500元,而且还是小单间,根本就不敢把妻子和孩子接到深圳市生活。但是孩子快要读小学了,上学读书又是一大笔开销,生活压力真的很大。如果公司愿意多发点工资不买社保,我肯定是第一个赞成!"(访谈资料 JW20170305)

另外,私营企业就业人员中低学历人员多,高学历人员较少,很多员工并不了解参加养老保险的意义,对参保条件、程序、待遇等更是不清不楚,很多人对养老保险政策的了解都是来自网络、微信朋友圈,这种情况也影响到他们对参加养老保险的认识。再加上大部分私营企业职工是外来务工人员,在大城市生活成本较高,为了满足当下的生活需求,往往选择逃避执行养老保险政策,有些职工甚至会主动要求企业不缴或少缴养老保险费。

(三)高模糊与高冲突下的象征性执行

根据模糊—冲突模型,当某项政策的模糊性和冲突性都比较高的时候,政策执行过程属于象征性的宽松执行。通过对私营企业的养老保险政策性质属性进行分析,可以发现该项政策的模糊性和冲突性都较高,因此,其执行过程属于象征性执行。由于高度模糊性会导致不同执行者对政策有不同理解,政策目标或政策执行手段通常具有模糊性。由于社会保险政策具有较高程度的模糊性,其执行具有明显的象征性。这种象征性执行表现为"私营企业参保问题要管,但不会管出问题来"。具体来说,在这种象征性执行模式下,一方面,政府官员会依照法律法规和政策的要求,或者是上级的指示,守护日常最基本的私营企业参保秩序("要管");另一方面,又不会切实对私营企业逃避缴纳养老保险费用的行为主动进行严格稽核和检查,更不会激起社会冲突("不管出问题来")。因此,这种象征性执行模式对私营企业不执行养老保险政策的监管只能起到软约束的作用,从而造成政策执行结果与政策目标之间形成严重的差距。

根据模糊—冲突模型,在象征性政策执行中,影响政策执行结果的关键性因素是政策联盟之间的力量对比。这里的政策联盟指的是政策执行过程中的行动者之间的关系。在私营企业养老保险政策执行过程中,存在着全国人大、中央政府及其社保职能部门、地方政府、工会、私营企业、职工等主要行动者。这些行动者有不同的行动目标和行动策略,同时还会形成不同的关系(政策联盟)。全国人大的职能是立法,它的作用是从法律的高度强制要求私营企业执行养老保险政策;中央政府及其社会保险职能部门是养老保险政策的制定者,也是政策执行的监督者;地方政府有双重身份:一方面,作为中央政府的派出机构,制定具体的企业养老保险政策执行措施,参与稽核治理;但另一方面,地方政府又肩负着发展地方经济的责任;地方社保经办机构/地税部门/劳动监察部门,虽然肩负不同的稽核、查处责任,但又不是全部都负有查处执法权力,责任与权力不对等,对私营企业的违规行为"睁一只眼闭一只眼"的情况屡见不鲜;私营企业出于企业利益最大化的考虑,必然想方设法逃避执行养老保险政策;职工既是企业不参保的受害者,同时也可能是企业不参保的合谋者;工会虽然有对私营企业执行养老保险政策存在偏差行为进行监督的责任,但目前我国的企业工会制度并不完善,未能起到有效的监督作用,只具备组织员工活动、派发福利等功能。在这些行动者中,地方政府及私营企业职工的行动策略最具摇摆性,是影响政策执行的关键性行动者。

根据前述政策执行的核心行动者及其行动策略选择,在私营企业养老保险政策执行过程中可以辨识出两种政策联盟:"治理联盟"和"地方联盟"。全国人大、中央政府、地方政府、当地征缴稽核监察部门、职工、工会等有可能形成政策执行的"治理联盟",监督私营企业的养老保险政策执行。而地方政府、私营企业及其职工则可能形成"地方联盟",在私营企业养老保险政策执行中维持某种利益平衡,并追求各自利益的最大化。在"治理联盟"中,人大和工会受制度能力影响还不能发挥重要的影响。中央政府虽然是决策的主导者,但是由于距离政策执行的第一现场过于遥远,难以取得全面且真实的信息,因而对政策执行的掌控力度有限。地方政府和职工出于自身利益考虑,都有可能默许私营企业少缴或者不缴养老保险费,甚至与私营企业合谋,站在"治理联盟"的对立面。

相对于上述松散无力的"治理联盟",以地方政府、私营企业与追求眼前利益的职工构成的"地方联盟"则强大得多。地方政府和职工由于都同时具有双重行动逻辑及行动取向,在政策执行中都会选择利益最大化的组合,从而选择"变通执行政策"以及"不维权",因而加强了"地方联盟"的力量。同时,基层劳动监察员在政策制定者与执行之间、地方政府与劳动行政之间,以及就业议题与劳动保护之间摇摆,往往进行选择性的政策执行(庄文嘉,2010)。在处理当地的养老保险政策执行问题上,地方政府则容易与当地企业形成利益共同体。对于私营企业职工,由于缴纳养老保险费与其生活需求具有冲突性,尽管私营企业违规不缴纳养老保险费会对职工的合法权益造成损害,但是迫于就业和生存压力,可能也会默许一定程度的逃避缴纳养老保险费用的行为。这样一来,这三种核心行动者构成了强大的"地方联盟",并且在与"治理联盟"的政策博弈中取得优势。

五、结语与讨论

本文以马特兰德的"模糊—冲突模型"作为分析框架,从政策执行的视角,对私营企业的养老保险政策执行偏差问题进行了深入分析,通过对政策的模糊性和冲突性进行分析,发现私营企业的养老保险政策属于象征性执行,并通过对政策执行的核心行动者行动逻辑以及政策联盟之间的力量对比,分析出地方联盟的力量是影响私营企业的养老保险政策执行结果的关键性因素。因此,为了减少私营企业养老保险政策执行中的偏差,提高私营企业养老保险的参与率,需要从减少政策模糊性、冲突性以及加强"治理联盟"力量等方面提出对策。

首先,降低政策模糊性。养老保险政策在私营企业的执行具有高度的模糊性和冲突性。就其模糊性而言,主要表现在缺乏清新的政策目标上。因此,如果政策制定者能为私营企业养老保险政策的执行制定明确的政策目标(例如,阶段性的参保率和总体的参保率),应该可以降低该项政策的模糊性,而模糊性的降低可以改善政策的执行绩效,减少执行偏差。事实上,在2014年东莞裕元鞋厂罢工事件发生后,中央对私营企业的养老保险政策执行高度关注,对企业参保制定了更加清晰的目标,因而珠三角地区部分城市的企业参保情况大有改善。

其次,降低政策的冲突性。就其冲突性而言,主要表现在参加养老保险会直接增加私营企业的人工成本,减少员工的短期收入。因此,要减少私营企业的养老保险政策执行偏差,就要减少政策执行的冲突性。为此,可以从私营企业和职工两方面入手,双管齐下。一方面,针对私营企业,要加强社会责任的培养,加强养老保险政策和法律培训以及业务指导,从业务上确保私营企业正常执行养老保险政策;另一方面,针对职工,通过多种途径加强政策宣传和维权指导,提高职工的缴纳意愿,掌握实现自身养老保险权益的方法,从而倒逼私营企业按时足额缴纳养老保险费。与此同时,要在以人民为中心的发展理念下,推动地方政府在重视经济发展和促进就业的同时,高度重视养老保险政策的有效执行问题。具体而言,一个重要工作就是要提升劳动保障监察机构的能力和监察力度。

第三,加强治理联盟力量,完善监督体系。在马特兰德看来,象征性执行的政策是由地方层面的联盟力量决定了执行结果。对此,通过改变"治理联盟"与"地方联盟"的强弱对比,可能是解决私营企业的养老保险政策执行偏差问题的有效方案。要缩小私营企业执行养老保险政策的偏差,关键是依靠强有力的监管体系。针对目前对企业缴纳养老保险费的监管责任部门不明确、工会组织监督制度不完善的现状,可以从明确管理责任部门以及建立工会监督制度两个方面,去改善私营企业的养老保险政策执行偏差问题。

首先,从国家层面上尽快统一明确养老保险费的稽核查处部门。根据目前的《社会保险费征缴暂行条例》,一般规定由社会保险经办机构负责养老保险费的账户管理工作,地方税务机构负责本区域内的养老保险费的征收。而对于用人单位若不如实提供缴费信息时,或隐瞒应缴纳的职工人数,存在瞒缴、逃缴的情况,并没有清晰的稽核规定。随着税务部门统一征缴社保费用体制的建立,养老保险缴费的稽核查处责任可以得到明确,查处能力也会不断提升。

其次,构建工会监督体系。根据第十二次全国私营企业抽样调查结果,已有工会组织的私营企业仅占全部私营企业的 35.3%,比例较低,比 2012 年进行调查时的 38.6%还下降了 3.3 个百分点。[1]笔者在对私营企业实地调查的过程中发现,全部受访企业中仅有两家建立了工会组织,但是其工会组织也只

---

[1] 全国私营企业抽样调查数据是由中央统战部、全国工商联、国家工商行政管理总局、中国民营经济研究会组成的私营企业研究课题组,每两年在全国范围内做的一次有关私营企业状况抽样调查,至今已经连续进行了第十二次,时间跨度超过 20 年,最近的第十二次全国私营企业抽样调查是在 2016 年进行。从以往的调查来看,获得的数据都能比较准确地反映我国私营企业经济的基本状况。

是负责派发员工福利、组织员工旅行等活动,并未真正起到监督企业,维护员工合法权益的作用。

不过,在访谈中也发现,私营企业管理层及员工都认为,建立工会组织可以提升企业执行养老保险政策的力度。从劳资关系角度看,工会组织是平衡员工和雇主双方之间的一种不可忽视的力量,成立工会组织将能够有效增强私营企业的养老保险政策执行过程中的"治理联盟"力量,有可能扭转"地方联盟"在政策博弈中获胜的局面。徐万里、钱锡江(2014)将第9次全国私营企业抽样调查的3 078家企业数据样本进行实证分析表明:私营企业的养老保险参保率与企业建立工会组织呈现正相关的关系。随着工会监督体制的不断完善以及员工的维权意识不断加强,相信工会监督制度在维护员工的养老保险合法权益上,可以发挥更大的作用,对私营企业执行养老保险政策过程产生更广泛、深远的影响力。

参 考 文 献

陈勇、张艳平,2004,"试论加快推进企业退休人员社会化管理服务工作",《前沿》第10期。
戴卫东,2007,"私营企业参与社会保障意愿的分析——一个基于理论层面的研究",《河南社会科学》第2期。
定明捷,2008,"西方政策执行研究的理论演进",《上海行政学院学报》第4期。
董慧丽、丁建定,2004,"我国个体、私营企业从业人员养老保险制度探讨",《山东社会科学》第10期。
胡业飞、崔杨杨,2015,"模糊政策的政策执行研究——以中国社会化养老政策为例",《公共管理学报》第2期。
彭宅文,2010,"财政分权、转移支付与地方政府养老保险逃费治理的激励",《社会保障研究》第1期。
田松青,2002,"养老保险中的博弈困境及对策",《长白学刊》第2期。
徐万里、钱锡江,2014,"劳资博弈与企业规模对养老参保影响研究——来自中国私营企业的证据",《中山大学学报(社会科学版)》第5期。
岳经纶、庄文嘉,2009,"转型中的当代中国劳动监察体制:基于治理视角的一项整体性研究",《公共行政评论》第5期。
竺乾威,2012,"地方政府的政策执行行为分析:以'拉闸限电'为例",《西安交通大学学报(社会科学版)》第2期。
庄文嘉,2010,"在政治与行政之间:我国基层劳动监察运作中的选择性政策执行——对某地级市劳动部门的个案研究",《广东行政学院学报》第4期。
Matland, R., 1995, "Synthesizing the Implementation Literature: The Ambiguity—Conflict Model of Policy Implementation". *Journal of Public Administration and Research*, 5(2):145-174.

中国地方政府基本养老金待遇调整行为研究

肖敏慧　宋华泰　李晨烽

【摘要】 本文基于2005—2015年的中国省级面板数据,利用空间计量模型对中国地方政府基本养老金待遇调整行为进行了实证研究。研究发现:(1)基本养老金增速与在岗职工工资增长率挂钩,但与CPI的关系并不显著;(2)养老负担越重、财政依存度越高的省份,其基本养老金的增速反而越快;(3)基本养老金增速在经济发展水平接近的省份之间存在显著的空间正相关。本文进一步从中央与地方政府关系的视角对以上结论进行了解释。本文的研究结论对于中国实现基本养老保险全国统筹的目标具有重要的参考价值。

【关键词】 地方政府　基本养老金　待遇调整　空间计量

A Study on the Basic Pension Benefit Adjustment Behavior of Chinese Local Governments

Minhui Xiao　Huatai Song　Chenfeng Li

Abstract Based on the panel data of Chinese provinces from 2005 to 2015, this paper investigates the basic pension benefit adjustment behavior of Chinese local governments through the spatial econometric model. We find that: (1) there is a strong link between the growth rate of basic pension and that of workers' wages, but the relationship between the growth rate of basic pension and CPI is not statistically significant; (2) the growth rate of basic pension will be faster in such provinces with higher pension burden and fiscal dependence; (3) provinces with similar economic development level show a significant positive spatial correlation in the growth rate of basic pension. Further, this paper makes an explanation for the above results from the per-

---

* 基金项目:本文为2016年度教育部人文社会科学重点研究基地重大项目《社会政策创新与共享发展》(项目编号:16JJD630011)、国家自然科学基金面上项目(项目编号:71774180)的研究成果。作者感谢中山大学岭南学院林建浩副教授、彭浩然副教授所给予的指导和帮助,文责自负。

** 肖敏慧,广东财经大学公共管理学院讲师;宋华泰,中山大学海洋科学学院本科生;李晨烽,中山大学岭南学院金融硕士。

spective of the relationship between Chinese central government and local governments. These conclusions can provide an important reference for realizing the coordination of basic pension insurance on national level in China.

Key words　Local Government, Basic Pension Benefit Adjustment, Spatial Econometric

一、引　言

自改革开放以来,中国在保持经济快速增长的同时,也逐渐感受到了人口结构变化所带来的压力与挑战。随着20世纪60年代生育高峰期出生的人口逐渐进入退休年龄,加上计划生育政策所带来的影响,中国人口老龄化程度日趋严重。2000年第五次全国人口普查数据显示,中国65岁以上人口占总人口的比重为6.96%。2010年,这一数字攀升至8.87%。为了给离退休人员提供老年生活保障,中国政府从20世纪90年代开始便对城镇职工基本养老保险制度进行了大刀阔斧的改革。1997年,国务院出台了《关于建立统一的企业职工基本养老保险制度的决定》(国发[1997]26号文)。中国城镇职工基本养老保险制度确定采用社会统筹与个人账户相结合的"统账结合"模式。随后,国务院于2005年出台了《关于完善企业职工基本养老保险制度的决定》(国发[2005]38号文),明确提出"建立基本养老金正常调整机制"。根据作者计算,在2006年至2015年的大部分年份中,中国退休人员人均基本养老金的增长速度都超过10%(如图1所示)。

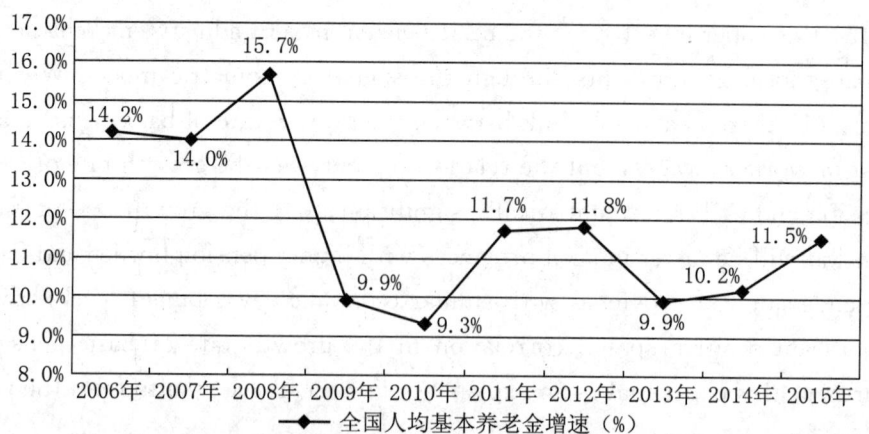

资料来源:作者根据《中国统计年鉴》的相关数据计算得到。

图1　中国退休人员人均基本养老金的增长速度

不可否认,快速增长的基本养老金在保障离退休人员的基本生活方面发挥了重要作用。但是,与此同时,不少专家学者也开始担忧基本养老保险基金的财务可持续性。长期以来,中国基本养老保险制度实行的是地方统筹,从县、市级统筹逐渐过渡到省级统筹,因此每个省的基本养老金增长速度都不一样。2010年颁布的《社会保险法》明确提出"基本养老保险基金逐步实行全国统筹"。但是,由于人口流动、经济发展水平差距较大等原因,中国在2018年以前仍未实现基本养老保险全国统筹。在这种背景下,中国不同省份的养老保险基金结余情况差异显著。2016年,全国有七个省份的基本养老保险基金出现当期收不抵支,分别是黑龙江、辽宁、河北、吉林、内蒙古、湖北、青海,其中:黑龙江不仅当期收支缺口达到327亿,而且累计结余也已穿底,累计亏空196亿元。而广东省2016年基本养老保险基金的当期结余达到1 140亿元,累计结余达到7 653亿元,均位居全国之首。[1] 在省级统筹的情形下,养老保险基金在不同省份之间无法调剂余缺。为了保证养老金的足额发放,中央财政不得不对养老金亏空地区进行补贴。

林和塔星(Lin & Tussing,2016)指出,由于基本养老保险金发放的刚性要求,中国地方政府的基本养老保险待遇调整可能存在一些"非正常"现象。经济发展水平较好、养老基金结余较多的地区在调整基金养老金时更趋于谨慎,因为他们很难获得中央财政的补贴。相反,那些能够获得中央财政补贴的地区在基本养老金待遇调整问题上可能存在道德风险。由于财政预算软约束的存在以及民生福祉在官员晋升方面的正向激励,许多地方政府有动机使基本养老金增速变得更快。作者简单计算了2006—2015年中国31个省份人均基本养老金的年平均增长速度、财政依存度的平均值,[2] 并绘制成散点图,如图2所示。从简单相关系数来看,基本养老金增速与财政依存度呈正相关。尽管如此,究竟哪些因素会影响不同省份的基本养老金增速,以及省级政府调整基本养老金待遇的行为是否具有空间相关性,已有文献还未能给出清晰的答案,因此还有待于进一步严谨细致的定量研究。

为了更好地理解中国地方政府的基本养老金待遇调整行为,我们搜集整理了2005—2015年的相关数据,并利用空间计量模型进行了定量研究。我们发现:地方政府当期基本养老金增速与上一期在岗职工平均工资的增长率呈显著正相关关系;养老负担越重、财政依存度越高的省份,其基本养老金的增速反而越快;基本养老金增速在经济发展水平接近的省份之间存在显著的空间正相关。本文的研究结论不仅有助于中国顺利实现基本养老保险全国统筹与财务可持续,还有助于理解中国特色的福利扩张行为。

本文的结构安排如下:除了第一部分引言以外,第二部分是理论与文献回

---

[1] 以上数据来源于《中国社会保险发展年度报告2016》。
[2] 具体计算方法请参考本文的第三部分。

顾,第三部分是计量模型与数据,第四部分是实证结果分析,最后是全文的总结与讨论。

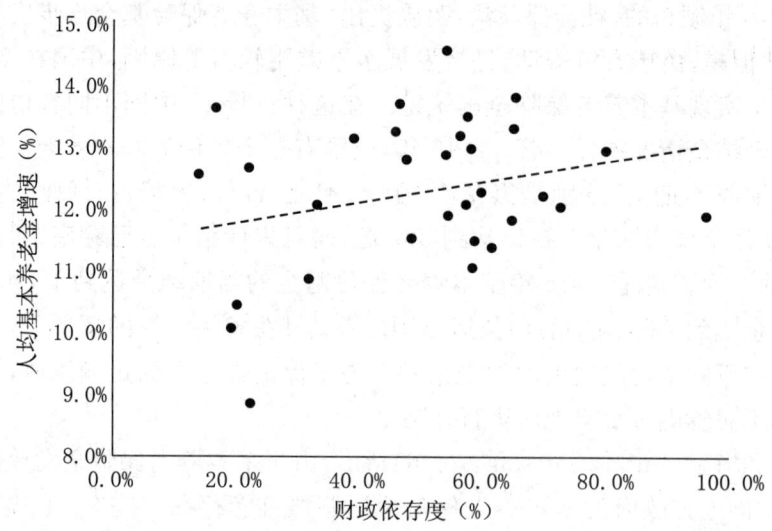

资料来源:作者根据《中国统计年鉴》和《中国财政年鉴》的相关数据计算得到。
图2　31个地区的财政依存度与人均基本养老金增速(2006—2015年平均)

二、理论与文献综述

通常认为,中国转型期的基本制度特征是政治集权下的经济分权。中央政府与地方政府之间的关系是理解中国经济增长和地方政府行为的关键因素(Qian & Roland, 1998; Blanchard & Shleifer, 2000; Caiand Treisman, 2006)。由于宏观财政数据比较容易得到,已有文献多从财政分权的角度去研究中国的经济分权。从具体研究内容来看,张晏与龚六堂(2005)、沈坤荣与付文林(2005)、李涛与周业安(2008)、贾俊雪与郭庆旺(2008)、周业安与章泉(2008)、范子英与张军(2009)等研究了财政分权对经济增长的影响;还有一些文献研究了中国财政分权对地方政府行为的影响,比如地方政府的公共品供给、地方政府的支出结构偏向,等等。傅勇与张晏(2007)指出,由于中国的财政分权以及基于政绩考核下的政府竞争,导致了地方政府公共支出结构"重基本建设、轻人力资本投资和公共服务"。龚锋与卢洪友(2009)研究了财政分权程度与公共支出供需匹配指数的关系,发现随着财政分权程度的提高,政府提供的公共服务低于居民实际偏好的需求水平的可能性将增大。傅勇(2010)的实证研究发现,财政分权显著且可观地降低了基础教育的质量,也减少了城市公用设施的供给。然而,陈硕(2010)的研究发现却支持财政分权而不是集权将改善公共品水平的观点。具体到某一细分公共领域,比如健康领域,内村和朱廷(Uchimura & Jutting，2009)发现中国财政分权程度越高的省份，其婴儿死亡率也越低；而彭浩然等人(2013)却发现无论是从收入还是支出方面考察，中国的财政分权都不利于健康水平的提高。

从以上可以看出，关于财政分权的已有研究所得到的结论还存在许多不一致，甚至相互矛盾。针对这些问题，陈硕与高琳(2012)指出，科学合理地度量和使用分权指标是研究工作的基础和前提，已有文献对财政分权指标的使用具有随意性。不可否认，财政分权指标的随意使用是造成许多文献结论不一致的原因。除此以外，我们不能忽视的一个事实是：对于不同的公共产品，中央政府与地方政府的关系也不一样。以社会保险领域为例，2010年颁布的《社会保险法》中明确"基本养老保险基金出现支付不足时，政府给予补贴"，而对于其他险种，却没有这种规定。因此，如果仅从财政(收入或支出)分权角度来衡量央地关系，我们容易得到片面的结论。作者认为，对于某一具体的公共产品或服务，由谁来承担最后的资金缺口责任会在很大程度上影响地方政府行为。此外，地方政府的行为不仅会受到央地关系、财政分权的影响，也会受到同级政府之间相互竞争的影响(王美今等，2010)。已有文献集中于研究央地关系的影响，而对地方政府之间的相互竞争还重视不足，专门研究地方政府基本养老金待遇调整行为的文献更是少见。

基本养老保险制度是保障老年人退休生活，维持社会稳定的重要手段。迄今为止，中国基本养老保险制度尚未实现全国统筹，区域分割与地方统筹是中国基本养老保险制度的重要特征。受地区经济发展不平衡的影响，各省在缴费比例、缴费基数、待遇标准上都存在较大差异(白维军，2011)。郑功成(2011)指出，区域分割的格局违背了养老保险制度的内在发展规律，人为扩大了老龄化对养老保险基金造成的压力，扭曲了财政资金与养老保险基金的关系。因为在现行制度区域分割的状况下，养老保险基金无法进行区域间的调剂使用，部分历史负担沉重的地区需要大量财政资金的补助，而政府财政的过度介入是不利于养老保险的自我平衡和自我发展的；另外，现阶段拥有大量基金结余的地区在若干年后也将面临支付高峰，届时同样会给当地财政造成巨大压力。因此，他主张尽快实现基本养老保险全国统筹。

在基本养老保险全国统筹问题上，中央政府与地方政府之间的利益博弈是最引人关注的。基本养老保险制度的区域分割扭曲了中央与地方之间的关系。在现行以GDP增长为导向的地方政府绩效评价体制影响下，地方政府缺乏加强养老保险制度建设的动力，迫使中央政府承担更多养老保险制度建设的责任，这便扭曲了中央与地方养老保险事权的关系(郑功成，2010)。彭浩然等人(2018)利用中国省级面板数据和空间计量模型对中国地方政府养老保险征缴行为进行了研究，发现中国地方政府的养老保险征缴行为存在明显的逐底竞争行为。但是,据作者了解,迄今为止国内学者对地方政府基本养老金待遇调整行为的研究并不多。林和塔星(Lin & Tussing, 2016)对此问题进行了比较系统的定性分析,但其观点还需要严格的定量结论支撑。在前人研究的基础上,本文将运用空间计量模型来研究中国地方政府基本养老金待遇调整行为受到哪些因素的影响以及地方政府行为之间是否存在空间相关性。

三、计量模型与数据

(一) 计量模型

本文利用31个省级行政单位2005—2015年的面板数据来研究地方政府基本养老金待遇调整行为。为了刻画地方政府之间相互竞争的影响,我们通过构建地理加权矩阵 W^{GEO} 和经济加权矩阵 W^{GDP},利用空间自回归模型(Spatial Autoregressive Regression, SAR)分别进行静态和动态估计。具体估计方程如下:

$$\text{pensiongrowth}_{it} = \rho \sum_{i \neq j} \omega_{ij} * \text{pensiongrowth}_{jt} + X\beta + \mu_i + \varepsilon_{it} \tag{1}$$

$$\text{pensiongrowth}_{it} = \lambda * \text{pensiongrowth}_{it-1} + \rho \sum_{i \neq j} \omega_{ij} * \text{pensiongrowth}_{jt} + X\beta + \mu_i + \varepsilon_{it} \tag{2}$$

其中,i 代表省份,t 代表年份,μ_i 是反映个体效应的截距项,X 代表解释变量矩阵,β 为估计系数向量,ρ 是空间相关系数,λ 是被解释变量滞后一期的相关系数,ε_{it} 是扰动项。被解释变量 $\text{pensiongrowth}_{it}$ 是 i 省份 t 年的人均基本养老金增长率。根据国发[2005]38号文,基本养老金增速可能与当地上一年的工资增长水平和物价水平挂钩。所以,我们选取的解释变量中包括 wagegrowth_{it-1} 和 CPI_{it-1},分别代表 i 省份 $t-1$ 年在岗职工平均工资的增长率和通货膨胀率。另外,考虑到人口结构、央地关系可能会影响地方政府养老金待遇调整行为,本文的解释变量还包括 dependency_{it-1} 和 FD_{it-1},分别代表 i 省份 $t-1$ 年的制度内赡养率、财政依存度。

为了检验地方政府基本养老金调整行为究竟是受地理相邻省份还是经济相邻省份的影响,我们根据两省陆地是否接壤构造空间距离矩阵,即地理加权矩阵 W^{GEO},以及构建以人均GDP差距的倒数为权重的经济加权矩阵 W^{GDP}。地理加权矩阵 W^{GEO} 的第 i 行 j 列元素 ω_{ij} 的构造方法为:$\omega_{ij} = \dfrac{\tilde{\omega}_{ij}}{\sum_j \tilde{\omega}_{ij}}$。其中,$i$ 和 j 均代表省份,$\tilde{\omega}_{ij}$ 是 0—1 变量;当省份 i 和省份 j 有陆地边界接壤时,$\tilde{\omega}_{ij}$

取值为 1;当 i 等于 j 时,$\tilde{\omega}_{ij}$ 为 0。

经济加权矩阵 W^{GDP} 的第 i 行 j 列元素 ω_{ij} 的构造方法如下:

$$\omega_{ij}=\frac{1/\tilde{\omega}_{ij}}{\sum_j 1/\tilde{\omega}_{ij}}$$

当 i 不等于 j 时,$\tilde{\omega}_{ij}$ 为省份 i 和省份 j 在 2005—2015 年的平均人均实际GDP之差的绝对值,以 2005 年为基期计算得到。我们将其定义为经济距离,并将经济距离的倒数 $1/\tilde{\omega}_{ij}$ 作为权重。当两省之间的人均GDP差距越大时,权重越小,反之则权重越大。两个省份的人均GDP越接近,矩阵元素 ω_{ij} 就越大,这意味着赋予省份 i 受到省份 j 的影响的权重也就越大。当 i 等于 j 时,ω_{ij} 为 0。

在估计方程(1)和方程(2)中,我们重点关注空间相关系数 ρ。如果系数 ρ 显著大于 0,则说明不同省份在基本养老金待遇调整上存在同向竞争;如果系数 ρ 不显著或者小于 0,则说明不同省份在基本养老金待遇调整上不存在明显的竞争关系。系数 λ 则反映当期基本养老金增速与上一期基本养老金增速的关系。

(二) 数据来源与描述性统计

各主要变量的计算方法如下:人均基本养老金增速(pensiongrowth)=(当期人均基本养老金－上一期人均基本养老金)/上一期人均基本养老金;人均基本养老金则由基本养老金支出除以离退休人数得到;财政依存度(FD)=中央财政转移支付/地方财政支出;制度内赡养率(dependency)=城镇职工基本养老保险的离退休职工人数/在职职工人数;在岗职工平均工资增长率(wagegrowth)=(当期在岗职工平均工资－上一期在岗职工平均工资)/上一期在岗职工平均工资。以上数据均来源于相关年份的《中国统计年鉴》《中国劳动和就业统计年鉴》《中国财政年鉴》,并通过作者计算得到。主要变量的描述性统计结果请参考表1。

表1 主要变量的描述性统计

变量名	单位	观测值	时间区间	平均值	标准误	最小值	最大值
pensiongrowth	%	310	2006—2015	12.26	5.88	−16.16	39.60
CPI	%	310	2005—2014	3.05	2.05	−2.30	10.10
wagegrowth	%	310	2005—2014	13.65	4.91	−6.23	46.26
dependency	%	310	2005—2014	38.46	11.29	10.22	70.56
FD	%	310	2005—2014	50.04	20.38	1.61	104.22

四、实证结果分析

我们首先利用地理加权矩阵来进行空间计量估计。表2显示的是静态模型估计结果。我们依次放入解释变量,由表2可知,空间相关系数 ρ 的估计值为正,但不显著;影响基本养老金增长速度的是当地上年度在岗职工工资的增长率,而并非上年度的CPI。这说明地方政府在调整基本养老金的增长速度时主要参考的是在岗职工工资增长率。动态模型的估计结果如表3所示。除了上年度在岗职工工资的增长率以外,人口结构、央地关系也对地方政府基本养老金的增长速度有显著影响。制度内赡养率越高、养老负担越重的省份,其基本养老金增长速度反而越快。财政依存度越高的省份,意味着中央转移支付在当地政府支出中的比重越大,但是其基本养老金增长速度反而越快。此外,当期基本养老金的增速与上一期基本养老金的增速呈负相关关系。总的来看,采用地理加权矩阵进行空间计量估计,无论是静态模型还是动态模型,所得到的空间相关系数 ρ 都不显著。这说明:即使地方政府调整养老金待遇的行为存在某种空间相关,这种空间相关性也并不存在于地理位置相邻的省份之间。

接下来,我们利用经济加权矩阵进行空间计量估计。从表4的静态模型估计结果来看,解释变量中唯一显著的是当地上年度在岗职工平均工资的增长率,与表2结果一致。但是,空间相关系数 ρ 的估计值在0.18左右,且十分显著。动态模型的估计结果请参见表5。在表5的最后一列估计方程中,上年度CPI的系数估计值依然不显著,其余解释变量的估计结果与表3均保持一致,并且空间相关系数 ρ 显著为正。表4和表5的估计结果说明:不同省份在制定基本养老金增长速度时会相互攀比与竞争,这种相互关系体现在经济发展水平邻近的省份之间。

表2 地理加权矩阵的静态估计结果

	(1)	(2)	(3)	(4)
L.CPI	0.132	−0.017	−0.007	−0.008
	(0.141)	(0.161)	(0.162)	(0.161)
L.wagegrowth		0.205***	0.211***	0.221***
		(0.070)	(0.078)	(0.071)
L.dependency			0.051	0.050
			(0.055)	(0.054)
L.FD				−0.030
				(0.058)

	(1)	(2)	(3)	(4)
ρ	0.143	0.0972	0.101	0.102
	(0.116)	(0.104)	(0.105)	(0.105)
N	310	310	310	310
组间 R 平方	0.091	0.179	0.320	0.104

注:圆括号内是标准误,$* p<0.1$, $** p<0.05$, $*** p<0.01$。

表3 地理加权矩阵的动态估计结果

	(1)	(2)	(3)	(4)
L.pensiongrowth	−0.205	−0.258	−0.251	−0.261*
	(0.166)	(0.166)	(0.164)	(0.160)
L.CPI	0.383**	0.243	0.272	0.299
	(0.177)	(0.193)	(0.202)	(0.201)
L.wagegrowth		0.226***	0.228***	0.152*
		(0.065)	(0.073)	(0.079)
L.dependency			0.116*	0.132*
			(0.065)	(0.068)
L.FD				0.188**
				(0.092)
ρ	0.120*	0.075	0.090	0.074
	(0.065)	(0.065)	(0.064)	(0.065)
N	279	279	279	279
组间 R 平方	0.198	0.235	0.062	0.087

注:圆括号内是标准误,$* p<0.1$, $** p<0.05$, $*** p<0.01$。

与林和塔星(Lin & Tussing, 2016)的分析判断基本一致,本文的实证结论支持"中国地方政府在基本养老金待遇调整上存在竞争行为"这一观点。由于中央财政会对养老保险基金支付压力较大的地区进行补贴,预算软约束的存在会导致养老负担较重的地区在基本养老金待遇调整上更加激进;而经济相邻的省份之间会存在相互攀比与竞争行为,从而在全国范围内提高了养老保险待遇的整体水平,对养老保险基金的财务可持续性产生不利影响。

表4 经济加权矩阵的静态估计结果

	(1)	(2)	(3)	(4)
L.CPI	0.129	−0.011	0.001	0.001
	(0.143)	(0.162)	(0.163)	(0.162)
L.wagegrowth		0.190**	0.197**	0.207***
		(0.074)	(0.082)	(0.075)
L.dependency			0.056	0.055
			(0.057)	(0.055)
L.FD				−0.033
				(0.054)
ρ	0.220***	0.176**	0.181**	0.183**
	(0.083)	(0.072)	(0.076)	(0.074)
N	310	310	310	310
组间 R 平方	0.10	0.205	0.343	0.101

注：圆括号内是标准误，* $p<0.1$，** $p<0.05$，*** $p<0.01$。

表5 经济加权矩阵的动态估计结果

	(1)	(2)	(3)	(4)
L.pensiongrowth	−0.212	−0.261	−0.253	−0.262*
	(0.167)	(0.166)	(0.164)	(0.160)
L.CPI	0.361**	0.232	0.262	0.288
	(0.175)	(0.191)	(0.200)	(0.199)
L.wagegrowth		0.209***	0.211***	0.138*
		(0.067)	(0.076)	(0.080)
L.dependency			0.117*	0.133**
			(0.063)	(0.066)
L.FD				0.180**
				(0.086)
ρ	0.218***	0.173***	0.182***	0.167***
	(0.052)	(0.053)	(0.052)	(0.056)
N	279	279	279	279
组间 R 平方	0.258	0.280	0.067	0.089

注：圆括号内是标准误，* $p<0.1$，** $p<0.05$，*** $p<0.01$。

五、总结与讨论

本文利用 2005—2015 年省级面板数据，通过构造地理加权矩阵和经济加权矩阵，运用空间计量模型对中国地方政府基本养老金待遇调整行为进行了实证研究。我们的研究有以下发现：(1)基本养老金的增长速度主要与在岗职工工资增长率挂钩，而与 CPI 的关系并不显著；(2)不同地方的基本养老金增速存在空间正向相关性，而这种空间相关性更多地表现在经济发展水平接近的省份之间，而非地理上的相邻省份；(3)由于预算软约束的存在，养老负担越重、财政依存度越高的省份，其基本养老金的增速反而越快。

本文的研究发现并不支持目前流行的"财政分权会降低公共品水平"的观点。接下来，作者尝试从中央与地方政府关系的视角来解释中国基本养老金快速增长的现象。对于一项公共产品或服务的提供，由谁来承担最后的资金缺口责任会在很大程度上影响地方政府行为。在养老保险省级统筹的情形下，养老负担越重、养老保险基金收支状况越差的省份，会更加依赖于中央财政的补贴来确保养老金按时足额发放。由于预算软约束的存在，对中央财政依赖程度越高的省份就自然更倾向于激进地提高基本养老金的增长速度，实现民生政绩；而对于那些经济发展水平较好的省份，由于不太可能拿到中央财政的补贴，会更加稳健谨慎地调整基本养老金增长速度，同时，它也会感受到经济发展水平相近省份基本养老金快速增长所带来的压力，从而导致全国养老保险基金支出水平快速上涨，对养老保险制度的财务可持续性产生不利影响。这与我们通常所认为的养老保险待遇调整要量入为出的原则相违背，主要是由中央政府的财政补贴所引发的地方政府道德风险，再加上地方政府之间的相互竞争所导致的。

本文的研究发现对于我国实现基本养老保险全国统筹具有重要的参考价值。政策制定者已经意识到地方政府基本养老金快速增长所带来的风险，从 2016 年开始要求降低基本养老金增长速度。为了实现基本养老保险全国统筹和养老保险制度可持续发展的目标，中央政府必须防止养老保险基金收支状况较差的省份将养老金支出责任全部转移给中央政府，要合理确定基本养老金的增长速度，规范地方政府的养老保险待遇调整行为。

参 考 文 献

白维军、童星，2011，"稳定省级统筹，促进全国调剂：我国养老保险统筹层次及模式的现实选择"，《社会科学》第 5 期，第 91—97 页。

陈硕、高琳，2012，"央地关系：财政分权度量及作用机制再评估"，《管理世界》第 6 期，第 43—59 页。

陈硕,2010,"分税制改革、地方财政自主权与公共品供给",《经济学(季刊)》第 4 期,第 1427—1446 页。

范子英、张军,2009,"财政分权与中国经济增长的效率——基于非期望产出模型的分析",《管理世界》第 7 期,第 15—25 页。

傅勇、张晏,2007,"中国式分权与财政支出结构偏向:为增长而竞争的代价",《管理世界》第 3 期,第 4—12 页。

龚锋、卢洪友,2009,"公共支出结构、偏好匹配与财政分权",《管理世界》第 1 期,第 10—21 页。

贾俊雪、郭庆旺,2008,"政府间财政收支责任安排的地区经济增长效应",《经济研究》第 6 期,第 37—49 页。

李涛、周业安,2008,"财政分权视角下的支出竞争和中国经济增长:基于中国省级面板数据的经验研究",《世界经济》第 11 期,第 3—15 页。

彭浩然、吴木銮、孟醒,2013,"中国财政分权对健康的影响",《财贸经济》第 11 期,第 33—44 页。

彭浩然、岳经纶、李晨烽,2018,"中国地方政府养老保险征缴是否存在逐底竞争?",《管理世界》,2:103—111。

沈坤荣、付文林,2005,"中国的财政分权制度与地区经济增长",《管理世界》,1:31—39。

王美今、林建浩、余壮雄,2010,"中国地方政府财政竞争行为特性识别:'兄弟竞争'与'父子争议'是否并存?",《管理世界》第 3 期,第 22—31 页。

张晏、龚六堂,2005,"分税制改革、财政分权与中国经济增长",《经济学(季刊)》第 4 期,第 75—108 页。

郑功成,2008,"实现全国统筹是基本养老保险制度刻不容缓的既定目标",《理论前沿》第 18 期,第 12—15 页。

郑功成,2010,"尽快推进城镇职工基本养老保险全国统筹",《经济纵横》第 9 期,第 29—32 页。

周业安、章泉,2008,"财政分权、经济增长和波动",《管理世界》第 3 期,第 6—15 页。

Blanchard, O., Shleifer, A., *Federalism with and without Political Centralization: China Versus Russia*. IMF Staff Papers, 2001, 48(1):171-179.

Cai, H., Treisman, D., 2006, "Did Government Decentralization Cause China's Economic Miracle?" *World Politics*, 58(4):505-535.

Hamnett, C., 2009, "Spatial Divisions of Welfare: the Geography of Welfare Benefit Expenditure and of Housing Benefit in Britain", *Regional Studies*, 43(8):1015-1033.

Lin, J., Tussing, A.D., "Inter-Regional Competition in Retirement Benefit Growth—The Role of the Sub-National Government in Authoritarian China", *Journal of Contemporary China*, 26(105):1-18.

Qian, Y., Roland, G., 1998, "Federalism and the Soft Budget Constraint", *American Economic Review*, 88(5):1143-1162.

Uchimura, H., 2009, "Fiscal Decentralization, Chinese Style: Good for Health Outcomes?", *World Development*, 37(12):1926-1934.

社区居家养老服务需要与利用研究：
以广州市为例*

孙 林**

【摘要】 随着社区居家养老服务的深入发展，传统"以资源为导向"观念逐渐转向"以需要为导向"观念。通过对广州市社区居家养老服务需要与利用的调查，运用需要层次理论及"需要—需求关系"理论，发现老年人的社区居家养老服务中的优势需要仍主要是生理层次的生活照顾与健康照顾需要，而由于社区居家养老服务的实施中，缺乏需要评估，加上受社会福利水平和老年人自身消费能力等因素的影响，已有的社区居家养老服务项目的利用率并不高。这为未来社区居家养老服务产业与事业的发展提供了一定的启示。

【关键词】 社区 居家养老服务

Research on the Needs and Utilization of the Community Service for Home Care of the Elderly
—the Case of Guangzhou

Lin Sun

Abstract With the in-depth development of community service for home care of elderly, the traditional "resource-oriented" concept has gradually shifted to "needs-oriented" concept. By investigating the needs and uses of the community service for home care of elderly in Guangzhou, using the hierarchy of needs theory and the "need-demand relationship" theory, it is found that the prepotent needs of the community service for home care of elderly are still mainly the needs of life care and health care at the physiological level. Lack of needs assessment, combined with the social welfare level and the elderly's consumption capacity, the utilization rate of existing com-

---

* 基金项目：本文得到广东省哲学社会科学规划项目（项目编号：D17XGL37）及广州市人文社会科学重点研究基地资助项目的资助。

** 孙林，中山大学政治与公共事务管理学院博士研究生，仲恺农业工程学院副教授，主要研究方向为社会政策，社区居家养老服务。

munity service for home care of elderly is not high. This will provide some inspiration for the development of the community service for home care of elderly industry and career in the future.

Key words　Community, Service for Home Care of Elderly

一、问题的提出

社区居家养老服务是一种正式的社会化养老服务,指由家庭成员以外的主体(国家、市场、单位、社区、社会组织等)为支持居住在家里的老年人生活照料需要、健康照护需要和精神慰藉需要的满足,而在社区生产和提供的服务。社区居家养老服务是近现代社会的产物,和家庭成员等提供的非正式服务共同构成居家养老服务,两者一定程度上构成替代关系。

我国漫长农业社会里,在宗法制度有力支持下,一直实行的是家庭支持的居家养老,即几乎所有老年人均居住在家里,在家庭成员甚至宗族成员的非正式服务支持下度过余生,所以这种养老又称作家庭养老。清末民初的转轨开启了千年未有之变局,国家异军突起的同时开始了新一轮去家化浪潮,传统家庭的制度、情感以及价值均遭到破坏,宗族被解体。1949年后社会化养老模式开始出现,国家兴建了一批养老福利机构,为收养的"三无""五保"等特殊老年人提供正式的养老服务;还有一部分老年人以"家属人"身份享受单位福利服务或接受街居和村镇集体提供的民政福利服务,这成为社区居家养老服务的萌芽;但绝大多数老年人仍主要居住在家里并依赖家庭成员的非正式服务支持。改革开放后,国家从养老等福利领域退出,转而希望更多借助社区和市场力量发展正式服务来协助家庭一起支持老年人继续维持居家养老方式,但这种养老模式与方式在跨入新千年之际遭遇到新的压力与挑战。

在计划生育政策的作用下,我国在2000年加速进入了老龄化社会,并呈不可逆之势。2000年全国尚只有1/4左右省市(不含港澳台地区)进入老龄化社会;到2010年第六次全国人口普查时,全国31个省市中有26个已经进入了老龄化社会(中华人民共和国国家统计局,2014);预计全国将在2025年进入深度老龄社会(65岁以上老年人占总人口比例达到14%),2040年将进入超级老龄社会(65岁以上老年人占总人口比例达到21%)(新华每日电讯,2014)。这种飞速人口老龄化叠加快速的城市化与工业化,不仅对整个社会经济发展与增长形成巨大冲击,而且对国家社会保障与社会福利体系形成空前压力与挑战。

为迎接老龄化社会愈来愈紧迫的社会化养老服务需求,民政部1999年颁布《社会福利机构管理暂行办法》使得养老机构的绝对床位数和千人床位数都有了较大和较快的增长(周云,2007;穆光宗,2012);同时社区居家养老服务也正式纳入政策议程,2000年国务院转发民政部牵头制定的《关于加快实现社会福利社会化的意见》中首次使用了"居家"一词,提出社会福利发展方向是以居家为基础,同时要以社区为依托、以社会福利机构作为补充;2001年6月,民政部启动了"社区老年福利服务星光计划",开启了政府大规模投入社区居家养老服务设施的开端;2008年全国老龄办等十部委联合下发《关于全面推进居家养老服务工作的意见》,使我国社区居家养老服务发展进入快车道,其后在全国逐渐形成了上海静安模式、南京鼓楼模式、大连沙河模式等服务模式。但由于我国社区居家养老服务是由政府自上而下推进建设的,具有"以计划性服务为导向"的特点(王莉莉,2013),形成常被诟病的"需要高、利用低"的错配现象,既造成有限养老服务资源得不到充分利用而被浪费,也使大量老年人的需要得不到满足,本研究尝试基于对广州调查资料,运用马斯洛需要层次理论和需要—需求关系理论对社区居家养老服务的需要与利用进行研究,不仅有助于社区居家养老服务未来规划与发展,而且有助于提升老年人对社区居家养老服务的满意度。

二、文献回顾

随着社区居家养老服务发展的深入,观念逐渐从"以资源为导向"往"以需要为导向"转向,对社区居家养老服务需要和利用的研究近年来快速增长,但由于时间较短,相关概念使用较为混乱,"需要"与"需求"不分,"社区居家养老服务"与"居家养老服务"混用现象比较明显,在进行文献梳理过程中,在尊重原意基础上,会适当调整表述的统一性。

(一)社区居家养老服务需要研究的背景及意义

我国社会福利体系在历经1949年后的初步建立、20世纪70年代以后的破坏与调整过程后,2003年以来正处于一个再结构阶段(潘屹,2012)。(过去)我国社会福利存在着体系残缺、多元分割、制度紊乱、功能异化等缺陷,越来越不适应人口老龄化与社会发展所带来城乡居民福利需求全面升级的需要(郑功成,2011)。岳经纶(2010)认为,2006年10月中共十六届六中全会通过的《关于构建社会主义和谐社会若干重大问题的决定》,标志着我国社会政策时代的来临;而将过去社会政策缺乏与淡化看作市场转型过程中出现不和谐因素的重要原因(岳经纶,2007)。

社会问题出现实质是服务对象需要没有满足的表现,社会问题解决就要以服务对象需要的满足为标准(彭华民,2010);需要分析在福利制度运作中发挥基础作用,扮演主导角色(刘继同,2004)。社会福利被认为是为了满足需要(need),而不是应对需求(demand)或想要(want)的(Macarov,1995)。而在1949年后我国福利领域长期持有与实施的是一种补缺式与剩余式观念与模式,需要问题没有得到应有的重视。但尚晓援(2001)认为,人们对社会福利的认识都经历了一个过程,福利发展史上最初政府实施那些社会(福利)项目均是针对贫困、社会不安定等社会病态或社会问题的,只是客观上间接促进了社会福利,而只有随着社会发展和人们生活水平大大提高,社会福利本身才逐渐成为社会政策追求的目标。

(二) 社区居家养老服务需要研究的方法与内容

虽然需要概念充满争议,但从"问题"界定取向上,需要指目标群体在特定时空下没有达到社会认可的一般生活标准的问题状态(刘继同,2004)。当下关于社区居家养老服务需要研究主要围绕方法和具体内容展开。

1. 谁的需要:社区居家养老服务需要主体

林卡(2014)认为我国社会养老服务目标群体长期局限在传统"三无"等特殊老年人群体,近十年来服务覆盖虽不断拓展,目前仍强调"范围有定、水平适当"原则,反映政府仍无力承担社会养老广泛责任。我国社区居家养老服务在实际发展过程中,也长期受民政部门工作思路影响(主要关心和服务"最困难的人"和"最可爱的人"),形成了"9064"或"9073"养老服务规划格局,主要根据老年人收入与支付能力进行设计,针对6%或7%的特殊老年人群体进行设计,"剩余型"或"补缺型"特点一览无遗。但在社区居家养老服务需要的界定过程中,选取的对象往往却有普适性,显示出理论研究和实践操作的悖反。尽管在选取研究的地域范围有大小,但几乎都是针对地域范围内符合研究主体特征的所有老年人进行的,如全国城乡老年人(丁志宏,2011),中部某少数民族市农村空巢老年人(姚虹,2018),中部某省农村老年人(连秋晓,2016),上海某区或某街道老年人(侯冰,2017;郭延通,2017),全国失能老年人(丁玉婷,2018)。

2. 社区居家养老服务需要的界定方法

养老服务需要界定既是个敏感的理论政策议题,也是一个技术操作性极强的议题,但在国内主要被看作一个技术性议题。张娜(2018)将界定养老服务需求方法概括为基于实际行为的需求分析、基于专业评估的需求分析、基于意愿调查的需求分析和基于满意度评价的需求分析;王晓波(2015)则将养老需要的测量分为主观和客观两种类型。目前在国内社区居家养老服务需要的界定方法中普遍使用的是问卷调查这种主观感觉到的界定方法,但抽样范围和样本量、抽样方法有较大差别,有些是以一条街道为抽样范围(侯冰,2017),有些是以一个市(姚虹,2018)或一个省为抽样范围(连秋晓,2016),也有以全国现成的抽样调查数据中选取(丁志宏,2011);由于抽样框较难获得,主要采取立意抽样(分段多次)与随机抽样相结合的方法。

3. 社区居家养老服务需要内容及影响因素

从已有研究成果来看,由于数据来源多样,样本与方法差异,对社区居家养老服务需要形成了许多不同甚至相反的结论,甚至同一作者用不同数据得出不同研究结论。

首先是对是否存在高的社区居家养老服务需要存在差异。杜鹏(2016)根据2014年中国老年社会追踪调查数据发现,虽然空巢老人比例较高(47.53%),但只有12.54%的老人需要不同程度照料服务,其他近九成老人生活处理能力完好,不需要日常生活照料服务;仅有失能老人的孤独感问题与农村老人的认识问题比较突出。姚俊(2018)也发现农村老年人社区居家养老服务需要普遍不高,在不高的需要中排在前面的是医疗服务与家政服务,主要受身体机能与养老资源影响。李芬(2017)对海南省农村空巢老年人的研究发现,由于农村社区居家养老服务还没有全面推行,观念尚未转变等原因,社区居家养老服务需要不高,有超过半数(51.9%)的不需要任何社区居家养老服务,而其余老年人需要也主要是医疗服务需要(45.6%),生活照料服务和心理慰藉服务需要均较弱。但童玉林(2014)基于23个省市调查却发现大部分老年人具有社区居家养老服务需要(79.47%),且户籍、受教育年限等对需要有显著正向作用。王琼(2016)利用"中国城乡老年人口状况追踪调查(2010)"的数据也发现城市老年人对社区居家养老服务需要较高,首位的是上门看病需要,其次包括法律援助、服务热线、康复治疗与上门护理,而日常购物、陪同看病及聊天解闷需要较低;同时崇尚节俭与为子女着想等观念抑制了需求,但身体机能会影响需求。

其次是对社区居家养老服务需要内容及排序存在较大差异。姚虹(2018)发现农村空巢老年人需要最多依次是医疗保健服务、精神慰藉服务、生活照顾服务;老年人的健康状况与空巢情况显著影响需要。丁玉婷(2018)发现全国失能老年人对医疗保健类服务需要最高,且乡村明显高于城镇与城市。

史薇(2015)用不同数据研究得出不同的需要排序,在其2013年对北京西城区调查时发现需要最高的是生活照料类服务,其次是医疗康复类服务,最后是精神慰藉类服务,而影响需要的主要是家庭养老物质资源中的家庭结构、户居方式及收入水平,以及家庭养老人力资源状况;但在使用2013年全国老龄办十城市调查数据时却发现排在首位的是医疗康复服务需要,其次是文化娱乐/社会参与服务,最后才是生活服务需要,并且健康状况对需要影响显著,并呈现出年龄、性别、户籍等差异(史薇,2014)。

第三,发现社区居家养老服务需要和性别、阶层、年龄、健康状况以及资源有关。郭竞成(2012)根据需要强度将社区居家养老服务项目分为无弹性类、弱弹性类、强弹性类和可舍弃类四种,其中"紧急救援"服务需要是社区居家养老服务需要中最迫切、最不可或缺的。陈玉娟(2017)发现性别不同、阶层不同,需要也不同,如处于上层、中上层男性需要最多日常生活服务,下层则是医疗保健服务,而处于上层女性需要最多医疗保健服务,而中下层、下层是休闲娱乐服务。林淑周(2015)基于对福州某村调查发现由于男性经济能力比女性强,且没有做家务习惯,所以更需要社区居家养老服务,同时年龄、健康状况、收入水平与需要呈正相关。

(三) 社区居家养老服务利用研究

社区居家在养老服务普遍存在利用(使用、参与)不高问题,丁志宏(2011)认为利用差与需要差根源在于当前社区居家养老服务发展形式大于内容,在自上而下推广过程中,缺乏需要调查和评估,尽管设立相应服务项目,但却不能满足实际需要。王莉莉(2013)认为出现"需求高、供给少、利用低"现象是因为目前还没有形成一个完善的"居家养老服务链",在供给、输送、利用各阶段均存在问题;姚俊(2018)认为农村社区居家养老服务"自上而下"供给模式带来的供给与需求非均衡,以及乡村政策共同体和服务项目宣传自身的内部紧张关系均影响了老年人的服务利用;陈岩燕(2017)从服务递送角度反思了社区居家养老服务需要与利用之间的落差,原因在于服务信息传递的多重缺陷,对间接服务递送的广泛期待以及服务可及性的障碍。童玉林(2014)认为缺乏有质量社区居家养老服务人才也影响了老年人对社区居家在养老服务的参与。

(四) 文献评述

通过文献梳理,发现学界乃至实务界已经越来越认识到社区居家养老服务需要调查与评估的重要性,并且在调查与评估过程中已经超越了补缺式观念,以特定范围内符合主题特征的所有老年人为目标群体,但各项研究由于数据来源多样性、样本与方法的差异,使得对于社区居家养老服务需要的程度有明显差异甚至相左的观点,对需要具体内容及影响因素均存在不同看法。已有研究普遍发现社区居家养老服务的利用不高,但对于具体原因存在不同的解释逻辑。以上成果虽然有较好的启发意义,但具体的指导意义不强,本研究将根据需要层次理论和需要—需求关系理论,利用自制问卷和访谈获得的实证资料对社区居家养老服务的需要和利用进行进一步的探讨。

三、理论框架

英国学者布兰德肖根据需要界定方法（方式）的不同将其分为规范性需要、感觉到的需要、表达性需要、比较性需要四种类型（Bradshaw, 1972）。当下我国学界与实务界对社区居家养老服务需要主要是通过问卷调查方式界定，获得的是一种"感觉到的需要"，即主要侧重被调查老年人对所遭遇困难（问题）的一种主观认知，这种需要不仅受老年人本身的性别、年龄、教育程度等因素影响，而且影响到老年人对社区居家养老服务的接受与利用程度。而这种"感觉到的需要"亦是分层次的，马斯洛的"需要层次理论"对于研究社区居家养老服务需要有较好的启发意义，而需要—需求的关系理论则有助于理解需要与利用之间的落差。

马斯洛将人类基本需要分为生理需要、安全需要、归属需要、尊重需要和自我实现需要五个层次；这些需要虽然存在层次性，但并不是要等到某个低层次需要完全满足才会出现另一个高层次需要，而实际情况可能是一个人的生理需要满足了85%，安全需要满足了70%，归属需要满足了50%，尊重需要满足了40%，自我实现需要满足了10%（Maslow, 1943）。尽管一个人同时存在多种基本需要，但在不同阶段，各种需要对人本身支配力是不同的；在某个阶段对行为最具有支配力的需要则叫作"优势需要"，即在人的需要系统中处于中心位置，占据主要优势的需要，需要层次理论实际上是"优势需要"的更替，而非简单的"需要"更替（马斯洛，2007）。社区居家养老服务需要也存在层次的划分和优势需要的更替，如何把握社区居家养老服务中的优势需要，是提高社区居家养老服务利用率，提升社区居家养老服务满意度的基础。

社区居家养老服务的利用率低除了缺乏（优势）需要评估，提供服务项目不匹配的原因以外，还在于不清楚"需要—要求"的关系，使大量的需要无法转化成需求，而同时又使许多的需求成为无需要的需求。需要—需求关系在养老服务中尚属于一个比较新的概论与理论，但在医疗卫生服务中则是一个成熟的理论。根据吴明（1995）的观点，服务需要可被理解为由"实际生活水平"和"理想生活水平"之间的差距引起的，这种需要既可能是由个人感觉到的需要和专业人士评估到的需要（参见表1），两者有时一致（表1中的a、d），有时不一致（表1中的b、c）；而服务需求则指在一定时期内的一定价格水平上，人们有意愿且有经济能力购买的服务量；需求既可能是由需要转化而来的需求，也可能是没有需要的需求，所以服务需要和服务需求往往很难出现一致（参见图1）。

表 1　个体和专业人士对服务需要的界定组合

专业人士	个体	
	感觉到的服务需要	未感觉到的服务需要
评估到的服务需要	a	b
未评估到的服务需要	c	d

资料来源：根据(吴明,1995)修改。

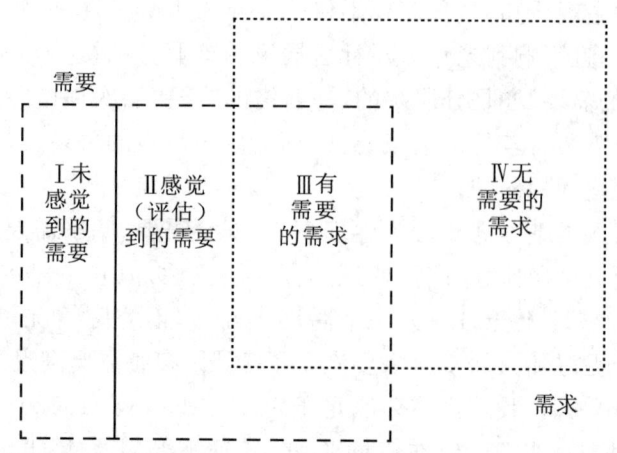

资料来源：根据(吴明,1995)修改。

图 1　需要与需求关系

通过问卷调查的方法，通常无法获得那些专业人士能够评估到的但却没有被老年人感觉到的社区居家养老服务需要信息，即第Ⅰ部分（对应表 1 中的 b 部分），这和老年人本身的观念、教育程度、知识水平等有关；而获得的社区居家养老服务需要信息，主要是第Ⅱ部分（对应表 1 中的 a 部分），这部分是专业人士评估到，老年人也感觉到的社区居家养老服务需要，但由于各种原因没办法全部转化为现实的需求，原因既可能和社会的服务供给能力（如资源的配置水平）有关，也和自身经济能力及社会福利水平有关；第Ⅲ部分是有需要的需求，即真正转化为现实需求的需要，这是需要和需求重合的部分，也是在问卷调查中社区居家养老服务被利用（使用、参与）的部分；第Ⅳ部分（对应表 1 中的 c 部分）无需要的需求通常在问卷中反映不出来，要通过访谈等其他渠道才能获得，如各种保健品的消费等。

四、实证分析

本研究资料源于 2015 年下半年广州市民政局和中山大学社会保障研究

中心对广州市社区居家养老服务的需要与利用情况调查,调查形式包括问卷、访谈和观察。问卷是针对此次调查目的制定的,分别选取了代表老城区的越秀区、荔湾区、海珠区,代表新城区的天河区,代表城乡结合区的番禺区、增城区,以及市老年大学进行问卷发放,具体组织形式是通过市民政局工作渠道将调查问卷派到六个区民政局,然后再由区民政局派发到不少于5个街镇的户籍老年人,最后由街镇工作人员负责回收问卷;市老年大学问卷由项目组发放回收;共发放问卷695份,回收695份,获得有效问卷643份。问卷调查同时,还对市民政局、三个区民政局负责社区居家养老服务的工作人员,10家参与社区居家养老服务供给的社会组织和企业,社区居家养老服务人员、老年人等进行了访谈;参观了多个社区居家养老服务中心和相关机构。本文的分析主要基于问卷调查进行,适当用访谈材料进行佐证与解释。

(一) 问卷调查的样本描述

问卷的第一部分主要用于了解老年人的个人基本情况。在643位被调查对象中,男性占41.52%,女性占58.48%。低龄老人(70岁以下)占37.32%,中龄老人(70—79岁)占29.40%,高龄老人(80岁以上)占32.04%。农业户籍占13.53%,非农业户籍占81.49%,农转非占4.98%。小学及以下文化程度占42.15%,初中文化程度占30.33%,高中或中专文化程度占18.51%,大专及以上文化程度占9.02%。

被调查老年人中,未婚占15.09%,离婚占2.95%,丧偶占38.10%,现有配偶的占43.86%。独居老人占44.32%,只和配偶一起居住的老人占比为21.00%,与子女居住的老人占比14.00%,与配偶、子女一起居住的占比为17.88%,其他占比2.80%;其中空巢老人占65.32%。

这些老年人中,在政府机构或事业单位、部队退休的占11.67%,在国有企业、集体企业以及三资和民营企业的占48.52%,没有工作单位(自我雇佣)的占31.73%。收入高于5 000元的占5.13%,收入低于3 000元的占88.03%,其中1 000元以下的占21.77%。最主要的收入来源是离退休工资,其次是政府或社会资助,排在第三位的是子女赡养或补贴;有出租住房、商业保险等财产性收入的极少,还有少部分人仍主要依赖工资与劳务收入。总支出基本上都少于总收入,总支出少于1 000元以下的占27.68%,总支出低于3 000元的占95.49%,总支出超过5 000元的占2.02%;支出前三项分别是基本生活费(衣食住行)、医疗保健费和为其他家人支出费用,其中旅游、休闲娱乐费,雇保姆/钟点工等费用占比均较低。

在接受调查的老年人中,没有慢性疾病的占25.51%,有一种或一种以上的占74.49%。偶尔需要其他人照料占37.48%,经常需要人照料的占

15.71%，不需要人照料的占 46.81%。参与日常活动最多的是"看电视/看电影/听广播"，其次是"聊天/下棋/打牌"，排名第三的是"读书/看报/书画/收藏"，还有相当数量的老人需要承担"照看孙辈/其他亲人"(排名第五)，"打工/做生意"(排名第十三)等任务；其他活动则包括炒股、打理出租屋等。

（二）社区居家养老服务需要与利用情况

问卷第二部分是社区居家养老服务需要与利用情况，这些老年人中，选择养老院/老年公寓的占 17.88%，选择与子女在一起养老的有 40.28%，选择与子女分开居住在家养老的占 27.68%。其中选择机构养老的约有一半的人填写了能够承担的费用，费用总体偏低，其中高于 3 000 元的仅占 10.91%。

使用过社区居家养老服务的占 45.26%，知道但没使用过的占 41.68%，不知道社区居家养老服务的有 13.06%。在使用社区居家养老服务的老年人中，非常满意的为 49.49%，满意和非常满意的比例合计达 99.33%，不满意的为 0.67%。对社区居家养老服务需要最多的是家政服务(包括洗衣买菜做饭、家居清洁、便民维修等)，其次是陪同购物、看病，排在第三位的是健康评估，第四位的是紧急援助，第五位的则是社区老年人食堂(参见表 2)；以上结果是在没有将医疗服务列入选项的结果，如果将医疗服务列入选项，结果可能会有差异。

购买过且以后还会购买社区居家养老服务人数占 6.38%，购买过但以后不会再购买的占 1.24%，未购买过但以后会再购买的占 29.70%，未购买过以后也不考虑购买的占 62.67%，所以合计购买过的比例为 7.62%，以后可能会购买的比例为 36.08%，以后不考虑购买的比例合计为 63.91%。其中那些以前购买过，但以后不考虑购买主要是因为经济原因。而那些以前购买过，还会再购买的愿意支付资金都偏低，其中有 16 个人填写了愿意支付的金额，300 元以下(含 300 元)的占 56.25%，其中最低的为 50 元，1 000 元以上的(含 1 000 元)的 37.50%。在那些未购买过社区居家养老服务，但考虑购买的老年人中，有 96 位填写了预计花费金额，其中 300 元以下(含 300)的占 59.36%，301—500 元的占 19.79%，501—1 000 元的占 16.67%，1 001 元以上的占 4.17%。在那些以前未购买过，以后也不打算购买的 403 位老年人中，有 219 位解释了不打算购买的原因，主要仍是经济原因，占 73.52%，其次则是因为能自理或有子女照顾不需要，还有些认为这应该属于社会福利，要由政府购买等。

对于是否愿意半自费(指政府和个人各出一半的钱)购买以上某项或多项服务，大约有 1/3 的老年人接受这种半自费购买居家养老服务，和全自费购买比例基本持平，愿意花费金额也与全自费购买花费持平。在 407 名不愿意半自费购买的老年人中，主要原因是经济原因(问题)。

在众多社区居家养老服务设施中，社区卫生中心(站)的使用者最多，其次是星光老年之家,排在第三位的是居家养老服务中心(站),其中社区老年食堂排位比较靠后,利用率仅占11.66%(参见表3)。这里社区卫生服务站位于首位,可能会降低45.26%老年人使用过社区居家养老服务的信度,因为老年人理解的社区居家养老服务已经超出了民政部门定义的仅提供生活照料服务的范畴。

老年人对社区居家养老服务建议与要求中,主要集中在四个方面:第一,增加或改善社区居家养老服务设施,如协调解决居住小区无电梯的现实困难,帮助进行居住小区和房间适老化改造;希望政府多建养老公寓、养老院以解决老年人有所住的现实问题;普及老年人日托中心、老年人食堂解决老年人现实需要;多提供一些适合老人的公共活动空间,以帮助长者进行增能培训;多建娱乐室,添置一些娱乐器具(乐器、象棋、军棋等)。第二,政府加大投入,提供更多经济帮助,包括提高和增加退休金(补贴);提高政府购买服务范围和标准,增加购买时数(金额);建议对长者增加补助水果金;提高社区居家养老服务员工资水平,提高服务员工作积极性。第三,希望导入更多社工元素,多开展老年人活动,如建议政府学习和参考香港经验;多安排一些免费健康检测服务。第四,推动老年人志愿服务(时间银行),将较年轻老人或身体较好老人组织起来义务帮扶老弱高龄老人,服务时间进行记录备案,当这批人体弱时也能获得相应的帮扶。

表2 老年人对社区居家养老服务项目需要情况

社区居家养老服务项目	数量(人次)	排序
家政服务(洗衣买菜做饭、家居清洁、便民维修等)	499	1
社区老年人食堂	171	5
陪同购物、看病	271	2
代购物品	144	7
代请保姆、钟点工	87	10
日间托老	73	12
健康评估	240	3
康复理疗	155	6
长者增能培训	91	9
紧急援助	192	4
情感慰藉	134	8
专业心理咨询	30	15
帮助组建兴趣小组	81	11
法律咨询与援助	39	13
其他	38	14

资料来源:作者自制。

表3　老年人社区居家养老服务设施的利用情况

社区居家养老服务设施	数量（人次）	排序
居家养老服务中心（站）	271	3
老年人日托中心	118	5
家庭综合服务中心	244	4
社区卫生中心（站）	330	1
社区老年食堂	75	6
星光老年之家	322	2
其他	65	7

资料来源：作者自制。

（三）调查发现

从问卷调查结果来看，第一，广州市的空巢老年人占比较高，超过六成是独居或只与配偶居住，这种现象对社会化养老服务产生了巨大需要。虽然有近18%的人愿意选择机构养老，但从他们接受的价位以及养老机构的供给来看，居家养老仍将是绝大多数老年人最终选择，社区居家养老服务将是除家庭非正式服务外最重要的社会性支持力量。

第二，老年人对社区居家养老服务需要最多的还是生活照料类服务，其次则是健康照料服务，说明整个老年人群体的优势需要仍主要体现与停留在生理需要层次，安全、归属、尊重以及自我实现等精神方面的需要还不强烈。

第三，老年人精神与文化消费主要是一些低成本、生存型的，发展型的活动还是偏少。这一方面说明当前老年人能够选择的活动方式较为有限，主要还是停留在自娱自乐，通过电视、广播等低成本的方式来打发与消磨时光（杀时间）；另一方面也说明老年人并没有找到自己的精神归属，离老有所为更是有较大差距，参加和从事志愿服务的老人极少。

第四，目前老年人对社区居家养老服务利用率并不高。社区居家养老服务利用率不高，这和当前政府"9064"的养老服务规划与定位有关，也和老年人极低的自费、半自费购买社区居家养老服务意愿密不可分；而社区卫生中心（站）位于使用最多设施首位说明老年人群体的健康照料需求比较大，这和经常需要人照顾的老人超过15%，有三种以上慢性病的老年人超过20%，有两种以上慢性病的老年人将近50%，没有慢性病的老人仅占1/4的调查结果相呼应，说明进一步开展和推广医养结合比较迫切。

第五，老年人收入来源较为单一，离退休工资是收入的主要来源，财产性收入有限，消费观念偏保守。现在这批老年人大多是20世纪50年代前后出生的人，其生命历程相对坎坷，经历了异常困难与艰苦的年代，一辈子能够积累财富也相对有限,消费观念、消费意识较弱,需要的多样性、对需要的敏感度都较低,所以他们对于自费和半自费购买社区居家养老服务意识不强。

第六,老年人支出范围最主要是基本生活支出和医疗健康等,这和收入与消费观念密切相关。老年人的这一经济与消费状况在一定程度上提醒我们,将养老服务寄托于养老服务产业发展需要谨慎。

第七,老年人们对社区居家养老服务的意见主要集中在服务设施以及经济资助方面,对社区居家养老服务本身缺乏明确的意见与观点。这一方面说明我们在养老服务方面的基础非常薄弱,连实现居家养老最基本的条件与设施也还不完善、不成熟,另一方面说明老人们对政府的养老期待仍然比较大。

五、结论与讨论

广州市这一阶段社区居家养老服务发展可追溯至2004年,原东山区民政部门为缓解养老机构床位短缺问题,带头探索政府为孤寡老人购买社区居家养老服务,在此之后逐渐成为全市性的政策,先后经历了"十五"期间的萌芽期、"十一五"期间的推广期,"十二五"期间的普及期三个阶段,目前正处在"十三五"优化提质期。经过十余年的发展虽然已经构建了社区居家养老服务发展的政策文件体系,基本实现了社区居家养老服务设施的街镇全覆盖,形成较完整的政府购买社区居家养老服务的运作体系,探索出多种适合各街镇特点的社区居家养老服务运作模式。不过,由于发展时间短,基础比较薄弱,街镇间差距悬殊,盆景式的样板工程和基本服务能力不足现象并存,尤其是对老年人社区居家养老服务需要评估不足,现有已经开展的社区居家养老服务项目利用率低。通过实证分析发现,当前老年人的优势需要仍以生理需要为主,需要最多的是生活照料服务和健康照料服务。而老年人的这种优势需要当前仍然有相当部分难以变成真正的需求,这既受制于政府"补缺式"思维下形成的"9064"养老服务布局,使政府购买社区居家养老服务的"提标扩面"难以实施;同时老年人受消费观念和经济实力的影响,自费购买社区居家养老服务的比例非常低,低到几乎可以忽略不计,所以使得政府组织以及企业提供的社区居家养老服务利用率均不高。

对于当前社区居家养老服务发展的瓶颈,一种观点是主张引入更多的市场机制,让更多社会力量参与到服务的生产和供给中。不过,从实证分析的结果来看,虽然老年人群体数量庞大,老年人养老需要绝对量也比较大,但由于当前老年人整体经济与消费水平较弱,对服务的购买意愿与购买能力并不强,所以实际的需求有限,养老产业发展将受到较大限制。这从访谈经营社区居家养老服务的企业负责人也得到了印证。这些情况预示着从事社区居家养老服务等养老产业的企业在寻找营利模式时还需要有相应的耐心,也许等到20世纪60年代出生的一代人进入老龄化以后可能会逐渐改观。同时这也提醒政府在解决养老服务问题上,利用市场与社会的途径能够解决部分问题,但绝不意味着政府可以推卸与减少自己的责任,政府应该理性地推进产业化进程,遵照适度普惠的要求与标准,加大社区居家养老服务事业的投入,按照普惠制的原则,适度"提标扩面"将政府购买社区居家养老服务覆盖到更多老年人群,并提高服务标准,发挥兜底保基本的功能与作用。

由于本研究主要是对社区居家养老服务需要与利用问卷调查的描述性分析,对于影响社区居家养老服务需要与利用的年龄、性别、健康、收入并没有进行相关性分析,这还待后续研究的进一步探索。同时由于问卷发放时并没有遵循严谨的抽样原则,样本的代表性可能会受到一定的影响,这也需要在使用结果时保持清醒的认识。

参 考 文 献

陈岩燕、陈虹霖,2017,"需求与使用的悬殊:对社区居家养老服务递送的反思",《浙江学刊》第2期,第30—37页。

陈玉娟、李立、张立立、杨慧玲,2017,"河北省不同社会阶层老年人居家养老服务需求及影响因素",《中国老年学》第6期,第1526—1528页。

丁玉婷,2018,"我国居家失能老人社区养老服务的需求研究",上海:华东师范大学硕士学位论文。

丁志宏、王莉莉,2011,"我国社区居家养老服务均等化研究",《人口学刊》第5期,第83—88页。

杜鹏、孙鹃娟、张文娟、王雪辉,2016,"中国老年人的养老需求及家庭和社会养老资源现状——基于2014年中国老年社会追踪调查的分析",《人口研究》第6期,第49—61页。

郭竞成,2012,"农村居家养老服务的需求强度与需求弹性——基于浙江农村老年人问卷调查的研究",《社会保障研究》第1期,第47—57页。

郭延通、郝勇、张莹,2017,"城市失能老年人居家养老服务需求研究——以上海市长宁区为例",《老龄科学研究》第3期,第42—51页。

侯冰、张乐川,2017,"社区居家养老服务需求层次及其优先满足序列——以上海市斜土路街道为例",《城市问题》第12期,第4—11页。

李芬,2017,"农村空巢老人居家养老服务需求及其影响因素——基于海南省农村空巢老人的调查分析",《福建农林大学学报(哲学社会科学版)》第2期,第67—74页。

连秋晓、贾晓灿、鲁锋、王干一、徐飞、曹云源、孙长青,2016,"河南省农村居家养老服务需求的影响因素",《郑州大学学报(医学版)》第5期,第606—610页。

林卡、朱浩,2014,"应对老龄化社会的挑战:中国养老服务政策目标定位的演化",《山东社会科学》第2期,第66—70页。

林淑周,2015,"农村居家养老服务需求的影响因素分析——基于福建省福州市的实证研究",《中共云南省委党校学报》第6期,第149—152页。

刘继同,2004,"人类需要理论与社会福利制度运行机制研究",《中共福建省委党校学报》第8期,第1—5页。

穆光宗,2012,"我国机构养老发展的困境与对策",《华中师范大学学报(人文社会科学版)》第2期,第31—38页。

潘屹,2012,"西方福利国家的普遍主义整合及中国福利元素——中国社会福利体系再结构的原则和基础",《社会福利(理论版)》第1期,第16—21页。

彭华民,2010,"需要为本的中国本土社会工作模式研究",《社会科学研究》第3期,第9—13页。

尚晓援,2001,"'社会福利'与'社会保障'再认识",《中国社会科学》第3期,第113—121页。

史薇,2014,"城市老年人健康对居家养老服务需求的影响",《老龄科学研究》第8期,第68—77页。

史薇、谢宇,2015,"城市老年人对居家养老服务提供主体的选择及影响因素——基于福利多元主义视角的研究",《西北人口》第1期,第48—54页。

童玉林、栾文敬,2014,"居家养老服务人才质量对居家养老服务需求的影响——基于城乡老年人调查的实证分析",《宏观质量研究》第2期,第83—90页。

王莉莉,2013,"基于'服务链'理论的居家养老服务需求、供给与利用研究",《人口学刊》第2期,第49—59页。

王晓波,2015,"关于社会养老服务需要和需求测量方法的辨析",《社会福利(理论版)》第6期,第8—13页。

王琼,2016,"城市社区居家养老服务需求及其影响因素——基于全国性的城市老年人口调查数据",《人口研究》第1期,第98—112页。

吴明、李睿,1995,"健康需要与需求的概念及测量",《中国卫生经济》第1期,第44—46页。

新华每日电讯,2014,"中国或将提前进入'超级老龄社会'",《老人世界》第1期,第60页。

亚伯拉罕·马斯洛,2007,《动机与人格(第三版)》,北京:中国人民大学出版社。

姚虹、向运华,2018,"健康状况、空巢原因与社区居家养老服务需求——以恩施市农村空巢老人为例",《社会保障研究》第1期,第13—19页。

姚俊、张丽,2018,"嵌入性促进、个体性感知与农村居家养老服务需求——基于三省868名农村老人的问卷调查",《贵州社会科学》第8期,第135—141页。

岳经纶,2007,"和谐社会与政府职能转变:社会政策的视角",《武汉大学学报(哲学社会科学版)》第3期,第416—422页。

岳经纶,2010,"建构'社会中国':中国社会政策的发展与挑战",《探索与争鸣》第10期,第37—42页。

张娜,2018,"社会养老服务需求研究综述及与需要的辨析",《经济论坛》第3期,第81—86页。

郑功成,2011,"中国社会福利改革与发展战略:从照顾弱者到普惠全民",《中国人民大学学报》第2期,第47—60页。

周云,陈明灼,2007,"我国养老机构的现状研究",《人口学刊》第 4 期,第 19—24 页。

中华人民共和国国家统计局,中国人口老龄化——事实与数据 2013[J/OL]2014,http://www.unfpa.cn/zh/publication/%E4%B8%AD%E5%9B%BD%E4%BA%BA%E5%8F%A3%E8%80%81%E9%BE%84%E5%8C%96%E2%80%94%E4%BA%8B%E5%AE%9E%E4%B8%8E%E6%95%B0%E6%8D%AE2013。

Bradshaw, J., 1972, "The Concept of Social Need", *New Society*, 30: 640-643.

Macarov, D., 1995, *Social Welfare: Structure and Practice*, California: Sage.

Maslow, A. H., 1943, "A Theory of Human Motivation", *Psychological Review* (4): 370-396.

社会治理与政策

政府信任如何影响公民有序政治参与：
基于社会资本和政治功效感的双重视角*

赵建国 于晓宇**

【摘要】 本文基于CGSS(2010)的微观调查数据，从社会资本和政治功效感两个视角出发，利用联立方程模型实证考察了政府信任对公民有序政治参与的影响及其作用机制。研究发现：(1)政府信任通过社会资本和政治功效感两条途径显著提高了公民有序政治参与的积极性，尽管两种传导途径同时发挥作用，但总体来看社会资本途径占据主导地位。(2)分样本检验发现上述机制在城乡居民中存在显著差异，社会资本途径对城乡居民皆有效，而政治功效感途径仅对农村居民有效。(3)进一步研究表明，不同层级的政府信任对公民有序政治参与的影响存在异质性，地方政府信任对公民有序政治参与的促进作用要强于中央政府信任。这些结论为旨在提高公民有序政治参与的政策设计提供了重要参考。

【关键词】 政府信任 有序政治参与 社会资本 政治功效感

How Do Government Trust Influence Citizens' Orderly Political Participation: Viewed through Social Capital and Political Effectiveness

Jianguo Zhao　Xiaoyu Yu

Abstract Based on the micro survey data of CGSS(2010), this paper uses the simultaneous equation model to investigate the influence of government trust on citizens' orderly political participation and its mechanism of action from the perspective of social capital and political efficacy. The study

---

* 基金项目：本文得到国家社科基金重大项目"实现积极老龄化的公共政策及其机制研究"(项目编号：17ZDA121)；国家社科基金项目"互联网经济下大学生就业的职业选择研究"(项目编号：17BSH072)；教育部人文社科重点研究基地重大项目"医疗服务价格规制对控制卫生费用的影响研究"(项目编号：15JJD790002)资助。

** 赵建国，清华大学博士后，东北财经大学教授、博士生导师，东北财经大学副校长，研究方向：公共管理；于晓宇，东北财经大学公共管理学院博士研究生，研究方向：行政管理。

finds that: (1) The government's trust has significantly improved citizens' orderly political participation through social capital and political effectiveness. Although the two transmission pathways play a role at the same time, overall, social capital approach dominates. (2) According to the sample test, there is a significant difference in the above-mentioned mechanism among urban and rural residents. The social capital approach is effective for both urban and rural residents, but the political sense approach is only valid for rural residents. (3) Further research shows that the influence of different levels of government trust on citizens' orderly political participation is heterogeneous, and the trust of local governments is more conducive to the orderly political participation of citizens than the trust of the central government. These conclusions provide an important reference for policy design which aims at improving citizens' orderly political participation.

Key words Government Trust, Citizens' Orderly Political Participation, Social Capital, Political Effectiveness

一、问题的提出

随着我国政治体制改革的不断演进,人民当家作主的内涵也在不断深化。政治参与作为民主政治的一种重要形式,在我国的政治发展实践过程中一直占据着重要地位。有序政治参与强调公民在认同现有制度的前提下,采用合法合理的方式,进行有秩序、适度、理性政治参与的行为,"有序"也包括制度化、规范化和法制化。习近平总书记指出,"要从各层次各领域扩大公民有序政治参与,发展更加广泛、更加充分、更加健全的人民民主"(习近平,2014)。党的十九大报告进一步强调,要"扩大人民有序政治参与,保证人民依法实行民主选举、民主协商、民主决策、民主管理、民主监督"(习近平,2017)。可以说,有序政治参与是社会主义民主政治的有机组成部分,在维护社会稳定、促进经济发展、加快社会主义现代化建设等诸多方面起着至关重要的作用。如何提高公民有序政治参与俨然已成为学界和政府机构关注的重点议题之一。

政治参与的深化和扩大与政府本身的角色定位息息相关,政府在扩大公民有序政治参与中往往扮演重要角色,作为政府"软实力"的政府信任也会对公民是否愿意进行有序政治参与产生重要影响。具体而言,政府信任传达的是公民对于现行政治制度和政府的认知与情感,这种态度决定公民是否参与政治以及采取什么方式进行参与。尽管国内外相关文献普遍认同政府信任是政治参与的重要影响因素,但关于政府信任对政治参与的影响方向,现有文献并未达成一致意见。赫瑟林顿(Hetherington,2005)研究发现,政府信任水平越高的公民,其政治参与的积极性也越强。郑建君(2013)通过层级回归分析同样发现政府信任感知的提升有利于公民有序政治参与的发展。然而,另外一些研究文献表明二者之间呈负相关甚至不存在显著的相关关系。例如,胡涤非(2010)发现政府信任与村民参选行为呈负相关关系。王丽萍和方然(2010)通过构建 logit 模型研究县/市政府信任对公民政治参与的影响,研究结论表明政府信任与公民政治参与之间不存在显著的相关关系。产生上述不一致结论的可能原因在于,大多实证研究对二者之间可能存在的双向因果关系关注不足,由此产生了内生性问题和有偏性研究结论。此外,研究结论的莫衷一是意味着我们需要从作用机制出发,更深层次地探讨政府信任与政治参与的关系。

现有文献为我们理解政府信任与政治参与的关系提供了有益的启示,但在以下几个层面仍然存在可能的改进:(1)制度化与非制度化政治参与作为政治参与最常见的划分类型,是以往研究的重点。然而,自党的十六大明确提出"扩大公民有序政治参与"以来,强调规范化和法制化的有序政治参与行为逐渐成为政治参与研究领域关注的焦点。遗憾的是,国内外相关领域的实证研究鲜有涉及有序政治参与这一议题。(2)现有文献仅仅关注了政府信任对政治参与的直接影响,缺乏对内在作用机制的深入探讨,这将无法把握公民进行有序政治参与的演变机理,进而难以对公民政治参与的质量及有效性进行把握和控制。(3)在研究政府信任与政治参与关系的文献中,大多数文献仅仅聚焦于政府信任对政治参与的单向影响,忽视了二者之间可能存在的双向因果关系,由此产生了内生性问题和有偏性研究结论。

本文在现有文献基础上,构建包含变量复杂逻辑关联的联立方程模型,尝试对政府信任和公民有序政治参与之间的关系提供一个更为合理与严谨的分析框架。本文的研究目的在于探索政府信任对公民有序政治参与的影响,从影响大小、影响机制和影响边界层层深入,致力于回答以下问题:第一,政府信任对公民有序政治参与的影响作用是否存在?如果存在,影响大小如何?第二,政府信任对公民有序政治参与的作用机制和传导途径是怎样的?第三,中央政府、地方政府两个不同层级的政府信任对公民有序政治参与的影响是否存在显著差异?在中国城乡二元结构的基本国情下,政府信任对城乡居民的有序政治参与是否存在显著差异?如果以上问题得到回答,不仅对洞悉中国城乡居民有序政治参与差异背后的政府激励因素具有重要启示,而且能够为中央、地方政府如何有效扩大公民有序政治参与提供充分的理论及实证依据,对深入认识政府信任如何影响公民有序政治参与具有重要意义。

二、文献综述与研究假设

(一) 政府信任与公民有序政治参与:基于期望理论的假设

政治参与是指普通民众直接或间接参与政治活动,试图影响政府决策、维护个人或群体利益的行为(Huntington,1976)。狭义上界定为投票、选举等行为,广义上包括任何影响公共事务与政府决策的政治活动,如向媒体公开表达意见、上访、投诉、抵制、游行、示威等政治行为。学界根据不同的标准将政治参与划分成不同的类型。例如,制度化和非制度化政治参与、传统和非传统政治参与、合法与非法的政治参与、主动和被动的政治参与、持续和间断的政治参与等(胡荣,2008)。这些概念的区分大多是在西方语境下,用来分析西方代议制民主制度内的公民参与形式,与中国的政治文化背景不一定契合。有鉴于此,本文主要着眼于党的十六大以来提出的有序政治参与概念,强调公民规范化、法制化的政治参与行为,在实证研究中主要通过考察公民投票行为加以实现。

政府信任的概念界定较为复杂,学界尚没有统一的定义,各派学者纷纷从心理学、经济学、社会学、政治学、公共管理学等学科视角对政府信任问题进行研究,主要将其归纳为信心说、互动说、评估说和态度说。从文献发展历史来看,对于政府信任的研究视角有两种:一种是公民对政治制度以及政治机构绩效的信任,另一种是公民对政府机构领导人的信任。学术界普遍认为随着政治科层制和非人格化政治制度的发展,政府信任正从人格信任走向制度信任(芮国强、宋典,2015)。本文采取信心说,认为政府信任是公民对政府行为在未来是否会符合心理预期的一种信心或信念。

本文根据期望理论框架分析政府信任对有序政治参与的影响。期望理论是由维克托·弗鲁姆于1964年提出的一种激励理论。在期望理论看来,一个人对目标的把握越大,估计达到目标的概率越高,激发起的动力越强烈,积极性也就越大。根据政府信任的定义,公民越信任政府,代表公民对政府行为在未来是否会符合心理预期的信心越强,就会激发公民进行有序政治参与的积极性。一些文献的研究结论也证实了上述理论,诸多研究表明政府信任对政治参与具有积极影响。欣格斯(Shingles,1981)的研究发现,相对于政府不信任,政府信任能够带来相对低成本的政治参与行为(如选举)。还有相当一部分的学者发现高的政治信任[1]会导致高的选举参与率(Shaffer,1981;Pattie,2001)。郑建君(2013)的

---

[1] 政治信任通常包含三个部分:对政治制度的信任、对政府及政策的信任以及对公职人员的信任。由此看来,政府信任是政治信任的一个重要组成部分。

研究表明公民的政治参与动力来源于政府信任和社会公正的交互影响作用，政府信任度的增强能够提升公民适度有序的政治参与行为。值得注意的是，另外一些学者的研究发现，政治参与对政府信任也具有显著影响。杨鸣宇（2013）发现，公民的政治参与包括传统政治参与非传统政治参与，都是政府信任的重要影响因素。张平等（2013）的研究发现普通公民合法的政治参与行为通过影响政治知识和社会建设，进而间接影响政府信任。基于以上研究成果，本文认为二者之间存在双向因果关系，且政府信任对公民有序政治参与的影响符合期望理论，即政府信任对公民有序政治参与存在正向影响。

假设1：政府信任对公民有序政治参与具有促进作用。

（二）社会资本：政府信任影响公民有序政治参与的传导渠道

社会资本是一个多视角的概念。帕特南（Putnam，1995）把社会资本的概念界定为能够通过合作来提高社会效率、解决集体行动问题的社会组织的特征，如社会信任、规范和网络。社会资本在管理学界的衡量，最常引用的当属纳哈皮特和戈沙尔（Nahapiet & Ghoshal，1998）提出的概念，他们认为社会资本主要是群体中的人际关系网发展出的信任、合作进而为行动者带来的资源。本文在实证研究中主要通过考察信任作为社会资本的代理变量。一些理论表明，信任与其他的社会资本互为因果，格兰诺维特（Granovetter，1985）的镶嵌理论也指出信任是社会网络到经济行动中的中介变量，社会网络及网络连带会带来人际信任，相对于社会网络而言，信任更直接地解释了经济行动，因此解释力更强。信任一直是社会资本的核心概念，也是大多数学者认为的社会资本最主要的内涵（陈晓萍等，2012：484），因此用信任来衡量社会资本具有一定的合理性。

关于政府信任和社会资本之间的关系，一些学者的研究发现，政府信任对作为社会资本重要组成部分的社会信任具有重要影响，其原因在于民众对政府的信任能够增强政府合法性，有利于民主制度的构建，而民主制度能够通过施加一系列特殊的价值体系带来社会信任的提高（谢治菊，2012）。此外，社会资本同时又是影响政府信任的主要因素之一（刘米娜、杜俊荣，2013）。所以政府信任与社会资本之间可能存在双向因果关系。

关于社会资本与有序政治参与行为的关系，诸多国内研究发现社会资本能够显著促进政治参与（胡荣，2008；孟天广、马全军，2011）。在理论上社会资本可能会对有序政治参与产生正向影响，即社会资本越高，公民自愿合作的意愿越强。具体而言，作为社会资本最为重要的衡量指标的相互信任有可能强化公民维护个人和群体利益的责任感，强化公民对自己的政治权利的认知，增强其政治参与的能力和认识，公民有序政治参与被动员起来的概率也会随之增加。基于以上分析，本文提出如下研究假设：

假设2：社会资本是政府信任影响公民有序政治参与的传导渠道。
假设2.1：公民的政府信任度对社会资本具有促进作用。
假设2.2：社会资本对公民有序政治参与具有促进作用。

（三）政治功效感：政府信任影响公民有序政治参的传导渠道

政治功效感是一种政治心理和政治态度，公民对政府的信任度越高，会更加觉得自己的诉求能够被政府回应，自己有政治参与的能力。反之，如果公民的政治功效感越强，也会更相信政府的行为能够符合自己的期望，表现为更加地信任政府。范柏乃、徐巍（2014）基于CGSS2010研究发现，政府信任对我国公民外在政治功效感具有正向显著影响。袁浩、顾洁（2015）的研究发现，在政府信任水平低的群体中，政治功效感能够对政府信任产生积极作用。根据以上分析，政府信任和政治功效感之间可能存在双向因果关系。

"态度—行为过程模型"指出对事物的态度和感知会影响人们的行为选择，这一理论是政治功效感能够成为政府信任影响公民有序政治参与中间机制的重要理论基础。具体而言，当公民具有较高政治功效感时，他会相信自己的利益诉求能够被政府充分获知，自己也有能力参与政治，那么他就会更加积极地进行政治参与。如果此时公民具有的是较高的政府信任度，相应地他会积极进行有序政治参与而不是无序政治参与。加姆逊（Gamson，1968）首次提出政治功效感能对动员式参与起到正向预测作用。佩奇（Paige，1971）也提出较高的政府信任和政治功效感能够促进选举行为，他认为政治功效感很难不被政府信任影响，因为不管一个人对政治参与多么感兴趣，如果他认为政府是不会回应的，那么他就不能说他能影响政治事务。王丽萍和方然（2010）基于全国范围的调查数据，验证了政治功效感等因素在政治参与中的作用。基于以上分析，政治功效感也可能是政府信任影响公民有序政治参与的传导机制，因此提出以下研究假设：

假设3：政治功效感是政府信任影响公民有序政治参与的传导渠道。
假设3.1：公民的政府信任度对其政治功效感具有促进作用。
假设3.2：公民的政治功效感对公民有序政治参与具有促进作用。

综上，本文将考察政府信任对公民有序政治参与的影响及其作用机制，图1详细刻画了本文主要变量（政府信任、社会资本、政治功效感以及有序政治参与）之间的逻辑关联。

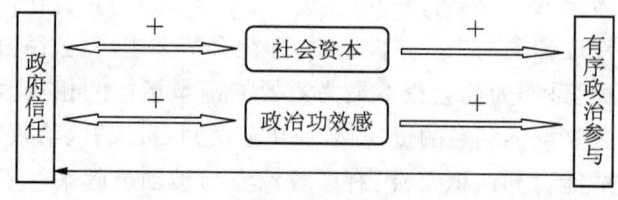

图1 政府信任、中间机制变量以及有序政治参与的逻辑关联

三、变量、数据说明与模型设定

(一) 数据来源

本文的数据来源于 2010 年中国综合社会调查(CGSS)数据库。该数据库是由中国人民大学社会学系和香港科技大学社会科学部联合发起的微观调查项目,始于 2003 年,是我国最早的全国性、综合性、连续性学术调查项目。CGSS(2010)采用多阶分层概率抽样方法,通过面对面访谈为主的方式,对全国 31 个省、自治区、直辖市(不包括港澳台地区)中具有代表性的县(区)、街道(乡、镇)、居(村)委会、家庭进行调查,样本具有较强的代表性。在对数据缺失的无效样本进行剔除后,本文最终得到 9 644 个有效样本。

(二) 模型设定

1. 基本回归模型

本文主要考察政府信任对有序政治参与的影响,旨在分析政府信任是否通过社会资本、政治功效感两种途径间接作用于公民的有序政治参与行为。由于政府信任、有序政治参与以及中间机制变量之间可能存在着双向因果关系,采用单方程回归难以全面反映三者之间的相互作用关系,并可能产生内生性问题和有偏性研究结论,因此,本文构建了包含主要变量内在关联的联立方程模型,试图更好地反映各主要变量之间的关系,并有效克服内生性问题。根据相关理论,在现有文献的基础上,构建如下联立方程模型 I:

$$PP_i = \alpha_0 + \alpha_1 M_i + \alpha_2 NET_i + \mu_i \qquad (1)$$

$$GT_i = \beta_0 + \beta_1 PP_i + \beta_2 M_i + \beta_3 SF_i + \beta_4 HAP + \beta_5 AU_i + v_i \qquad (2)$$

$$M_i = \gamma_0 + \gamma_1 GT_i + \gamma_2 SD_i + \varepsilon_i \qquad (3)$$

模型(1)是政治参与方程。被解释变量 PP_i 为公民的有序政治参与。主要解释变量为直接影响政治参与的途径 M_i,包括社会资本(SC_i)和政治功效感(PE_i)。同时,参考现有文献,加入对政治参与可能产生影响的其他控制变量,包括互联网使用率(NET_i)变量。

模型(2)是政府信任方程。被解释变量为政府信任(GT_i),根据前文的理论分析,政治参与和传导渠道也有可能影响政府信任,为检验这种双向因果关系,解释变量中加入了政治参与(PP_i)和中间机制变量(M_i),同时加入可能影响政府信任的控制变量,包括威权主义(AU_i)、社会公平(SF_i)和居民幸福感(HAP_i)。

模型(3)是中间机制方程。被解释变量为政府信任影响有序政治参与的中间机制 M_i：包括社会资本(SC_i)和政治功效感(PE_i)。核心解释变量为政府信任(GT_i)，另外加入社会人口学变量(SD_i)作为控制变量，包括性别、年龄、户籍、教育程度等变量。

上述模型中，α_0、β_0、γ_0 为常数项，μ_i、v_i、ε_i 为随机扰动项。本文采用系统估计法中的三阶段最小二乘法(3SLS)对所构建联立方程进行估计。主要做法是先对三个方程进行 2SLS 估计，得到整个系统扰动项的协方差矩阵估计值，再对整个系统进行广义最小二乘(GLS)估计。3SLS 有效结合了二阶段最小二乘(2SLS)与似不相关回归(SUR)，能够很好地解决方程中的内生性问题以及误差项之间的相关性问题，使估计结果更具有效性和一致性。

2. 主导机制的识别方法

为能够同时识别两条渠道的相对重要性，本文进一步构建了联立方程模型Ⅱ，在上述基准方程中同时纳入社会资本、政治功效感渠道进行检验，检验模型设定如下：

$$PP_i = \alpha_0 + \alpha_1 M_{1i} + \alpha_2 M_{2i} + NET_i + \mu_i \quad (4)$$

$$GT_i = \beta_0 + \beta_1 PP_i + \beta_2 M_{1i} + \beta_3 M_{2i} + \beta_4 SF_i + \beta_5 HAP + \beta_6 AU_i + v_i \quad (5)$$

$$M_{1i} = \gamma_0 + \gamma_1 GT_i + \gamma_2 SD_i + \varepsilon_i \quad (6)$$

$$M_{2i} = c_0 + c_1 GT_i + c_2 SD_i + \varepsilon_i \quad (7)$$

若估计系数 α_1 显著为正，说明社会资本的提升有助于增加公民有序政治参与的积极性；若估计系数 γ_1 显著为正，表明政府信任的增加能够提升社会资本；如果估计系数 α_1 和 β_1 同时显著为正，意味着社会资本是政府信任促进有序政治参与的重要渠道，其中，社会资本渠道的影响效应为 $\alpha_1 \gamma_1$。类似地，政治功效感渠道的影响效应为 $c_1 \alpha_2$，本文将通过比较 $\alpha_1 \gamma_1$、$c_1 \alpha_2$ 的大小，来衡量两条渠道的相对重要性。此外，不难发现，政府信任通过两条途径对公民有序政治参与产生的总体效应为 $\alpha_1 \gamma_1 + c_1 \alpha_2$。

(三) 变量描述

联立方程模型中的变量由内生变量和外生变量组成，具体变量描述如下所述：

1. 内生变量

有序政治参与(PP_i)。借鉴以往文献的度量方法，本文通过居民投票行为来衡量，通过被访者对问卷问题"近三年你是否在居(村)委会中投过票"的回答来表示，"没有投过票"赋值为 0，投过票赋值为 1。居民参与投票的积极性历来是政治参与的一个重要检验标准(吴结兵、沈台凤，2015)，且有序政治参与的最大特点是规范化和法制化,因此用投票来衡量有序政治参与具有一定合理性。

政府信任(GT_i)。借鉴现有文献广泛使用的度量方法(王毅杰、乔文俊,2014),通过问卷中"您对下面这些机构的信任程度怎么样?"这一问题,分别对"中央政府"和"本地政府(农村指乡政府)"的回答得分相加获得。其中对"中央政府"和"本地政府(农村指乡政府)"的回答都是赋值为1—5的整数,分别对应于被访者对答案"完全不可信""比较可信""居于可信与不可信之间""比较可信"和"完全可信"的选择。最后通过对两个问题的得分相加,得到赋值为"2—10"的"政府信任"变量。

社会资本(SC_i)。信任作为社会资本最为重要的衡量指标,在文献中往往被直接等同于社会资本,比如福山(Fukuyama,1995)的《信任》一书即是以互信的角度来讨论社会资本,将社会资本视为存在于价值观或规范当中的信任。怀特利(Whiteley,1999)在研究国家社会资本的起源时也将社会资本等同于信任。本文采用以往文献的做法(潘越等,2015),将信任当作社会资本的代理变量,由CGSS(2010)问卷中被访者对调查问题"总的来说,您是否同意在这个社会上,绝大多数人都是可以信任的"的回答来衡量。

政治功效感(PE_i)。本文对政治功效感的衡量,采用范柏乃、徐巍(2014)和胡荣(2015)等学者广泛采用的度量方式,通过调查者对问卷问题"政府的工作太复杂,像我这样的人很难明白""像我们这样的人,对政府的决定没有任何影响""政府官员不太在乎像我这样的人在想什么"和"政府官员会重视我们对政府的态度和看法"得分加总求平均数来赋值。

2. 外生变量

本文的外生变量包括互联网使用率(NET_i)、威权主义(AU_i)、社会公平(SF_i)和居民幸福感(HAP_i)以及社会人口学变量(SD_i),包括性别、年龄、户籍和教育程度等。互联网使用率(NET_i)通过对调查问题"互联网使用情况"的回答来衡量,根据频率大小赋值为1—5的整数。其中威权主义(AU_i)通过调查问题"老百姓应该服从政府"的回答衡量,根据对此观点的同意程度赋值为1—5的整数。社会公平(SF_i)通过调查问题"总的来说,您认为当今的社会公不公平"的回答来衡量,根据公平程度大小赋值为1—5的整数。居民幸福感(HAP_i)通过调查问题"总的来说,您觉得您的生活是否幸福?"的回答来衡量,根据幸福程度赋值为1—5整数。社会人口学变量(SD_i)包括:性别,男性赋值为1,女性赋值为0;年龄,即居民在2010年的周岁;户籍,农业户口赋值为1,非农业户口赋值为0;教育程度,将小学及以下程度、初中、高中中专与技校、大专与本科、研究生及以上分别赋值为1—5的整数。上述变量的描述性统计如表1所示。

表1　有序政治参与相关变量描述性统计

	变量	平均值	标准差	最小值	最大值
内生变量	有序政治参与	0.47	0.50	0	1
	政府信任	8.03	1.61	2	10
	中央政府信任	4.37	0.80	1	5
	地方政府信任	3.66	1.10	1	5
	社会资本	3.50	1.10	1	5
	政治功效感	6.68	1.20	2	10
外生变量	威权主义	3.86	1.00	1	5
	互联网使用率	1.95	1.43	1	5
	社会公平	2.98	1.09	1	5
	居民幸福感	3.77	0.88	1	5
	性别	0.49	0.5	0	1
	年龄	53.84	15.54	24	101
	户籍	0.52	0.50	0	1
	教育程度	3.91	2.94	0	12

资料来源：2010年中国综合社会调查数据库（CGSS2010）。

四、实证分析结果

（一）基本回归结果

本文使用STATA14.0软件对上文设定的联立方程模型进行估计，分别从社会资本和政治功效感两个途径考察政府信任对有序政治参与的影响。相关回归结果整理在表2中。在对回归结果的分析过程中，首先对中间机制方程展开分析，再依次对政治参与方程和政府信任方程进行分析。

表2　政府信任对有序政治参与的作用机制分析

	社会资本机制			政治功效感机制		
	政治参与方程	政府信任方程	社会资本方程	政治参与方程	政府信任方程	政治功效感方程
社会资本	0.2032***	0.7482***				
	(0.0148)	(0.1843)				
政治功效感				0.1908***	0.2422***	
				(0.0210)	(0.0875)	
政府信任			0.4105***			0.1345***
			(0.0193)			(0.0188)

(续表)

	社会资本机制			政治功效感机制		
	政治参与方程	政府信任方程	社会资本方程	政治参与方程	政府信任方程	政治功效感方程
有序政治参与		0.336 8**			0.518 9***	
		(0.144 4)			(0.133 4)	
互联网使用率	−0.063 1***			−0.054 1***		
	(0.003 5)			(0.004 7)		
社会公平		0.257 4***			0.331 3***	
		(0.046 9)			(0.015 5)	
威权主义		0.224 8***			0.379 9***	
		(0.015 3)			(0.022 2)	
居民幸福感		0.082 3***			0.107 0***	
		(0.019 1)			(0.017 4)	
性别			0.027 2*			−0.095 7***
			(0.014 4)			(0.021 9)
年龄			0.006 5***			0.005 7***
			(0.000 9)			(0.000 8)
教育程度			0.028 6***			−0.142 1***
			(0.009 8)			(0.013 6)
户籍			0.122 0***			0.143 3***
			(0.021 2)			(0.026 5)
常数项	−0.117 2**	3.306 2***	−0.281 0*	−0.696 3***	3.313 3***	5.568 9***
	(0.053 8)	(0.382 5)	(0.154 8)	(0.146 6)	(0.523 7)	(0.155 6)

注:***、**、*分别代表在1%、5%和10%的水平上显著。括号内为标准误。下同。
资料来源:2010年中国综合社会调查数据库(CGSS2010)。

1. 社会资本是政府信任影响公民有序政治参与的重要渠道

在社会资本方程中,政府信任的估计系数在1%水平上显著为正,表明政府信任的增加能够显著提高社会资本。究其原因,政府信任是民众对政治制度合法性和合理性的认可,对社会和谐和稳定具有重要意义,民众对政府越信任,社会就会越和谐。例如,在政府信任度高的国家中,民众对陌生人的信任程度也会越高。因此,政府信任的提升会带来社会资本的增加。控制变量方面,性别、年龄、户籍和教育程度都能显著影响社会资本,具体表现为男性比女性、农村居民比城镇居民的社会资本度高;年龄越大、教育程度越高,社会资本度越高,与以往的研究文献基本保持吻合。

在政治参与方程中,社会资本的系数显著为正,说明社会资本的提高能够带来有序政治参与的提高,从而社会资本是政府信任影响公民有序政治参与的传导途径,假设2得到验证。具体而言,政府信任能够增加社会资本,信任产生的合作会让民众按照制度法规理性进行利益表达,有序进行政治参与。控制变量中,互联网使用率的提高会降低有序政治参与行为,可能原因在于,网络舆论会导致政治谣言的快速传播,进而导致网民采取非理性的无序政治参与。

政府信任方程中,社会资本和有序政治参与在1%的水平上显著为正,说明社会资本和有序政治参与的提高能够带来政府信任的提高。政府信任与社会资本、有序政治参与之间存在双向因果关系。控制变量中,威权主义、社会公平和居民主观幸福感的提升能够带来政府信任的提升。

2. 政治功效感是政府信任影响公民有序政治参与不可忽视的链条

在政治功效感方程中,政府信任对政治功效感的影响在1%水平上显著为正,表明政府信任的增加能够提高政治功效感,政府信任的提升会让公民认为自己有能力理解和参与政治且政府会回应其诉求。在控制变量方面,性别、年龄、教育程度和户籍都能显著影响政治功效感,具体表现为女性比男性、年老者比年少者、农村居民比城镇居民具有更高政治功效感。与之相反,教育程度的高低会反向影响政治功效感。

在政治参与方程中,政治功效感的系数显著为正。这一结果充分表明,民众认为自己是否有能力参与政治以及政府是否会回应其诉求与是否采取有序政治参与行为具有显著相关关系,从而政治功效感也是政府信任影响有序政治参与的中间机制,假设3得到验证。这说明民众越信任政府,对自己的政治影响力就更有信心,进而会积极进行有序政治参与。具体而言,公民越有信心政府在未来能够符合自己的预期,就会越认为自己能够参与政治且政府会回应其诉求,这种信任政府且具有较高政治功效感的态度,会帮助其在进行利益表达时,更加倾向于选择合法、合规的有序政治参与。

政府信任方程中,有序政治参与和政治功效感变量在1%水平下对政府信任的影响显著为正,表明有序政治参与和政治功效感与政府信任之间具有双向因果关系,且互为正向影响。

综上所述,政府信任影响公民有序政治参与的作用机制可以总结为:政府信任的提高能够带来社会资本和政治功效感的增加,进而影响公民积极进行有序政治参与行为,假设1也得到验证。

3. 主导机制的识别

根据以上实证结果,本文验证了社会资本和政治功效感两条途径在政府信任促进有序政治参与中的传导作用。本文接下来根据前文所设定的联立方程模型Ⅱ试图识别上述两种渠道哪一种占据相对主导地位。

在联立方程模型Ⅱ中,本文同时纳入了社会资本和政治功效感两种影响渠道,为了便于比较上述两种途径的作用大小,我们首先对变量进行了标准化处理(减去均值除以方差),然后重新对联立方程模型进行 3SLS 估计,主要估计结果见图 2[1]。

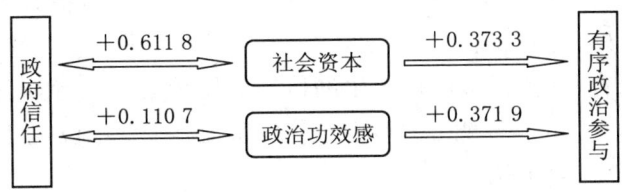

图 2 政府信任对有序政治参与的影响渠道分析

图 2 的估计结果显示,社会资本方程、政治功效感方程中,政府信任系数均显著为正,同时,在政治参与方程中,社会资本和政治功效感系数均显著为正,再次说明前文中两种影响渠道的存在性。其中,由社会资本渠道产生的间接效应为 0.228 4($\alpha_1\gamma_1$),由政治功效感渠道产生的间接效应为 0.041 2($c_1\alpha_2$),二者产生的总效应为 0.269 6,从而政府信任对公民有序政治参与具有促进作用。进一步比较发现,由社会资本途径产生的间接效应要远远大于政治功效感途径产生的间接效应,前者大约是后者的 5.5 倍,反映了社会资本渠道是政府信任影响有序政治参与的主导渠道。

(二)中央政府信任和地方政府信任的差异化影响

上述基本回归结果表明,政府信任能够通过社会资本和政治功效感显著增加公民有序政治参与。政府信任结构是政治文化的重要特征之一,中央政府信任和地方政府信任作为政府信任的分项指标,它们各自对公民有序政治参与的影响及其影响机制可能会有所不同。施(Shi T.,2001)和高学德、翟学伟(2013)等国内外学者的研究都表明,中国的政府信任存在"央强地弱"的差序格局,民众对各级政府的信任程度会随着政府层级的下降而递减,且中央和地方政府信任水平上的差异是导致公民进行抗争性利益表达的重要原因。根据基本回归结果,政府信任会对公民有序政治参与产生积极影响,因此"央强地弱"的差序信任结构必然会异化民众的利益表达方式,中央政府信任和地方政府信任可能通过不同渠道影响民众有序政治参与行为。

本文进一步将中央政府信任和地方政府信任两个分项指标分别纳入联立方程模型进行估计,为了便于比较各传导机制的相对重要性,仍然先将各个变量进行标准化,回归结果显示中央政府信任能够通过社会资本和政治功效感两条途径正向影响公民有序政治参与,而地方政府信任也可以通过社会资本

---

[1] 为节约篇幅,下文的主要结果通过逻辑图的形式进行汇报。其中,实线表示影响效应显著,虚线表示影响效应不显著。

和政治功效感对公民有序政治参与产生正向影响(参见图3、图4)。

对中央政府信任而言,社会资本渠道的传导作用为0.2454,政治功效感渠道的传导作用为0.0815,意味着中央政府信任的增强可以提升民众的社会资本和政治功效感,进而促进公民有序政治参与行为。进一步比较发现,对于中央政府信任而言,社会资本途径产生的传导作用较大。二者加总得到中间机制的总效应为0.3269,表明中央政府信任度每提升1个单位,公民有序参与行为将提升0.3269个单位。

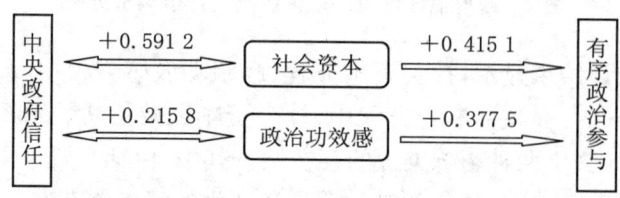

图3 中央政府信任对有序政治参与的影响

对地方政府信任而言,社会资本渠道的传导作用为0.2739,政治功效感渠道的传导作用为0.2241,意味着地方政府信任的增强可以提升民众的社会资本和政治功效感,进而促进公民有序政治参与行为。进一步比较发现,对于地方政府信任而言,社会资本产生的传导作用同样占据主导地位。二者加总得到中间机制的总效应为0.4980,表明地方政府信任度每提升1个单位,公民有序参与行为将提升0.4980单位。

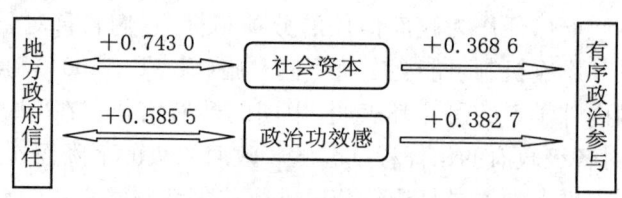

图4 地方政府信任对有序政治参与的影响

值得注意的是,相对于中央政府信任度而言,地方政府信任度对公民有序政治参与行为产生的积极影响更大(二者分别为0.3269和0.4980)。对此可能的解释是,中央政府具有象征意义,距离民众生活较远,而地方政府作为民众能够直接接触到的政府机构,与普通民众生活息息相关,因此对公民是否进行有序政治参与行为的影响更大。

这些结果充分表明,中央政府信任和地方政府信任均可以通过社会资本和政治功效感渠道对公民有序政治参与产生积极影响,且社会资本途径的传导作用占据主导地位。此外,地方政府信任度对公民有序政治参与行为的积极影响比中央政府信任的作用要大。显然,扩大公民有序政治参与,不仅需要提高中央政府信任,更需重点关注处于基层、与公民直接接触的地方政府的信任度。

(三) 分样本回归结果

刘易斯(Lewis,2010)在《无限劳动力供给下的经济发展》一文中曾提出,发展中国家普遍存在"二元结构"。中国作为最大的发展中国家,城乡二元结构的特点体现得更加明显。与非农业人口相比,农业人口的教育水平和社会经济地位等都处于劣势,具有更强烈的相对剥夺感,更容易产生愤怒和不满的消极情绪。在政治参与层面上,相对于非农业人口来说,农业人口更倾向于采取非法、无序的政治参与方式。本文另外一个关注兴趣在于政府信任对有序政治参与的影响及其传导机制是否因城乡二元结构的存在而产生显著差异,试图为如何有效增加公民有序政治参与行为提供更为丰富的政策建议。

本文按照被访者的户籍将样本划分为农村居民和城镇居民两个子样本,将各变量进行标准化处理后,重新对联立方程模型进行估计,主要估计结果见图5、图6。

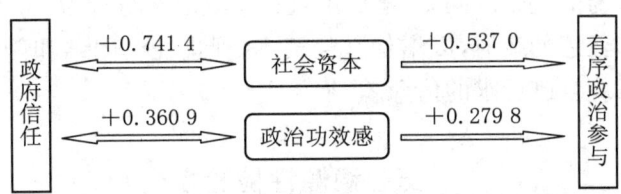

图5 农村居民政府信任对有序政治参与的影响

对于农村居民而言,政府信任可以提升农村居民的社会资本和政治功效感,进而促进其有序政治参与行为。两种途径的传导作用分别为0.3981和0.1010,社会资本的传导作用相对较大,是两种渠道中的主导机制。社会资本和政治功效感两种途径的总效应为0.4991,即政府信任度每提升1个单位,通过提升农村居民的社会资本和政治功效感可以使其有序参与行为的概率提升0.4991个单位。

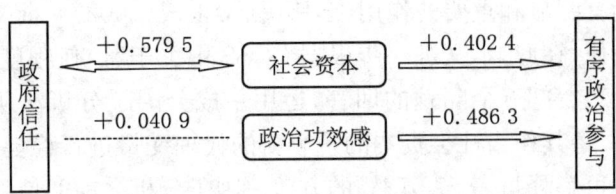

图6 城镇居民政府信任对有序政治参与的影响

对于城镇居民而言,政府信任同样可以提升社会资本进而增加其有序政治参与行为。然而,政治功效感途径不再顺畅,与农村居民相比,城镇居民的政府信任并不能通过政治功效感渠道有效传导到其有序政治参与上,这主要缘于政府信任对城镇居民的政治功效感不再具有显著影响。究其原因,由于城乡二元结构的存在,城镇居民具备更高的政治认知水平,对现实政治的运作过程更为了解,因而他们对自己能够对政治系统产生的影响力更为清楚和确定,政府信任度的高低不会改变其对自己政治影响力的认知。此时,政府信任对公民有序政治参与的总效应为0.2332,表明政府信任度每提升1个单位,城镇居民的有序参与行为的概率将提升0.2332个单位。对比两个分群样本的检验结果可以发现,政府信任对农村居民有序政治参与产生的积极影响要比对城镇居民的影响大。

综合上述分析,政府信任能够同时提升农村居民和城镇居民的社会资本,进而增加其有序政治参与行为,但是政治功效感途径仅在农村居民子样本中有效。此外,相较于城镇居民,政府信任对农村居民有序政治参与产生的积极影响明显更大。考虑到目前农村居民的有序政治参与水平较低,这也意味着,提高政府信任不仅能够增加民众的有序政治参与,而且还能缩小城乡居民之间有序政治参与的差距。同时,增加民众有序政治参与行为,可主要依靠打造让民众更具信任感的政府,以增加社会资本,促进社会团结和谐,增强民众相信政府能够回应自己诉求的信念。

五、稳健性检验

为了保证以上研究结论的可靠性,本文进行了以下两方面的稳健性检验:

第一,社会资本的其他替代变量。社会资本是一个多角度的概念,信任变量是其中的核心变量。信任指人与人之间相互依赖,相信彼此都不会做出伤害对方的行为,又称人际信任,可进一步分为普遍信任和特殊信任两种。普遍信任指建立在契约关系上,不以情感的存在为前提,对社会普遍大多数的陌生人的信任。特殊信任指建立在血缘、亲缘、地缘基础上,以道德等非制度意识形态为保障的信任关系,血缘关系中所包含的情感内涵(而不是关系本身)对中国人信任具有明显和重要的作用(李伟民、梁玉成,2002)。前文所用的信任变量为普遍信任,在此,本文进一步根据CGSS中关于"信任程度——亲戚/朋友/同学/同事/老乡"五个问题的回答,运用主成分因子分析法从中提取公因子"特殊信任",将其作为社会资本的一个新的代理变量进行稳健性检验,其特征值为2.854,可解释量表57.072%的方差。因子分析之前的信度和效度检验显示,KMO取样适切性量数为0.79,巴特利特检验(Bartlett's Test)显著性结果小于 0.001,表明上述测量指标适合做因子分析。重新对前文的联立方程模型进行估计后可以发现,主要变量的符号和显著性水平没有发生显著变化。社会资本和政治功效感仍然是政府信任影响公民有序政治参与不可忽视的重要链条,即政府信任能够通过增加社会资本和政治功效感进而促进公民有序政治参与,前文的研究结论依旧成立(参见表3)。

表3 政府信任对有序政治参与的作用机制分析:社会资本的新度量

	社会资本机制			政治功效感机制		
	政治参与方程	政府信任方程	社会资本方程	政治参与方程	政府信任方程	政治功效感方程
社会资本	0.317 0*** (0.031 3)	−0.312 0 (0.367 7)				
政治功效感				0.190 8*** (0.021 0)	0.242 2*** (0.087 5)	
政府信任			0.224 5*** (0.012 7)			0.134 5*** (0.018 8)
有序政治参与		1.321 2*** (0.109 1)			0.518 9*** (0.133 4)	
控制变量	Y	Y	Y	Y	Y	Y
常数项	−0.947 9*** (0.154 5)	5.973 6*** (1.503 8)	2.744 1*** (0.106 7)	−0.696 3*** (0.146 6)	3.313 3*** (0.523 7)	5.568 9*** (0.155 6)

资料来源:2010年中国综合社会调查数据库(CGSS2010)。

与此同时,数据标准化后联立方程模型Ⅱ的分析结果表明,社会资本途径的传导作用为0.203 0,政治功效感途径的传导作用为0.051 8,两种渠道的总效应为0.254 8,这表明政府信任每提升1单位,能够通过社会资本和政治功效感提升0.254 8单位的公民有序政治参与的概率。此外,通过比较发现,社会资本途径的相对重要性仍然远远大于政治功效感途径。这进一步支持了前文的研究结论。

第二,针对内生性的其他估计方法。为增强前文结论的可靠性,本文接下来使用2SLS估计对前文设定联立方程模型重新进行估计,2SLS估计同样可以解决由双向因果关系导致的内生性问题,进而得到一致的估计结果,主要估计结果见表4。数据标准化后联立方程模型Ⅱ的分析结果显示,社会资本渠道和政治功效感渠道的传导作用分别为0.257 1和0.054 1,从中不难看出,2SLS估计结果验证了政府信任可以通过社会资本和政治功效感两条途径对公民有序政治参与的产生显著促进效应,并进一步证实了社会资本途径占据主要效应的研究结论。

表 4 政府信任对有序政治参与的作用机制分析：2SLS 估计

	社会资本机制			政治功效感机制		
	政治参与方程	政府信任方程	社会资本方程	政治参与方程	政府信任方程	政治功效感方程
社会资本	0.174 7*** (0.015 0)	0.546 1*** (0.192 4)				
政治功效感				0.138 3*** (0.021 9)	0.284 2*** (0.087 7)	
政府信任			0.458 0*** (0.019 8)			0.122 9*** (0.019 9)
有序政治参与		0.439 5*** (0.155 7)			0.497 2*** (0.133 6)	
控制变量	Y	Y	Y	Y	Y	Y
常数项	−0.002 6 (0.054 8)	3.695 1*** (0.399 2)	−0.628 6*** (0.164 8)	−0.335 5** (0.152 7)	3.118 6*** (0.526 3)	6.078 2*** (0.165 8)

资料来源：2010 年中国综合社会调查数据库（CGSS2010）。

六、结论与政策建议

打造高度信任政府是否有助于提高公民有序政治参与一直是理论和政策制定者关注的热点话题，然而鲜有文献揭示二者之间的作用机制。本文采用 CGSS(2010) 的微观数据，建立了包含政府信任、中间机制变量、有序政治参与内在逻辑关联的联立方程模型，克服了以往文献中可能面临的内生性问题和有偏性研究结论，在此基础上，系统研究了政府信任对公民有序政治参与的影响及其作用机制。研究发现：（1）总体而言，提高政府信任能够带来社会资本和政治功效感的增加，进而对公民有序政治参与起促进作用。其中社会资本途径的传导作用要大于政治功效感途径，占据相对主导地位。（2）不同层级的政府信任对公民有序政治参与的影响存在异质性，地方政府信任对公民有序政治参与的促进作用要强于中央政府信任。（3）分样本检验结果表明，社会资本和政治功效感两条途径在城乡居民中存在显著差异，社会资本途径对城乡居民皆有效，而政治功效感途径仅对农村居民有效，并且政府信任对农村居民的促进效应要高于城镇居民。这也意味着，政府信任的提高，不仅能够显著增加城乡居民的有序政治参与行为，还能有效缩小因城乡二元结构导致的城乡居民在有序政治参与方面的差距。

基于上述研究结论，本文得出以下政策启示：

第一，打造让民众信服的高信任度政府，扩大公民有序政治参与，其中地方政府信任度的提升尤为重要。具体而言,在现今"央强地弱"差序信任格局下,不仅要发挥具有高信任度的中央政府在扩大公民有序政治参与方面的号召作用,制定相关方针政策,扩大民众合理合法表达利益诉求的渠道,更应保证与公民生活息息相关的地方政府机构及其相关工作人员依法执政、依法行政,提升地方政府信任度。事实上,政府信任度的提升能够打破因城乡二元结构导致的城乡居民进行有序政治参与概率的差距,促进民众理性合法地参与到政治生活中。

第二,提升整个社会的人际信任度,培育社会资本,有效发挥社会资本在政府信任对公民有序政治参与影响中的传导作用,扩大公民有序政治参与。鼓励民众树立互帮互助的道德规范和团结合作精神,培育和践行社会主义核心价值观,打造良好社会风气。近年来我国的社会关系日渐淡薄。邻里之间鲜有情感交流、老人跌倒不敢扶、"小悦悦事件"等屡见不鲜。这种情况不仅导致人际信任的缺乏,阻碍社会沟通与社会合作,更不利于政府信任和有序政治参与的增加。因此,政府需积极建设社会资本,不仅要鼓励民众树立互利互惠的道德规范,增强公民道德感,更需增加民众之间的交流与合作,提升人际信任和互惠行为,这不仅能够提升政府信任,更能作用于公民有序政治参与。

第三,培育公民政治功效感,培养公民意识,使政府信任促进公民有序政治参与的渠道更为顺畅,扩大公民有序政治参与。打造服务型政府,向民众展示会回应民众诉求的良好政府形象,增强民众对政府的信任度,更好地调动民众参与管理国家事务的积极性。不仅要加强政治参与的宣传和倡导,帮助民众树立主人翁精神,更要督促民众学习相关政治知识,增强民众进行政治参与的信念,引导民众通过合法合规的方式表达利益诉求。

参 考 文 献

陈晓萍、徐淑英、樊景立,2012,《组织与管理研究的实证方法》(第二版),北京:北京大学出版社。
范柏乃、徐巍,2014,"我国公民政治效能感的影响因素研究——基于CGSS2010数据的多元回归分析",《浙江社会科学》第11期,第25—30、24、155页。
高学德、翟学伟,2013,"政府信任的城乡比较",《社会学研究》第2期,第112—118页。
胡涤非,2010,"村民政治信任及其对村级选举参与的影响——基于广东省惠州市村调查的实证研究",《暨南学报(哲学社会科学版)》第3期,第156—162页。
胡荣,2008,"社会资本与城市居民的政治参与",《社会学研究》第5期,第142—159、245页。
胡荣,2015,"中国人的政治效能感、政治参与和警察信任",《社会学研究》第1期,第76—96、243页。
李伟民、梁玉成,2002,"特殊信任与普遍信任:中国人信任的结构与特征",《社会学研究》第

3 期,第 11—22 页。

《京华时报》,2014,"习近平:人民民主是社会主义生命",9 月 6 日。

刘米娜、杜俊荣,2013,"转型期中国城市居民政府信任研究——基于社会资本视角的实证分析",《公共管理学报》第 2 期,第 64—74 页。

孟天广、马全军,2011,"社会资本与公民参与意识的关系研究——基于全国代表性样本的实证分析",《中国行政管理》第 3 期,第 107—111 页。

潘越、王宇光、许婷,2015,"社会资本、政府干预与区域资本配置效率——来自省级工业行业数据的证据",《审计与经济研究》第 5 期,第 85—94 页。

芮国强、宋典,2015,"电子政务与政府信任的关系研究——以公民满意度为中介变量",《南京社会科学》第 2 期,第 82—89 页。

王丽萍、方然,2010,"参与还是不参与:中国公民政治参与的社会心理分析",《政治学研究》第 3 期,第 95—108 页。

王毅杰、乔文俊,2014,"中国城乡居民政府信任及其影响因素",《南京社会科学》第 8 期,第 73—79 页。

吴结兵、沈台凤,2015,"社会组织促进居民主动参与社会治理研究",《管理世界》第 8 期,第 58—66 页。

习近平,2017,《决胜全面建成小康社会夺取新时代中国特色社会主义伟大胜利——在中国共产党第十九次全国代表大会上的报告》,北京:人民出版社。

谢治菊,2012,"村民的政府信任对社会信任的影响——来自贵州和江苏农村的调查",《探索》第 3 期,第 76—83 页。

杨鸣宇,2013,"谁更重要?——政治参与行为和主管绩效对政治信任影响的比较分析",《公共行政评论》第 2 期,第 22—51 页。

袁浩、顾洁,2015,"社会公平感、政治效能感与政治信任——基于 2010 年中国综合社会调查数据的分位数回归分析",《甘肃行政学院学报》第 2 期,第 73—83、127 页。

张平,2013,"基于结构方程模型的公民政治信任影响因素探析",《深圳大学学报:人文社会科学版》第 4 期,第 75—79 页。

郑建君,2013,"政治信任、社会公正与政治参与的关系",《政治学研究》第 6 期,第 61—74 页。

Fukuyama, F., 1995, *Trust: The Social Virtues and The Creation of Prosperity*, NY: Free Press.

Gamson, W.A., 1968, *Power and Disconnect*, Homewood, IL: Dorsey.

Granovetter, M., 1985, "Economic Action and Social Structure: The Problem of Embeddedness", *American Journal of Sociology*, 91(3):481-510.

Hetherington, M.J., 2005, *Why Trust Matters: Declining Political Trust and The Demise of American Liberalism*, Princeton: Princeton University Press.

Huntington, S.P. & Nelson, J.M., 1976, *No Easy Choice: Political Participation in Developing Countries*, Cambridge, MA: Harvard University Press.

Lewis, W.A, 2010, "Economic Development with Unlimited Supplies of Labor", *The Manchester School*, 22(2):139-191.

Nahapiet, J. & Ghosha, S., 1998, "Social Capital, Intellectual Capital and The Orgnizational Advantage", *The Academy of Management Review*, 23:242-266.

Paige, J.M., 1971, "Political Orientation and Riot Participation", *American Sociological Review*, 36(2):810-820.

Pattie, C. & Johnston. R., 2001, "Losing the Voters' Trust: Evaluations of The Political System and Voting at the 1997 British General Election", *British Journal of Politics and International Relations*, 3(2):191-222.

Putnam, R.D., 1995, "Bowling Alone: America's Declining Social Capital", *Journal of Democracy*, 6:65-78.

Shaffer, S.D., 1981, "A Multivariate Explanation of Decreasing Turnout in Presidential Elections, 1960-1976", *American Journal of Political Science*, 25(1):68-95.

Shi, T., 2001, "Cultural Values and Political Trust: A Comparison of the People's Republic of China and Taiwan", *Comparative Politics*, 33(4):401-419.

Shingle, R.D., 1981, "Black Consciousness and Political Participation: The Missing Link", *American Political Science Review*, 75(1):76-91.

Whitheley, P.F., 1999, *The Origins of Social Capital in Social Capital and European Democracy*, NY: Routledge.

乡村贫困治理的知识谱系与学术图景*

蒋红军　郭小敏**

【摘要】 乡村贫困治理作为牵动国家、市场和社会的重要公共议题,受到学术界的持续关注和追踪。通过对贫困认知、扶贫主体、扶贫过程与扶贫绩效等论域的深入研究,可以发现乡村贫困治理的知识谱系经历从面向普遍性贫困、县域瞄准、村级瞄准到面向精准扶贫的扶贫研究演进发展。这一演进清晰地呈现出改革开放以来中国乡村贫困治理研究的思维场域与学术景观。伴随着乡村振兴战略的持续推进,新时代乡村贫困治理研究的学术图景亟须创新,研究思维应从小数据思维扩展到大数据思维,研究广度应从农村扶贫研究扩展到"后扶贫时代"的贫困问题研究,研究深度应从贫困村脱贫致富研究扩展到贫困村治理创新研究。

【关键词】 贫困治理　乡村中国　文献研究

Knowledge Pedigree and Academic Landscape of Rural Poverty Governance
Hongjun Jiang　Xiaomin Guo

Abstract As an important public issue which affects the state, market and society, rural poverty governance has been a persistent academic topic. Through the in-depth study of the cognition of poverty, the subject of poverty alleviation, the process of poverty alleviation and the performance of poverty alleviation, it can be found that the knowledge pedigree of rural poverty management has evolved from the perspective of universal poverty, county targeting, village level targeting to poverty alleviation research oriented towards precision poverty alleviation, which clearly shows the thinking field and academic landscape of the study of rural poverty control in China

---

* 基金项目:本文是国家社会科学基金项目"国家建设视域下外部扶贫力量嵌入村庄治理研究"(项目编号:14CZZ025)的阶段性成果。

** 蒋红军,广州大学公共管理学院副教授,政府管理系主任,中山大学政治学博士;郭小敏,中山大学粤港澳发展研究院助理研究员。

since the reform and opening up. To promote the rural revitalization strategy, we still need to innovate on the academic landscape of rural poverty governance research. First, research thinking should expand from small data thinking to big data thinking. Second, the research breadth should be extended from rural poverty alleviation research to "post-poverty era" poverty research. Third, the depth of research should be extended from the study of poverty eradication in poor villages to the study of governance innovation in poor villages.

Key words　Poverty Governance, Rural China, Literature Research

　　反贫困是关乎全球发展的重要议题,以贫困为表征的社会脆弱性不仅影响着个体的生活尊严和福利水平,更制约着各民族—国家的现代化发展进程,对国家治理体系和治理能力现代化构成重大挑战。在全球减贫的宏大历史进程中,中国的农村扶贫工作稳步推进,不仅让大量贫困人口脱贫致富,而且在"谁扶""扶谁"以及"如何扶"等方面形成独特的治理模式,积累了丰富的减贫经验,对世界反贫困事业贡献巨大。按照 2010 年国家贫困标准计算,农村贫困人口的规模和贫困发生率大幅下降,到 2017 年,农村贫困人口减少到 3 046 万人,贫困发生率降至 3.1%(国家统计局,2017),为推动实现 2020 年所有贫困人口迈入小康提供了坚实保障。不断推进和深入的农村扶贫实践,在促进农村经济社会蓬勃发展的同时,也为乡村贫困研究注入了活力,贫困治理成为经济学、政治学、社会学等学科共同关注的跨学科问题,受到学术界的广泛关注。为更好地推动乡村贫困治理研究,本文将对改革开放以来乡村贫困治理的知识谱系进行考察,并展望乡村贫困治理研究的未来学术图景。

一、乡村贫困治理研究的学术演进

(一)面向普遍性贫困的扶贫研究

　　乡村贫困治理研究的学术演进与农村扶贫实践总是相辅相成地交织在一起。1949 年,中国人均国民收入仅为 18 美元,普遍处于贫困状态(刘博、宋义平,2006:15)。在土地改革消灭了阶级贫困之后,改革开放初期实施的家庭联产承包责任制和农村经济体制改革,极大地调动了农民的生产积极性,推动着农村经济快速发展,大面积缓解了农村的贫困状况。1986 年,扶持贫困地区摆脱落后状况被写入《中华人民共和国国民经济和社会发展第七个五年计划》,中国进入大规模的组织化、制度化扶贫阶段。以此为契机,农村扶贫的理论和政策研究逐渐兴起并受到重视。

在此背景下,20世纪八九十年代的乡村贫困治理研究着重面向普遍性的经济贫困,从宏观层面、体制层面以及基础理论层面探讨贫困原因以及反贫困战略等。论及贫困原因,当时多数研究者都认为缺乏活力的城乡二元体制以及资源禀赋不足是农村贫困的主要影响因素(王小强、白南风,1986:141—144;朱玲,1992)。据此,20世纪80年代国家通过农村经济改革实施了一系列制度创新,力图加快农村经济发展和增加农民收入,并通过经济增长的"涓滴效应"帮助农村脱贫。然而,也有学者进一步识别了农村脱贫的其他发展战略,如汪三贵提出信贷扶贫、科技扶贫等创新性发展战略,为其后的农村扶贫研究奠定了新的理论基础(汪三贵,1994,1998,2008)。

此时期的乡村贫困治理研究因处于刚刚起步阶段,故而这些研究的深度和广度明显不足,精细化程度不够,对于农村贫困的认识维度比较单一,更较少关注中观的扶贫机制以及扶贫模式,使得20世纪90年代后的乡村贫困治理研究逐步转向以目标瞄准为核心的扶贫政策、机制与过程研究。

(二)面向县域瞄准的扶贫研究

20世纪80年代的农村和农业体制改革极大地促进了农村经济增长,在大面积改善贫困状况的同时,由地缘性因素引起的区域性贫困问题愈发凸显。贫困区域的贫困发生面积大、贫困发生率高以及贫困程度深(李周、乔召旗,2009),并且聚集了全国大部分的农村贫困人口,使得国家在80年代后期明确了区域扶贫的方针,试图通过区域瞄准集中人力、物力、财力,动员社会各方面的力量解决区域贫困问题,增强贫困区域的自我积累和自我发展能力。为更好地落实区域反贫困战略,国务院在1986年成立了"贫困地区经济开发领导小组",并明确将县确立为区域扶贫的基本单位,由国家和省级两个层面组织实施,县域瞄准扶贫由此大面积铺开。

围绕如何增强贫困地区和贫困县的发展能力,这个时期的乡村贫困治理研究主要通过区域视角、财政视角、人口学视角以及社会学视角分析区域或县域贫困的成因,并从经济、科技、教育、结构调整等方面提出相应的扶贫政策,重点论述了开发性扶贫移民、教育扶贫、科技扶贫、对口扶贫、旅游扶贫等模式。如张茂林等(1995)强调要重视发挥移民所产生的经济效益、社会效益和生态效益之间的协同;林乘东(1997)在20世纪90年代末提出"教育扶贫论",认为可以通过教育扶贫切断贫困的恶性循环链;卢淑华(1999)认为"公司+农户"的科技扶贫形式是农民摆脱贫困、走向市场的重要途径。对口扶贫也是国家在此阶段重点推动的扶贫形式,即借助发达地区的人才、资金、技术、信息等优势助力贫困地区发展。此外,这一时期还重点考察了扶贫的资源配置问题,从体制和机制层面深化开发式扶贫。如农村经济研究中心课题组(1997)通过中国扶贫体制改革试验区的实证经验,认为欠发达地区经济起飞的关键是"资源资本化";沈红(1997)则强调从社区自组织出发进行制度创新,建立扶贫资源传递的推动机制、保证机制和监督机制。

总体而言,基于对地缘贫困的摸底分析和深刻认识,此阶段的乡村贫困治理研究探索了以与市场结合的开发式扶贫为主要特征的多元化扶贫模式,并尝试从体制机制层面来推进区域或县域扶贫,为政府制定更为科学的扶贫政策提供了理论支撑。但是,以县为重点的区域瞄准扶贫策略在推进过程中逐渐遭到批判,许多学者认为贫困县所覆盖的贫困人口比例逐年下降,以县为对象的瞄准偏离程度高,推动着扶贫研究走向更小的瞄准单元。

(三)面向村级瞄准的扶贫研究

经过20世纪90年代中后期的扶贫攻坚,到2000年年底,全国农村贫困人口的温饱问题已经基本解决。与此同时,农村贫困状况也发生了相应的变化:一是现存贫困人口主要由部分残疾人以及生活在自然环境恶劣地区的特困人口构成;二是现存贫困人口的分布呈现出集中与分散并存的两极化特点。因此,如果继续以贫困县作为扶贫瞄准的关键单位,则会产生较大程度的瞄准偏离。在此背景下,国务院出台了《中国农村扶贫开发纲要(2001—2010年)》,推动农村扶贫进入到以村级瞄准为主、村级瞄准和县级瞄准并存的新时期。

这一时期的乡村贫困治理研究主要关注反贫困的理念发展与政策创新、基层运作及其影响等。就前者而言,随着和谐社会建设、城乡统筹发展等施政理念的不断落实到位,主要依靠市场的开发式扶贫难以有效推动现存绝对贫困人口脱离贫困,社会政策的扶助功能越来越重要,各种社会政策工具开始运用到扶贫实践之中。正如徐月宾等(2007)通过分析中国农村贫困人口的特征和致贫因素,认为中国农村反贫困政策要从社会救助转向社会保护;张新文(2010)认为,"我国农村反贫困战略的基本框架是一种亲市场的经济政策与具有'剩余'特征的选择性社会救助",因此应在反贫困的战略框架中强化社会政策功能。这些反贫困理念的发展极大地促进了农村扶贫政策创新,推动国家探索扶贫开发与农村低保政策的衔接联动。

从扶贫的基层运作及其影响来看,研究者主要考察了扶贫资源以项目制形式下落到村庄的运作过程以及扶贫项目对农村基层的影响。其中,项目制运作中的目标管理责任制、决策过程及其分配过程是研究的重点。何绍辉(2010)发现,基层组织的非正式技术实践在保证目标责任制有效运行的同时,也为行政与政治的互嵌提供了可能。李路路等(2007)认为,"文过饰非"的决策机制和"文本困境"以及"想象的偏见"会影响扶贫组织逐渐偏离既定目标。

关于扶贫项目分配,陈前恒(2008)认为,只有在村庄中建立能够使村干部对穷人负责任的治理机制,发展性扶贫项目才能瞄准更多穷人。扶贫项目要有效发挥减贫功能,一个重要的前提条件在于扶贫项目要充分反映贫困村及贫困人口的需求,在项目运行过程中不仅要尊重地方性知识,更要坚持参与式扶贫。杨小柳(2009)从地方性知识利用的角度,讨论了四川凉山美姑县开展牲畜扶贫项目的成败;楚永生(2008)考察了参与式扶贫开发模式的运行机制及绩效,认为参与式扶贫开发模式是对传统自上而下扶贫模式的扬弃和发展,它以贫困人口为主体,在扶贫开发运行机制上赋权于民,体现出"从群众中来到群众中去"的思想理念和工作方法。

此外,基层扶贫运作的消极影响也为学术界所重点关注,尤其是扶贫运作中因为各种精英俘获使得贫困村庄的发展生态呈现恶化趋势。如张和清(2010)通过一个少数民族行政村的个案研究,认为扶贫开发政策促使乡村干部的经济发展思路从企业经营转向扶贫经营,在少数民族地区逐渐形成扶贫经营政治,其中的贪腐行为将使基层政府出现权威和合法性危机,对于村民的生计发展也会产生严重负面影响;邢成举等(2013)通过观察财政扶贫项目,发现精英俘获使得扶贫资源在乡村内部难以公平传递,极大地妨碍了贫困人口成为扶贫真正的受益者。

比较而言,此阶段研究对于农村贫困的认知更为深入,在过往研究主要强调经济贫困之外,增加了权利贫困、能力贫困、社会资本贫困等多元面向,创新发展了扶贫的政策工具和运行模式,不仅在扶贫手段上逐步重视发挥社会保障的作用,而且发展出了以赋权为主要特征的参与式扶贫模式。然而,随着扶贫资源进一步下沉到贫困村庄,扶贫运作中的消极影响也日益显现出来,对于农村扶贫的精确瞄准构成了重大挑战,推动着乡村贫困治理研究进入精准扶贫研究阶段。

(四) 面向精准扶贫的扶贫研究

为打好新一轮扶贫攻坚战,扶贫开发工作从解决温饱问题转入到巩固温饱成果、加快脱贫致富、改善生态环境、提高发展能力、缩小发展差距的新阶段。此阶段力图进一步克服和优化村级瞄准的不足,让国家的扶贫政策在更大范围内落实到贫困户身上。2013年11月,习近平总书记考察湖南湘西时首次提出"精准扶贫"。在中央的大力推动下,精准扶贫成为我国农村扶贫的基本方略,促使农村扶贫不断探索全流程的精准化治理。

围绕精准扶贫,学术界对其内涵、瞄准、困境及路径等进行了大量研究。论及精准扶贫内涵,汪三贵等(2016)从精准扶贫是什么的角度探析了其本质,认为精准扶贫要扶贫到户到人,增强自主发展能力,实现可持续脱贫的目标。

吕方等(2017)从精准扶贫不是什么的角度,认为精准扶贫不能片面看待"到村到户"的工作要求,也不能将贫困治理理解为某个单一主体的工作职能,单纯地追求数字脱贫、指标脱贫。

瞄准是精准扶贫的内在前提之一。李棉管(2017)从技术难题、政治过程与文化结果三种视角综合考察了"瞄准偏差"形成的多元机理。王雨磊(2016)认为福利均分原则、村庄政治结构以及扶贫考核压力共同限制了完全按照经济收入来进行贫困识别,从而使得扶贫政策落地失焦。不仅如此,在精准扶贫中,国家试图通过数字下乡的技术治理手段来干预贫困治理过程,但是,由于数字生产体制中的发包者、传递者、生产者和知情者的行动逻辑大相径庭,他们各不相同的行动目标和激励使得数字生产难以真正精准,难以有效解决精准扶贫中的瞄准问题。此外,精准扶贫还面临诸多其他困境。左停等(2015)认为精准扶贫面临着规模排斥、平均主义思想、农村劳动力转移和扶贫开发手段不足等挑战。唐丽霞等(2015)也指出当前精准扶贫机制面临着贫困户识别的政策和技术困境、贫困农户观念的转变以及扶贫政策本身的制度缺点等方面的严峻形势。

面对精准扶贫困境,不同学者从不同视角提出了相应的精准化思路。譬如,邓维杰(2014)认为应该采取自上而下和自下而上相融合的贫困户识别和帮扶机制,同时购买独立第三方社会服务来协助和监督整个过程;吴晓燕等(2015)主张以协商为精准扶贫提供良好的运行环境;郑瑞强等(2015)提出要运用大数据思维最大程度地整合扶贫资源,转变普惠式扶贫战略为适度竞争式扶贫战略。

总而言之,从面向普遍性贫困的扶贫研究到面向县域瞄准、村级瞄准,再到面向精准扶贫的贫困治理研究,这种学术演进仰赖于农村扶贫的政策实践和学术探索之间的良性互动,较为完整地呈现出改革开放以来中国反贫困的持续性努力。从本文设定的学术演进线条观之,每个时期都有其独特的时代背景和研究重点,尽管不同学者对于农村扶贫有不同的价值取向,但唯有如此,才能发生思想的碰撞,孕育出中国乡村贫困治理研究丰富多彩的学术景观。

二、乡村贫困治理研究的主要论域

贫困治理是关乎全面建成小康社会的系统工程。改革开放以来,农村贫困成为牵动国家、社会以及市场的公共领域,日益受到党和国家的重视,也是学术界持续关注的学术单元。作为一个跨学科的公共议题,农村扶贫所涉及的次级领域纷繁复杂,各领域的进入时间以及研究的深度与广度皆有所不同。

从扶贫政策如何落地的角度出发,本文将从四大维度来呈现近四十年来的乡村贫困治理研究。

(一) 农村贫困认知

正确认知贫困是精准扶贫的首要前提。贫困认知范式与不同时期的农村扶贫政策紧密关联,推动着我国农村扶贫的历史进程。改革开放以来,学术界在扶贫实践中对于农村贫困内涵的认知不断深化,经历了从单维到多维、从个体到结构的认知嬗变。

总的来看,学者们对于贫困内涵的认知具有较高的共识,认为当下农村贫困呈现出收入贫困(西博姆·朗特里,1975:1—2)、人类贫困(UNDP,1997)、脆弱性贫困(蒋丽丽,2017)、信息贫困(胡军、王继新,2014)、生态贫困(于法稳,2004)、空间贫困(张丽君、董益铭、韩石,2015)、权利与能力贫困(阿马蒂亚·森,2012:5—69)等多元面向。其中,收入贫困是经济学视角的最基本认知,认为贫困是家庭收入不足以维持必需品开支的状态。经济学家在此基础上还通过绝对量和相对量的划分,进一步区分了绝对贫困和相对贫困,为深化收入贫困研究以及由此带来的收入相对剥夺状态提供了洞见。立足于收入贫困,学者们探讨了经济增长、收入分配与反贫困的关系,有关经济增长的涓流理论、益贫性增长理论、包容性增长理论、绿色增长减贫理论以及多元发展理论等为国家解决农村贫困问题提供了重要的理论支撑(黄承伟、刘欣:2016;李小云、于乐荣、齐顾波,2010)。改革开放后的较长时期内,中国农村扶贫主要围绕着解决贫困人口的收入贫困问题而展开。

20世纪80年代,阿马蒂亚·森(2012:15)提出能力贫困理论,认为贫困是包含所有权、交换权利在内的权利体系的函数,权利失败带来个体可行能力不足,导致陷入贫困状态。这从社会结构的角度开创了一个与传统收入贫困不同的贫困认知框架,为学术界和国际组织深化贫困认知以及我国农村扶贫政策的优化提供了理论际遇。基于此,联合国开发计划署(UNDP)、世界银行(WB)以及经济合作与发展组织(OECD)下属机构开发援助委员会(DAC)都有效地发展了贫困概念的内涵和测量,促使学者们从个体与结构互动的视角全面认识贫困问题(UNDP,1997;WB,2000:15;DAC,2001:38)。伴随着学术界对农村贫困认知的不断深化,农村扶贫政策创新也不断涌现,为解决农村贫困问题创造了良好的政策环境。

(二) 多元扶贫主体

《国家八七扶贫攻坚计划》作为我国第一个扶贫行动纲领,不仅明确了各政府部门的扶贫任务,还强调通过社会动员和国际合作推进扶贫工作,注重发挥非政府组织的作用。在此之前,政府几乎统揽了所有的扶贫工作,力图通过"输血式"扶贫解决农村贫困问题。此后,农村扶贫一直坚持政府主导、全社会共同参与的扶贫方针,政府、非政府组织、贫困村与贫困户在此公共领域内是讨论最多、互动最密切的三类治理主体。

首先,政府主导是我国农村扶贫的基本特征。在政府主导的扶贫工作中,通过自上而下的压力传导、驻村干部帮扶以及项目制运作,扶贫的目标和规划已被逐渐内化成为各级政府的重要政治任务和中心工作,政府成为农村扶贫最重要的政策供给者和资源提供者。学术界集中讨论了政府尤其是基层政府及驻村干部在扶贫运作中的行为和后果。唐睿、肖唐镖(2009)认为,政府是扶贫的主导者和决定者,但其行为缺乏制度性约束,也不承担相应的责任。中国农村贫困定性调查课题组(2009:192—207)同样发现政府在扶贫中缺乏制度性行为,但却认为政府由于控制着大量的扶贫资源,承担着扶贫效果的主要责任。对于政府扶贫的非制度性行为,王蒙等(2015)将其归纳为行政吸纳市场的行动策略。在非制度性行为之外,林雪霏(2014)通过"制度弹性"的概念阐释了扶贫场域中存在着许多制度弹性各不相同的制度化形式,它们是过去动员体制遗留的产物,在扶贫实践中能够起到打破科层等级和政策僵化的功能,从而推动扶贫过程的适应性治理。关于作为政府力量的典型代表的驻村扶贫干部或第一书记在扶贫中的作用,覃志敏、岑家峰(2017)认为干部驻村帮扶具有双重逻辑,即科层化、制度化的政府扶贫逻辑与社会扶贫逻辑;郭小聪、吴高辉(2018)则揭示出第一书记与以村干部为代表的村治力量的良好互动是驻村扶贫的重要前提,在不同的权威类型下会产生不同的互动结果,从而展现了第一书记驻村扶贫的微观执行过程。

尽管学者们对于政府及干部扶贫行为的讨论看法不一,但都认同政府主导的扶贫模式具有政策、资金、资源等优势,在农村扶贫事业上不仅难以替代,而且成效显著。面对政府扶贫中遇到的问题,应通过社会扶贫、参与式扶贫等引入非政府组织、贫困村及其贫困户的力量,共同构建多元协作的扶贫治理体系。

其次,随着经济发展、社会进步以及扶贫形势的改变,非政府组织作为重要主体参与扶贫事业也受到越来越多的关注。学者们对非政府组织扶贫的条件、优势和困境等开展了大量研究。郭佩霞(2012)认为扶贫服务社会化需要在政府和 NGO 之间建立具有弹性磋商空间的权力制衡格局。而论及非政府组织参与扶贫的优势,"中国的减贫经验表明,公民社会将有效提高政策的执行力度,获得更广泛、更雄厚的各类社会资源"(杜旸,2011)。帅传敏等(2008)根据甘肃、广西和湖北的调研数据发现,非政府组织主导型项目的效率和水平优于政府主导型项目。不仅如此,学术界对于非政府组织扶贫的困境,尤其对非政府组织与政府、地方社会在扶贫过程中的关系困境也给予了重点研究。陆汉文等（2015）认为在压力型体制下，地方政府将"不出事"作为"硬指标"，让扶贫互助社组织丧失了独立性。孙飞宇等（2016）发现，在非政府组织与地方社会的互动过程中，不仅非政府组织的生产社会的目标有可能落空，而且自身可能异化为地方社会得以再生产的空间。

最后，由于瞄准偏离，贫困村和贫困户曾一度受到忽视，甚至游离于扶贫项目之外，直至国家扶贫转向村级瞄准、精准扶贫，贫困村和贫困户才更多地作为贫困治理主体而存在。学界对于贫困村的研究，主要集中在两个方面：一是研究村庄如何发挥自组织功能推动脱贫，如陈清华等（2017）分析了互助资金利用合作金融制度的优势来提高农户的信贷可获得性。二是研究贫困村如何承接和推进扶贫项目运作以及其中的异化现象。如李棉管（2010）分析了贫困村的灾后重建，认为"整村推进"比"单项突破"更有优势。在扶贫项目推进过程中，上文所述的扶贫经营政治和精英俘获现象也成为学者们的讨论重点。

扶贫政策应与贫困户需求相契合，由此出发，学术界提出了参与式扶贫模式，将贫困户视为贫困治理的重要主体。除了前文对参与式扶贫中贫困户的参与行为进行大量研究之外，学者们着重研究了"争当贫困户"和贫困户识别问题。冯华超等（2017）认为除了农户的平均主义心态之外，评选机制的科学性和公正性不足是引发农户争当贫困户的主要原因。李博等（2017）则认为追求工具理性的国家逻辑和追求价值理性的乡土逻辑之间的张力是困扰精准识别的主要障碍。

（三）农村扶贫过程

农村扶贫过程是多元治理主体采取多样化的政策工具、方法与举措介入农村反贫困事业的行为过程。从时间序列和议题序列上综观农村扶贫的发展，学术界关于农村扶贫过程的研究大多围绕以下三个议题展开：

一是农村经济体制改革。中国大规模农村减贫以农村经济体制改革为突破口。面对农村和农业发展的体制机制束缚，国家启动了以社会主义市场经济为方向，以家庭联产承包责任制、农产品价格、流通体制、发展乡镇企业等为内容的制度改革，为农村发展赋权、松绑，通过农村经济发展的"涓滴效应"取得了巨大的减贫成绩（汪三贵，2008）。学术界对于农村经济体制改革方向和减贫绩效的看法比较一致，认为制度变革有效释放了生产力（陈端计等，2006）。

二是农村开发式扶贫。综观农村开发式扶贫实践过程，开发式扶贫政策主要包括移民搬迁、以工代赈、贴息贷款、财政发展资金、东西协作扶贫、科技扶贫、社会扶贫、贫困地区义务教育工程、小额信贷、整村推进、劳动力培训转移、产业扶贫、西部地区两基攻坚计划、旅游扶贫、党建扶贫等，通过这些开发式扶贫方式,中国农村扶贫又走出了一条有利于贫困人口自我积累和自我发展能力提高的发展道路。对此,学术界的研究成果主要可以归纳为两类:一方面,深入研究不同地区、不同开发式扶贫政策的执行过程。比如,对于移民搬迁政策研究,很多学者基于陕南地区的调查资料研究了农户生计策略(李聪等,2013)、农户贫困类型与影响因素(刘伟等,2015)、社会排斥机制(何得桂、党国英,2012)以及政策执行逻辑(李博、左停,2016),等等;论及科技扶贫,河北的"岗底模式"、福建南平市的"科技特派员"制度和陕西宝鸡市的"专家大院"模式等,都形成了明显的区域特色,受到学术界的关注和重视;关于产业扶贫,黄承伟、覃志敏(2013)基于重庆经验,从统筹城乡发展的视角认为农业产业扶贫可以改变农村长期在城乡发展中处于边缘化的地位,打破农业发展和农民增收囿于农业部门的单一思路,产业扶贫为农民走出困境和机制创新创造了重要机遇。

另一方面,总体反思开发式扶贫政策对于解决变化中的农村贫困的效果限度,这种反思主要从四个方面展开:其一,关于开发式扶贫的瞄准效度反思。正如上文讨论农村扶贫研究学术演进所体现出来的分期线索,便是以扶贫瞄准优化为主线展开,这些研究反映出开发式扶贫始终要着眼于解决精准问题。其二,面对产业扶贫难以覆盖的深度贫困地区,探索小农扶贫等创新模式。叶敬忠等(2018)基于小农户生产、直接对接城市固定消费者的"小农扶贫"模式探索就是对产业扶贫的有益补充。其三,关于与地方性知识融入的反思,参与式扶贫模式研究便是在这类反思指导下形成的研究创新和发展。其四,反思开发式扶贫能否有效解决剩余贫困人口的贫困问题。剩余贫困人口的扶贫难度和返贫概率较高,单靠以市场为导向的开发式扶贫难以发挥作用,推动着学术界兴起农村扶贫的社会政策转型研究,提出通过社会保障制度建设来深化贫困治理。

三是社会保障制度建设。长期的开发式扶贫在带动经济增长的同时,也带来了贫富差距拉大、贫困人口受益不足和返贫等问题,促使农村扶贫政策的关注点由经济发展转到经济发展与再分配公平并重上来(林卡、范晓光,2006)。进入新世纪以来,学者们对于社会政策的扶贫功能研究也契合了农村反贫困政策的此种转向。徐月宾等(2007)认为农村反贫困政策需要建立一个具有预防作用的社会保障制度来完善贫困人口的社会保护。汪三贵(2008)提出应进一步改善收入分配,提高贫困人口受益程度,建立城乡一体化的社会保障体系。张新文(2010)认为农村反贫困战略迫切需要改变社会政策在经济政策面前的附属性地位,应着眼于通过风险管理、反社会排斥、生计保护与创新、健康政策以及资产建设等嵌入性要素在传统社会政策的创新,来提高经济政策的反贫困效益。总体来看,政府和学术界对于社会保障的兜底功能越来越明确,对于深陷"贫困陷阱"的贫困区和贫困户,需要建立和完善农村社会保障体系,提升贫困农民的抗风险能力(银平均,2008:216—219)。开发式扶贫与社会保障政策的有效联动将进一步提升农村扶贫的精准度,为解决剩余农村贫困人口的温饱问题以及推动2020年的脱贫目标创造有利条件。

(四)扶贫效果评估

为解决中国农村贫困问题,国家出台了数量众多的农村经济体制改革政策、开发式扶贫政策以及社会保障政策,这些政策的减贫效应也是学术界关注的热点议题。学者们通过设置合理的评估指标,对金融扶贫、财政扶贫、旅游扶贫、扶贫瞄准、社会保障等多项政策进行了减贫绩效评估,其中财政扶贫、扶贫瞄准与社会保障的评估比较有代表性。在财政扶贫的减贫效果研究中,秦建军、武拉平(2011)发现财政支农投入在短期内的减贫效果较为明显;王艺明等(2016)发现约有61%的贫困县的财政扶贫减贫效应具有长期持续性。在扶贫瞄准评估上,汪三贵等(2007)评估了村级贫困瞄准,发现村级瞄准并没有比县级瞄准覆盖更多的贫困人口。此外,一些学者还分类评估了不同社保政策对贫困人口的影响。如薛惠元(2013)分别从试点县和农户两个层面评估并发现了新型农村社会养老保险具有显著的减贫效应。

三、乡村贫困治理研究的学术趋势

对中国乡村贫困治理的学术演进和学术论域的分析表明,乡村贫困治理研究已经形成多学科、多视角的交叉融合研究态势,乡村贫困认知不断深入,扶贫政策创新和贫困治理卓有成效,为世界反贫困进程贡献了中国智慧和中国方案。然而,农村扶贫的任务并未完结,党的十九大提出了农村脱贫时刻表和乡村振兴战略,不仅为农村扶贫赋予了新的任务内涵,而且为把握农村扶贫研究的学术发展趋势提供了线索。

(一)研究思维从小数据思维扩展到大数据思维

过往的农村扶贫研究,尤其是定量研究,基本都是基于小数据思维的研究,其研究的科学性需要由数据的代表性等属性来保障。然而,在小数据时代,"抽样调查无论其样本多具代表性,仍然免不了误差,实验室的研究对象更是无法代表整个人口"(唐文方,2015)。换言之,在农村扶贫研究中,社会调查的绝对随机抽样异常困难,样本的完整性和代表性容易出现偏差,加上指标设计和测量的主观性等因素,一定程度上会影响全面、准确地认识和分析农村贫困问题。近年来不断兴起和发展起来的大数据思维,具有"全数据"逻辑和大背景式的可视化展现属性,有利于研究者克服小数据的代表性偏差问题,揭示海量数据处理中被忽视的相关关系,并做出有效的趋势预测。正如维克托·迈尔·舍恩伯格等(2013:82—89)所言,随着大数据时代的到来,海量数据的存储、挖掘、可视化和可利用性正深刻转变人们的思维,人们将把关注重心从解读"为什么"转移到预测"未来是什么"。

面对农村扶贫中的瞄准偏离、数据孤立等问题,大数据思维和技术为科学解决扶贫问题,在反贫困领域为实现党和国家治理能力现代化提供了机遇。在当前农村扶贫实践中,甘肃、贵州、广东、广西等省市都在大力加强精准扶贫大数据平台建设,将大数据管理技术应用于精准扶贫的各个环节。在乡村贫困治理研究方面,开始有少部分研究关注扶贫大数据的生产和应用,如章昌平、林涛(2017)构建了一个以贫困人口为中心的大数据关联整合方案的理论模型,并提出利用"块数据"进行精准扶贫开发的设想;汪磊等(2017)则基于贵州、甘肃的案例,认为精准扶贫与大数据之间存在着较强的耦合性,基于大数据技术的扶贫耦合机制能够减少信息不对称,提升精准扶贫绩效。总体来看,目前的大数据与贫困治理研究在深度和广度上都严重不足,作为新的研究思维和技术,其在精准扶贫、精准脱贫、项目安排、资金使用、行为分析以及机制优化等方面大有可为,在关注技术治理有效性的同时,未来乡村贫困治理研究思维应从小数据思维进一步扩展到大数据思维,并根据研究问题的不同,选择合适的方法或方法组合。

(二) 研究广度从农村扶贫研究扩展到"后扶贫时代"的贫困问题研究

从国家开始推动大规模扶贫行动以来,学术界大量研究了贫困认知与测量、多元扶贫主体与互动、扶贫过程与机制、扶贫评估与政策优化等议题。这些研究对于中国的反贫困进程有着突出贡献,推动农村扶贫工作逐步走向深入。然而,现有研究成果基本着眼于当下的农村贫困治理研究,对于"后扶贫时代"的贫困问题关注不够,前瞻性不足,在研究广度上应将贫困治理研究扩展到"后扶贫时代"的贫困问题研究

一方面,现有贫困治理研究大多数都归属于农村扶贫"进口"及"中间过程"阶段的研究,对于农村扶贫"出口"的研究,如扶贫退出、返贫等议题却关注不足。党的十九大要求确保到 2020 年我国现行标准下农村贫困人口实现脱贫,贫困县全部摘帽,解决区域性整体贫困,做到脱真贫、真脱贫。这为研究贫困单元的退出评估和退出机制、贫困人口返贫以及"后扶贫时代"贫困单元的跟踪发展等问题提出了重大的国家需求。在农村扶贫工程倒排工期的当下,这些农村扶贫"出口"研究将具有重大的政策意义和应用价值。故而,当前的农村扶贫研究应进一步扩展到返贫、扶贫退出研究,前瞻性地关注"后扶贫时

代"原有贫困单元的可持续发展问题。庆幸的是,近两年来,扶贫"出口"的议题开始进入学术界的研究视野,如郑瑞强(2017)初步考察了贫困退出的政策意涵与实践困境,提出了贫困退出机制完善的政策接续策略;刘司可(2018)指出了贫困退出工作面临着如何保证扶贫资源分配公平性和持续性的难题,未来需要充分发挥资源分配在贫困退出中的积极作用,构建公正、有效的贫困退出机制。然而,这些有关农村扶贫"出口"的研究远远未能有效解决贫困的有序退出等"出口"问题。事实上,扶贫退出是一个复杂的过程,退出应以确保贫困人口的可持续发展能力为前提,换言之,扶贫退出应与返贫预防结合起来,将原生贫困问题和再生贫困问题一起解决,才能真正符合全面建设小康社会的内涵。

另一方面,未来的贫困治理研究应前瞻性地考虑"后扶贫时代"的贫困治理问题。2020年现行扶贫标准下的贫困人口全部脱贫,并不代表农村贫困的消失,学术界应根据精准扶贫的工作进程,深入研究未来贫困治理政策与机制转型。目前,这方面的研究和讨论已经开始,如李小云、许汉泽(2018)认为,"2020年后农村贫困将会进入一个以转型性的次生贫困和相对贫困为特点的新阶段","需要加大推进城乡一体化和扶贫开发与社会公共服务一体化改革以及发育新的综合性贫困治理机制和贫困治理结构";王小林(2018)强调,2020年后应继续坚持改革开放四十年来中国贫困治理的经验,即坚持对贫困的多维认知,坚持设置跨部门的政府减贫机构,坚持利贫性增长、包容性发展、多维度减贫的政策框架,同时需要特别关注新技术变革带来的结构性事业产生的相对贫困问题;郑永年(2018)则主张中国需要实行更具普惠性质的社会政策,需要逐级提高社会政策的统筹级别,最终通过国家层面的统筹来保障扶贫效益的可持续性。随着上述"后扶贫时代"的贫困治理研究成果逐步出现,将有效提升中国农村扶贫工作的视野和连续性。

(三)研究深度从贫困村脱贫致富研究扩展到贫困村治理创新研究

从多维视角来看,农村扶贫工作不仅要带领贫困村、贫困人口脱贫致富,还要创新贫困村治理,才能在确保扶贫开发工作取得预期成效的同时,尽可能将相应的效果保持下去,不至于因为扶贫工作队或驻村干部的撤离而返贫,真正为高质量全面建成小康社会打下坚实基础。然而,现有研究主要从扶贫政策、扶贫过程、扶贫模式以及扶贫效果评估等方面关注如何使村庄脱贫致富,未将受扶贫村庄的治理创新视为一个重要的研究问题,进而无法解释、回应扶贫中的困惑与治理乱象。事实上,在脱贫致富之外,贫困村治理创新作为农村扶贫工作的要求和任务,一直内含于政府扶贫政策和基层工作实践之中。比如,2015年习近平总书记在贵州座谈时专门强调"要把扶贫开发同基层组织建设有机结合起来,抓好以村党组织为核心的村级组织配套建设";广东省在多轮"双到扶贫"工作中也明确提出要着力"抓班子、带队伍、建制度",努力打造一支"永远不走的扶贫工作队",要将2 277个省定贫困村建设成为社会主义新农村示范村。故而,农村扶贫研究不应忽视贫困村治理创新的需求,在研究深度上应从贫困村脱贫致富研究进一步扩展到贫困村治理创新研究。

党的十九大提出要健全自治、法治、德治相结合的乡村治理体系,实现乡村振兴,这为新时代的农村扶贫工作赋予了新的内涵和使命。在中国成千上万的村庄中,贫困村庄是其中的一种特殊类型,由于外部扶贫力量的嵌入,围绕着村庄公共事业建设、民主政治发展以及经济产业发展等村庄公共事务,贫困村庄内部的权力主体、结构与关系正发生再造,贫困村庄权力再生产将有效驱动贫困村治理创新,不仅有助于保障贫困村庄顺利脱贫致富,而且能够为"后扶贫时代"贫困村庄的持续发展与振兴奠定坚实基础。正如陆益龙(2018)所言,乡村振兴的战略目标可以分精准扶贫、乡村重建和社会创新三步实现,着重强调了村庄社会治理创新对于乡村振兴的重要意义;谢小芹(2017)提出"双轨治理"概念,用以分析第一书记制度与贫困村庄村支书制度相互作用而形成的贫困治理格局以及贫困村治理过程;郑永年在2017年召开的"贫困治理与公共政策"研讨会上也强调,要把扶贫放到中国社会基层治理制度中观察,为了取得稳定、有效的基层社会治理,农村扶贫、农村反腐败、农村生产要素单向的流动方式变革应结合起来,才能既保障农村秩序又促进农村的发展活力。

参 考 文 献

阿马蒂亚·森,2012,《贫困与饥荒》,王宇、王文玉译,北京:商务印书馆。

陈清华、朱敏杰、董晓林,2017,"村级发展互助资金对农户农业生产投资和收入的影响——基于宁夏13县37个贫困村655户农户的经验证据",《南京农业大学学报》第4期,第138—146页。

陈端计、詹向阳、何志远,2006,"新中国56年来反贫困的回顾与反思",《青海社会科学》第1期,第23—27页。

陈前恒,2008,"农户动员与贫困村内部发展性扶贫项目分配——来自西北地区H村的实证研究",《中国农村经济》第3期,第42—49页。

楚永生,2008,"参与式扶贫开发模式的运行机制及绩效分析——以甘肃省麻安村为例",《中国行政管理》第11期,第48—51页。

邓维杰,2014,"精准扶贫的难点、对策与路径选择",《农村经济》第6期,第78—81页。

冯华超、钟涨宝,2017,"精准扶贫中农民争当贫困户的行为及其阐释——基于武汉近郊Q村的实地调查",《中国农业大学学报》第2期,第78—87页。

郭佩霞,2012,"政府购买NGO扶贫服务的障碍及其解决——兼论公共服务采购的限度与取向",《贵州社会科学》第 8 期,第 94—98 页。

杜旸,2011,"全球治理中的中国进程:以中国减贫治理为例",《国际政治研究》第 1 期,第 90—99 页。

郭小聪、吴高辉,2018,"第一书记驻村扶贫的互动策略与影响因素",《公共行政评论》第 4 期,第 78—96 页。

黄承伟、刘欣,2016,"'十二五'时期我国反贫困理论研究述评",《云南民族大学学报》第 2 期,第 42—50 页。

黄承伟、覃志敏,2013,"统筹城乡发展:农业产业扶贫机制创新的契机——基于重庆市涪陵区产业扶贫实践分析",《农村经济》第 2 期,第 67—71 页。

何得桂、党国英,2012,"陕南避灾移民搬迁中的社会排斥机制研究",《国家行政学院学报》第 6 期,第 84—88 页。

胡军、王继新,2014,"有效需求视角下的农民'信息贫困'问题",《甘肃社会科学》第 5 期,第 19—22 页。

何绍辉,2010,"目标管理责任制:运作及其特征——对红村扶贫开发的个案研究",《中国农业大学学报》第 4 期,第 173—182 页。

蒋丽丽,2017,"贫困脆弱性理论与政策研究新进展",《经济学动态》第 6 期,第 96—108 页。

李博、左停,2016,"遭遇搬迁:精准扶贫视角下扶贫移民搬迁政策执行逻辑的探讨——以陕南王村为例",《中国农业大学学报》第 2 期,第 25—31 页。

李博、左停,2017,"谁是贫困户? 精准扶贫中精准识别的国家逻辑与乡土困境",《西北农林科技大学学报》第 4 期,第 1—7 页。

李聪、柳玮、冯伟林、李树茁,2013,"移民搬迁对农户生计策略的影响——基于陕南安康地区的调查",《中国农村观察》第 6 期,第 31—43 页。

李路路、宋臻,2007,"'有限理性'视角下的组织决策——基于一个援助扶贫项目的个案研究",《社会》第 5 期,第 134—143 页。

李棉管,2010,"贫困村灾后重建中的扶贫开发模式——'整村推进'与'单项突破'的村庄比较",《人文杂志》第 2 期,第 158—166 页。

李棉管,2017,"技术难题、政治过程与文化结果——'瞄准偏差'的三种研究视角及其对中国'精准扶贫'的启示",《社会学研究》第 1 期,第 217—241 页。

李小云、许汉泽,2018,"2020 年后扶贫工作的若干思考",《国家行政学院学报》第 1 期,第 62—66 页。

李小云、于乐荣、齐顾波,2010,"2000—2008 年中国经济增长对贫困较少的作用:一个全国和分区域的实证分析",《中国农村经济》第 4 期,第 4—11 页。

李周、乔召旗,2009,"西部农村减缓贫困的进展",《中国农村观察》第 1 期,第 2—13 页。

林乘东,1997,"教育扶贫论",《民族研究》第 3 期,第 43—52 页。

林卡、范晓光,2006,"贫困和反贫困——对中国贫困类型变迁及反贫困政策的研究",《社会科学战线》第 1 期,第 187—194 页。

林雪霏,2014,"扶贫场域内科层组织的制度弹性——基于广西 L 县扶贫实践的研究",《公共管理学报》第 1 期,第 27—38 页。

刘博、宋义平,2006,《新农村扶贫开发》,北京:中国社会出版社。

刘司可,2018,"扶贫资源分配和贫困退出中的矛盾及其化解——基于湖北陈村贫困户和脱贫户的调研分析",《当代经济管理》第 10 期,第 46—53 页。

刘伟、黎洁、李聪、李树茁,2015,"移民搬迁农户的贫困类型及影响因素分析——基于陕南安康的抽样调查",《中南财经政法大学学报》第 6 期,第 41—48 页。

吕方、梅琳,2017,"'精准扶贫'不是什么?——农村转型视阈下的中国农村贫困治理",《新视野》第 2 期,第 35—40 页。

陆汉文、岳要鹏,2015,"政农关系视角下扶贫合作组织名实分离的过程与逻辑——基于 Y 县扶贫互助社的分析",《国家行政学院学报》第 4 期,第 38—42 页。

陆益龙,2018,"乡村振兴中精准扶贫的长效机制",《甘肃社会科学》第 4 期,第 28—35 页。

卢淑华,1999,"科技扶贫社会支持系统的实现——比较扶贫模式的实证研究",《北京大学学报》第 6 期,第 43—50 页。

农业部农村经济研究中心课题组,1997,"欠发达地区经济起飞的关键是'资源资本化'——中国扶贫体制改革试验区的实证经验",《管理世界》第 6 期,第 136—144 页。

秦建军、武拉平,2011,"财政支农投入的农村减贫效应研究——基于中国改革开放 30 年的考察",《财贸研究》第 3 期,第 19—27 页。

覃志敏、岑家峰,2017,"精准扶贫视域下干部驻村帮扶的减贫逻辑——以桂南 S 村的驻村帮扶实践为例",《贵州社会科学》第 1 期,第 163—168 页。

帅传敏、李周、何晓军、张先锋,2008,"中国农村扶贫项目管理效率的定量分析",《中国农村研究》第 3 期,第 24—32 页。

孙飞宇、储卉娟、张闫龙,2016,"生产'社会',还是社会的自我生产?——以一个 NGO 的扶贫困境为例",《社会》第 1 期,第 151—185 页。

沈红,1997,"扶贫传递与社区自组织",《社会学研究》第 5 期,第 30—39 页。

唐丽霞、罗江月、李小云,2015,"精准扶贫机制实施的政策和实践困境",《贵州社会科学》第 5 期,第 151—156 页。

唐睿、肖唐镖,2009,"农村扶贫中的政府行为分析",《中国行政管理》第 3 期,第 115—121 页。

唐文方,2015,"大数据与小数据:社会科学研究方法的探讨",《中山大学学报》第 6 期,第 141—146 页。

于法稳,2004,"西北地区生态贫困问题研究",《中国软科学》第 11 期,第 27—31 页。

维克托·迈尔·舍恩伯格、肯尼思·库克耶,2013,《大数据时代:生活、工作和思维的大变革》,杭州:浙江人民出版社。

汪磊、许鹿、汪霞,2017,"大数据驱动下精准扶贫运行机制的耦合性分析及其机制创新——基于贵州、甘肃的案例",《公共管理学报》第 3 期,第 135—143 页。

汪三贵,1994,《贫困问题与经济发展政策》,北京:农村读物出版社。

汪三贵,1998,《技术扩散与缓解贫困》,北京:中国农业出版社。

汪三贵、Albert Park、Shubham Chaudhuri、Gaurav Datt,2007,"中国新时期农村扶贫与村级贫困瞄准",《管理世界》第 1 期,第 56—64 页。

汪三贵,2008,"在发展中战胜贫困——对中国 30 年大规模减贫经验的总结与评价",《管理世界》第 11 期,第 78—88 页。

汪三贵、刘未,2016,"'六个精准'是精准扶贫的本质要求——习近平精准扶贫系列论述探析",《毛泽东邓小平理论研究》第1期,第40—43页。

王蒙、李雪萍,2015,"行政吸纳市场:治理情境约束强化下的基层政府行为——基于湖北省武陵山区W贫困县产业扶贫的个案研究",《中共福建省委党校学报》第10期,第89—96页。

王小林,2018,"改革开放40年:全球贫困治理视角下的中国实践",《社会科学战线》第5期,第17—26页。

王小强、白南风,1986,《富饶的贫困:中国落后地区的经济考察》,成都:四川人民出版社。

王雨磊,2016,"数字下乡:农村精准扶贫中的技术治理",《社会学研究》第6期,第119—142页。

王艺明、刘志红,2016,"大型公共支出项目的政策效果评估——以'八七扶贫攻坚计划'为例",《财贸经济》第1期,第33—47页。

吴晓燕、赵普兵,2015,"农村精准扶贫中的协商:内容与机制——基于四川省南部县A村的观察",《社会主义研究》第6期,第102—110页。

西博姆·朗特里,1975,《贫乏研究》,长泽弘毅译,东京:株式会社千城。

刑成举、李小云,2013,"精英俘获与财政扶贫项目目标偏离的研究",《中国行政管理》第9期,第109—113页。

薛惠元,2013,"新型农村社会养老保险减贫效应评估——基于对广西和湖北的抽样调研",《现代经济探讨》第3期,第11—15页。

谢小芹,2017,"双轨治理:第一书记扶贫制度的一种分析框架——基于广西员村的田野调查",《南京农业大学学报》第3期,第53—62页。

徐月宾、刘凤芹、张秀兰,2007,"中国农村反贫困政策的反思——从社会救助向社会保护转变",《中国社会科学》第3期,第40—53页。

杨小柳,2009,"地方性知识与扶贫策略——以四川凉山美姑县为例",《中南民族大学学报》第5期,第39—44页。

叶敬忠、贺聪志,2018,"衔接小农生产和城市消费,实现稳定脱贫",《人民日报(内参)》第643期。

银平均,2008,《社会排斥视角下的中国农村贫困》,北京:知识产权出版社。

中国农村贫困定性调查课题组,2009,《中国12村贫困调查》,北京:社会科学文献出版社。

中华人民共和国国家统计局,"中华人民共和国2017年国民经济和社会发展统计公报",http://www.stats.gov.cn/tjsj/zxfb/201802/t20180228_1585631.html,2018年3月20日访问。

章昌平、林涛,2017,"'生境'仿真:以贫困人口为中心的大数据关联整合与精准扶贫",《公共管理学报》第3期,第124—134页。

张和清,2010,"扶贫经营政治的形成及其社会政治后果——一个少数民族行政村的个案研究",《广西民族大学学报》第1期,第96—104页。

张丽君、董益铭、韩石,2015,"西部民族地区空间贫困陷阱分析",《民族研究》第1期,第25—35页。

张茂林、张志良,1995,"开发性扶贫移民过程中的综合效益评价——以甘肃河西走廊农业灌溉暨移民安置综合开发建设项目为例",《中国人口科学》第 5 期,第 17—21 页。

张新文,2010,"我国农村反贫困战略中的社会政策转型研究——发展型社会政策的视角",《公共管理学报》第 4 期,第 93—99 页。

郑瑞强,2017,"贫困退出:政策蕴含、机制解构与发展扶持政策接续",《河海大学学报》(哲学社会科学版)第 5 期,第 20—26 页。

郑瑞强、曹国庆,2015,"基于大数据思维的精准扶贫机制研究",《贵州社会科学》第 8 期,第 163—168 页。

郑永年,2018,"如何实现精准扶贫的可持续性",《联合早报》1 月 16 日。

左停、杨雨鑫、钟玲,2015,"精准扶贫:技术靶向、理论解析和现实挑战",《贵州社会科学》第 8 期,第 156—162 页。

朱玲,1992,"中国扶贫理论和政策研究评述",《管理世界》第 4 期,第 190—197 页。

DAC,2001,*The DAC Guidelines on Poverty Reduction*,Organization for Economic Cooperation and Development(OECD).

United Nations Development Programme,1997,*Human Development Report* 1997.

World Bank,2000,*World Development Report 2000/2001:Attacking Poverty*,Oxford:Oxford University Press.

中国传统文化教育政策的变迁：
基于间断均衡理论视角*

刘巧虹**

【摘要】 中国传统文化是中国软实力不可或缺的一部分，传统文化的发扬光大需要教育部门正确发挥其职能，通过教育部门已公布的政策可以对当前中国传统文化教育现状进行总结。通过对近二十年已公开的教育部相关政策进行本文分析，基于间断均衡理论框架对中国传统文化教育政策的变迁进行梳理。在此基础上，对间断均衡理论框架进行了本土化的修订，并通过定量分析切实提出建议，并预测未来中国传统文化教育政策的趋势。本文通过结合定性与定量研究方法，对中国传统文化教育政策变迁的进程进行了追溯和探索，整理政策演进的逻辑并将其纳入中国情境下的间断均衡理论框架，希望能对中国政策的理论和实践有所启示。

【关键词】 中国传统文化　教育政策　间断均衡理论　政策变迁　本土化

The Change of the Education Policy of Chinese Traditional Culture—Based on the Perspective of Punctuated Equilibrium Theory

Qiaohong Liu

Abstract Chinese traditional culture is an indispensable part of China's soft power. To carry forward the traditional culture, the Ministry of Education should play its role correctly. The current situation of Chinese traditional culture education can be summarized through the policies announced by the education department. Based on the analysis of the relevant policies of the Ministry of Education which have been published in the past 20 years, this paper sorts out the changes of the educational policies of Chinese traditional

---

* 基金项目：本文为中国人民大学"中央高校建设世界一流大学（学科）和特色发展引导专项资金"（项目编号：2018030）学术成果。
** 刘巧虹，中国人民大学公共管理学院博士研究生。

culture based on the punctuated equilibrium theory framework. In doing so, the theory framework of punctuated equilibrium has been revised locally, and suggestions have been put forward through quantitative analysis, and the trend of the education policy of Chinese traditional culture has been predicted.

Key words Chinese Traditional Culture, Education Policy, Punctuated Equilibrium Theory, Policy Change, Localization

一、引 言

中华民族在五千多年悠久文明的历史进程中,形成了具有自己民族特色的价值体系和价值观。从某种意义上来讲,中华优秀传统文化既是我们这个民族价值观的内在根基,也是我们这个民族价值观的外在表现。

党的十八大以来,以习近平总书记为中心的党中央围绕培育和弘扬社会主义核心价值观,深刻阐述了中华优秀传统文化与社会主义核心价值观的内在联系,反复强调培育和弘扬社会主义核心价值观必须立足中华优秀传统文化。教育部门承担传承中国传统文化的重要职能,对于中国传统文化的发展不可或缺。

近二十年来,教育部已出台一系列以发扬与传承传统文化为主题的政策。中国传统文化教育政策的出台不仅满足了国民精神需求,并且对培养民众文化素养有重大意义。有关传统文化教育政策在教育政策总量中占比并不凸显,但是作为对世界观、人生观、价值观具有明显倡导性的教育政策,伴随其出台将对其他教育政策有不可替代的导向性,特别是义务教育政策。教育作为必须予以保障的公共服务资源,其内容与形式不仅关于所有民众的切身利益,而且将持续影响其他部门政策的制定与出台。传统文化教育政策作为对教育领域乃至其他领域都有明显指导性的政策,必须给予充分的关注和探索。教育部已出台相关政策在时间序列上呈现出曲线上升趋势,这一现象通过间断均衡理论可以得到很好的分析和解释。

二、问题的提出

公共政策的制定及演化过程是公共管理学界关注的热点。公共问题如何进入决策者的视野、政策如何设计及选定、在何种情形下政策会做出改变等问题,一直是观察和研究公共管理实践的重要视角。由于公共政策演进过程中的问题确认、议程设置、政策形成及合法化等各个阶段,都是围绕决策这个核心问题展开的,因此,有关公共政策决策领域的问题,不仅受到学术界的广泛关注,而且在公共管理实践中,也在尝试通过改革推动决策机制的科学化。

间断均衡理论(Punctuated-Equilibrium Theory),源于生物进化的"间断均衡说",由鲍姆加特纳和琼斯(Baumgartner & Jones, 1991)引入公共管理领域,用以描述与解释兼具渐进性与非渐进性特征的政策过程。自该理论引入至公共管理领域以来,国外学者采用间断均衡理论进行了大量实证研究。在预算政策领域,鲍姆加特纳和琼斯(Baumgartner & Jones, 1998)对美国联邦政府1947—1995年间预算的多个项目支出进行分析,发现其预算结果符合间断均衡模型的预期分布;还有多位学者分别以丹麦、英国、比利时等国的不同预算领域的数据,检验了间断均衡理论在预算政策领域的解释力。除此之外,鲍姆加特纳和琼斯(Baumgartner & Jones, 1991)最重要的贡献之一是清晰界定了间断和均衡两种状态,即政策制定处于宏观政治中对应间断状态而在政策子系统中对应均衡状态,基于此,他们进一步验证了核电、杀虫剂、毒品和酒精滥用、吸烟和烟草、汽车安全、城市政策和儿童虐待等政策子系统垄断的建立和打破过程。鲍姆加特纳、琼斯和莫滕森(Baumgartner, Jones, & Mortensen, 2014)认为政策过程包括问题界定和议程设置两个环节,由于资源的有限性,不同的注意力分配将导致政策制定的不同主张,宏观政治系统的介入多导致政策变迁,即"间断现象"。琼斯等(Jones et al., 2009)通过粘着—滑动模型(Stick-Slip Dynamics)解释宏观政治系统和政策子系统之间的互动与对比,即不同的力量主导时会呈现不同的状态。虽然间断均衡理论的成立以美国政治制度为基础,但是鲍姆加特纳、琼斯和威尔克森(Baumgartner, Jones, & Wilkerson, 2011)从比较视角出发将不同政治制度纳入政策变迁过程中,提出间断均衡理论可以适用于多数的政治制度之中。

国内学者有关间断均衡理论的研究基本处于起步阶段,多是对该理论模型的引进及评述。骆苗(2017)从不同的视角对政策变迁的过程进行了解释,将间断均衡作为一种重要路径;李文钊(2018)认为间断均衡理论得到广泛应用,未来仍然还有较大的成长空间。然而,此理论在国内的实证研究却很少。文宏(2014)综合了访谈、问卷调查、历史文献分析等多种方法,初步实现间断均衡理论与中国本土体制环境的结合,构筑了间断均衡理论在中国的整体性分析框架。蒋俊杰(2015)以"唐慧事件"冲击下我国劳动教养制度的废除过程为例,运用公共政策的间断均衡模型,分析影响我国公共政策维持均衡和发生间断式变迁的内在因素。陈伟等(2015)基于间断均衡模型,发现在触发事件的影响以及政策图景和政策场域的互动下,中央"一号文件"农业政策的变迁呈现"间断均衡特征"。邝艳华(2015)以支出变化为切入点分析我国2000—2010年30个省的环保支出变化,发现其属于间断均衡模式。黄靖洋等(2015)

以间断均衡理论为分析视角,讨论了中国高等教育子系统中不同政策行动者的角色与行为取向。李朔严等(2016)拓展了理解中国计划生育政策变迁的视角,尝试分析了间断均衡模型的本土化运用路径。张锐等(2017)认为在医疗卫生体制改革的影响和焦点事件的触发下,中国医疗暴力的治理政策变迁呈现出间断均衡演进的特征。缪燕子(2017)认为间断与均衡的变迁构成了1949年以来社会救助政策的非线性变迁。

国内学者已经将该理论应用于交通、司法、农业、教育、医疗等多个领域,通过对间断均衡理论的本土化可知该理论对不同领域的不同政策变迁都有较好的解释性。虽然间断均衡理论形成于西方制度背景,但是该理论主要关注随着政策环境的改变,政策议题伴随决策注意力的非连续性变化将发生变化。中国公共政策的决策过程与西方存在很大差异,但是在选择政策议题时,政策图景作为一种价值判断必然存在,对于政策图景的正负需要重视。与此同时,本土政策子系统垄断的打破与西方存在很大差异,反对者进入政策议程、政策企业家游说、公民社会团体行动是专属于西方制度的概念,因此需要对政策场域的转移进行适应中国情景的探索。在此基础上,本文试图运用已取得广泛认同的间断均衡理论,从教育部颁发的传统文化相关政策入手,阐释和验证中国公共政策的演进逻辑,以期实现间断均衡理论模型的中国化改造。本文之所以选择中国传统文化教育政策为案例,理由有三:(1)教育政策是促进中国文化发展的重要政策。教育政策既能促进文化的变革与发展,也能够促进经济的转型升级,这种双重属性使教育政策具有成为案例的必要性。(2)教育政策是传统文化传承的主要手段。相比较于教育部,其他相关部门出台传统文化主题政策历时短、范围小,因此教育政策更具备成为案例的可行性。(3)以传统文化教育政策作为案例可以得出更具有应用价值的结果。传统文化教育政策成为案例所得出的结论可以扩展至其他教育领域,能够更大范围地延伸理论的应用。

三、研究方法与分析框架

(一) 研究方法

本文采用定性与定量相结合的研究方法,对我国传统文化教育政策的间断均衡演进进程进行验证。(1)历史文献分析。对2000年至今的教育政策采用文本分析。政策作为一种政治系统的产出,不仅表现为部门规章,同时也常以条例、法律、法令、法庭裁决、行政决议以及其他形式出现。教育政策作为培养价值观的重要方式,通过对其进行文本分析不仅可以增进对教育政策及其政策过程的基本认知,同时也可从整体和结构的层面来探讨教育政策过程,从而理出政策演变的逻辑和路径。此外,以新闻数量代表同时段相关主题的社会关注度和民众讨论的重心,通过计量模型的建立,关于政策明确性对民众关注度的影响进行了验证。(2)案例研究法。通过关注传统文化教育的学术论文、新闻和政策文本的内容,对不同阶段的内容进行深入研究并突出个案,从而揭示间断均衡理论在实践中的发展趋势。(3)访谈法和调查问卷法。综合使用访谈法和问卷调查法,对各个年龄阶段的不同群体进行深入访谈并发放调查问卷。了解传统文化教育政策效果以及传统文化教育满意度。问卷共计发放200份,其中有效问卷185份。

(二)分析框架

间断均衡理论致力于阐释公共政策为何在长期处于稳定状态下会发生偶尔的急剧变迁现象,基于议程设置视角,重视信息在政策过程中的作用,重新解释政策过程中稳定与变迁现象。该理论框架中包含一些基本概念:政策场域,指对某一问题具有决定权的社会机构和团体;政策图景,指某个政策在公众和媒体中怎样被理解和讨论,其正面和负面之间可以基于科学发现或重大事件相互转化;政策垄断,指最重要的行动者所组成的集中且封闭的体系,倾向于将其他参与者排斥在外,使政策变迁缓慢或停滞;决策者注意力,公众注意力的转移一般受到政治精英、媒体报道和政策企业家言行的影响。

在公共政策过程理论中,政策图景可以视为政策制定的起点,当不同维度的政策图景之间发生互动与冲突时,如果政策场域保持不变,则政策变迁体现渐进特征。一旦政策进入宏观政治层面,随着政策场域的转移和决策者注意力发生转移,政策垄断必然被打破,原有政策体系瓦解,政策变迁表现为间断均衡特征。可见,政策图景和政策场域的变化是解释政策变迁的重点。政策变迁演进的动因可以由间断均衡理论中的偏好模型,即政策制定者偏好的改变导致政策变迁;粘着—滑动模型,即政策变迁中存在两种力量的角力;不成比例信息处理模型,即注意力的转移并不一定完全理性等,进行进一步解析。

四、传统文化教育政策的实证研究

教育部作为教育工作相关方针、政策的主导部门,其所公开的传统文化教育政策经历了怎样的演进,以及下一步将如何开展工作,是本文迫切关注的内容。虽然公开的传统文化教育政策历时并不长,但是仍然可以获得相当丰富的资料。

(一)文本分析

从逻辑学的角度看,传统文化教育政策属于下位概念。因此,厘清政策的内涵是理解传统文化政策概念的逻辑起点。本文认为,传统文化教育政策是指党和政府及其他组织为了促进传统文化发展而制定的指导方略、发展计划和行动方案。首先,对传统教育政策实现概念的操作化;然后,以教育部(国家教委)2000年至2018年6月公开的9 391条政策为研究对象,并以"传统文化"为主题进行搜索,分析教育部对待传统文化教育态度的变化。其次,对传统文化教育政策逐一分析,并将其归到相应的类型中去。对近二十年政策分析完毕后,就可以发现我国传统文化教育的基本特征和发展趋势;最后,以本文的数据为基础,结合相关历史背景,就可以挖掘政策演进的内在逻辑。

教育部门户网站搜集到了从2000年到2018年6月历年的教育部公开政策。首先对历年教育政策进行数据统计,可以从整体趋势判断传统文化教育政策的演进进程。

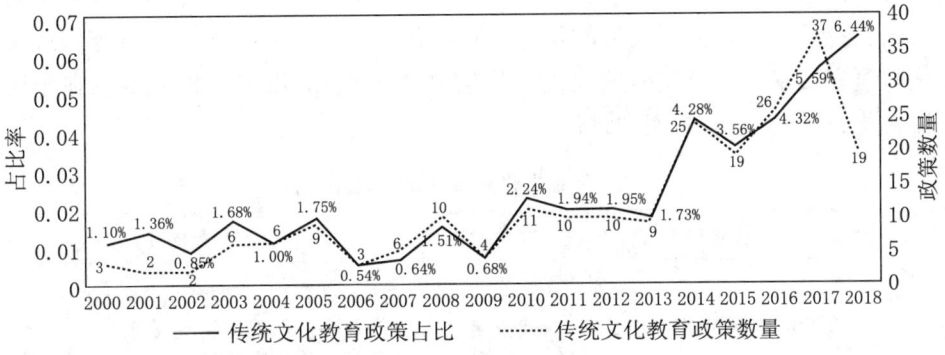

资料来源:作者根据教育部门户网站公开信息整理。

图1 教育部公布传统文化教育文件数数量与同年占比与年份的关系

如图1所示,传统文化政策数量变化与其同年占教育政策总量比例趋势相同,并且这种趋势按照年代纵向分析,可以发现其呈现显著的间断均衡趋势,由此可以看出,教育部关于传统文化相关主题政策的出台存在明显的不同力量之间的角力。

从近二十年教育部公开的教育政策文件数可以看出政策演进可分为三个阶段。第一阶段为2000—2005年,教育部开始重视传统文化教育的重要地位,但是受限于以往相关基础的缺失,传统文化教育领域发展速度缓慢。第二阶段为2006—2009年,教育部并没有将传统文化教育视为重要工作内容,甚至是忽视了传统文化教育的发展,基于此颁布的政策多为前一阶段的延续,即教育部处于被动状态对已有政策进行完善。第三阶段为2010—2014年,这一时期教育部开始将传统文化的发展进程视为重要议题,相关政策数量和占比均出现了大幅度提升。第四阶段为2015年,本年度可以明显看出是传统文化教育政策逐渐升温趋势中的冷冻期。第五阶段为2016—2018年6月,这一时期教育部重新对传统文化政策加码,传统文化教育发展的速度和深度均有所扩展。具体情况可见表1。

此外,本文对近二十年的215条文件进行了编码,对政策的类别频次进行初步统计,可以具体直观发现教育部近二十年来工作的焦点。可以看出,教育部近二十年传统文化政策的类别中,开展学习活动以75个频次高居榜首,其次为提升教育质量、扩大教育范围、完善管理内容、推动转化发展和应用工艺技能。政策划分的类别以政策手段为标准,其中开展学习活动可以扩大传统文化价值观的影响范围,增加不同的宣传方式以及通过引入竞争机制,促进传统文化价值观的内化,从而影响目标群体。提升教育质量则关注传统文化扩展的内容,通过对师资力量的扩充和加强,以及相关教育设施、基地的建设,进一步加强传统文化教育的影响。扩大教育范围主要包括目标群体的扩大和加大科研力量的注入。完善管理内容是关于教育部下达的教育工作的规划部署以及教育系统行政管理人员的学习;推动转化发展重点在于加强结合传统文化与语言文字运用以及推进现代文化信息化进程;应用工艺技能重点在于民俗文化、传统技艺的应用和宣传。

表1 传统文化教育政策的性质特征

时间	教育部态度	传统文化教育状态	代表性政策
2000—2005	逐渐重视	缓慢发展	2000年《关于北京中医药大学北京针灸骨伤学院合并组建新的北京中医药大学的决定》
2006—2009	基本忽视	停滞不前	2007年《教育部 卫生部 国家中医药管理局关于共建北京中医药大学的意见》
2010—2014	大力促进	快速发展	2013年《教育部办公厅关于印发〈初中思想品德课和高中思想政治课贯彻党的十八大精神的教学指导建议〉的通知》
2015	限制发展	快速收紧	2015年《进一步减少和规范高考加分项目和分值实施方案》
2016—2018.6	积极推进	大力发展	2016年《中共教育部党组关于教育系统深入开展爱国主义教育的实施意见》

资料来源:作者自制。

上述分析对传统文化教育的政策进行了总结和梳理,在此基础上,通过政策文本分析可以对传统文化教育政策的演进进程进行判断。除此之外,政策的出台是否能够对民众产生影响,需要通过对相关变量进行统计和分析,希望不仅描述传统文化教育政策的现状,还能够预测并指导政策演进的未来。

(二)数据分析

对2000年至2018年6月的新闻进行检索,基于百度新闻搜索引擎,包含关键词为"传统文化"的新闻文本搜索结果表明,民众以及新闻媒体对于传统文化教育的关注持续增加,并且在近二十年中增加速度可以说是突飞猛进,但是其增长率并不是完全递进的,而是呈现曲线式上升,如图2所示。因此本文提出假设H1:传统文化教育政策的出台影响民众关注度。通过上文对传统文化教育政策的梳理,可以明确每条政策的明确性和力度均有所差异。对于教育部所出台的相关政策,无疑将"传统文化"作为标题的政策工具明确性和力度最大,因此本文提出假设H2:传统文化教育政策的明确性与民众关注度成正比。基于以上假设,本文分别将2000年至2018年6月公布的传统文化相关教育政策和传统文化作为标题的教育政策总量作为自变量,同年新闻总量作为因变量,基于OLS回归模型建立计量模型,即$y_0 = x'_0 \beta + \varepsilon_0$。研究采用回归分析并验证上文提及的假设,并对模型进行平行回归假定检验,使用的统计软件为Stata MP/14.0。

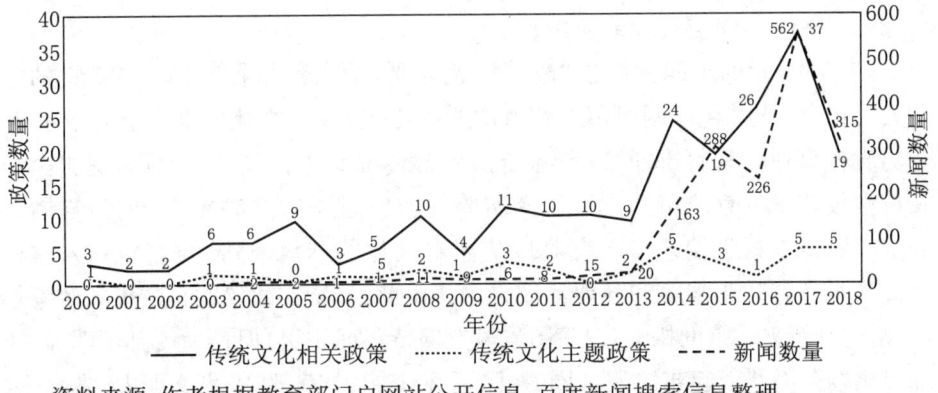

资料来源:作者根据教育部门户网站公开信息、百度新闻搜索信息整理。

图2 教育部公布传统文化教育文件数数量、新闻数量与同年占比与年份的关系

通过模型检验,教育部历年出台的传统文化相关政策提升了民众和新闻媒体对传统文化的关注($p=0.000$, $Coef=14.899$),带动了相关主题的讨论。与此同时,其中以传统文化作为标题出台的政策不仅提升这一主题的关注度($p=0.000$, $Coef=68.277$),而且其影响程度远远大于明确性较低的政策。由此,本文通过预测模型,探讨传统文化教育政策和传统文化教育政策明确性的变化将实现民众对传统文化关注度概率怎样的趋势。其中,传统文化教育政策的明确性越高,则民众对传统文化的关注越强。这一分析结果对今后开展传统文化教育工作提供了参考。

本文通过定性分析与定量分析,对中国传统文化教育政策现状进行了详细的描述,梳理了相关政策的明确性并对其做出了合理的预测。基于间断均衡理论框架和以上关于中国传统文化教育政策的事实,本文可以对相关政策的演进进行科学的推理。

(三) 理论验证

间断均衡理论强调公共政策真实的变迁过程中稳定状态与重大的变迁都是重要的要素,虽然政策危机和重大改变有时也会发生,大多数政策领域的特点是停滞而稳定的。作为一种独立的理论,间断均衡理论以整体的视角看待政策变迁的过程,既关注渐进的线性变迁,又关注有重大变化发生的非线性变迁。

虽然由于政府制度的复杂性很难判断制度之间的聚合偏好,但是根据公共政策的实施结果,可以分析其内在不稳定性的前因与后果。本文通过传统文化教育政策变迁的发展过程,对中国传统文化教育政策变迁过程进行区间隔离,并且寻找关键节点上各方力量的非均衡状态,分析其内在不稳定性的前因与后果。

1. 2000—2005 年:政策均衡期

1991 年,党的十四大提出"改革文化体制"的工作目标。2002 年,党的十六大提出"深化文化体制改革",并首次明确提出发展"文化产业",区分文化产业与文化事业。教育部于 2000 年首次出台传统文化相关教育政策,提出全国农村学校艺术教育改革和发展研究实验在实施过程中必须把握"创新与继承的统一",将农村学校艺术教育对传统艺术文化的继承、整合与创新列入农村学校艺术教育教学内容和教研活动之中。由此,传统文化议题正式进入政策场域,出于对新兴政策的探索,政策图景虽然保持正面积极,但是力度并不明显,传统文化教育仍处于起步阶段。同时,除了 2005 年中宣部、中央文明办、教育部、民政部、文化部联合发文《关于运用传统节日弘扬民族文化的优秀传统的意见》,国务院办公厅与相关部门均未单独出台相关政策,政策子系统维持垄断状态,通过数量可以明显判断政策总量稳步上升,政策变迁呈现均衡特征。

2. 2006—2009 年:政策间断期

传统文化教育政策演进进入间断期首先需要考量政策图景的转变。政策图景受接收到的信息影响,其一来自全球化进程。中国主动投入经济全球化浪潮,加入 WTO、成功申办 2008 年奥运会,不断与外国政府或世界经济组织双边甚至多边交流、对话、互访等。与之伴随的是文化全球化潮流,如同参与经济全球化进程一样,中国也积极参与文化全球化的进程。文化全球化推动了世界上不同民族文化之间的文化整合,以及不同民族文化之间逐渐形成某些共识。由于来自外界的文化冲击更多地强调文化的普遍性而非独特性,对于传统文化内容的强调有所减弱。其二,对存在的"国学热"进行了反思。2009年,人民网转载《"国学热"与当代学校传统文化的缺失》一文,表明了学校无法承载传统文化教育的现状,并对传统文化教育的普及降温做了总结。随着负面政策图景出现,传统文化教育的推动受到阻挠。同一时期,其他部门均开始出台与传统文化相关的政策,如中宣部、财政部、文化和旅游部、国家文物局联合发文《关于全国博物馆、纪念馆免费开放的通知》,旨在提升民众整体对于中国传统文化的了解。出于对与传统文化相关主题的热切讨论,国务院办公厅出台《关于严格执行国家法定节假日有关规定的通知》,该规定对于民众普遍关心的传统节日放假进行了负向回应。由此,政策子系统垄断已经打破,不同力量之间的互动使宏观层面介入并表明态度,政策变迁进入间断期。

3. 2010—2014年:政策均衡期

传统文化教育相关学者和新闻媒体对这一主题进行了更为深入的探讨,如凤凰网2010年转载"传统文化缺失原因之探讨",对中国传统文化被现代外来文化逐渐稀释表现出巨大的遗憾。其中,2010年分三期陆续发刊于《红旗文稿》的"文化自觉 文化自信 文化自强——对繁荣发展中国特色社会主义文化的思考"一文具有重大的指导意义和影响力。与此同时,文化部办公厅、国家文物局办公室发文《关于把握正确导向做好文化遗产保护开发工作的通知》,对与过度追求传统文化遗产经济价值和扭曲传统文化内涵的行为进行了强烈的谴责。可以看出,以2010年为起点,新闻媒体、学术探讨、其他部门政策均对政策图景产生了很大的影响,由此传统文化教育作为议题得到了延续。同年,教育部印发《教育部2010年工作要点》通知,明确提出"加强中华优秀文化传统教育,开展中华经典诵读活动",此后,教育部工作重点中多次强调传统文化教育的加强。8月29日,北京东方大学传统文化学院在首都博物馆举行了揭牌仪式,这也是中国大学创建的第一所传统文化学院。由此,之后几年政策图景保持正面,教育部持续关注传统文化,为传统文化的传承提供充足的设施和良好的师资条件。

4. 2015年:政策间断期

2015年2月,河南省某一中小学极端教育方式经新闻报道后,大量学者和专家对于如何进行传统文化教育进行了反思。人民网发表评论称,"任何知识的传授都是应该与时俱进的,传统文化也是如此"。同年3月,人民网转载《传统文化教育真的"火"了?》,针对传统文化假期培训班持续高温的现象,该文认为传统文化教育的传承不应该依赖授课和考核,而应该渗透于日常生活之中。一时间舆论导向转为传统文化教育不能急于求成,民众担心把传统文化教育变成新的应试内容。2015年起,教育部、国家民委、公安部、国家体育总局、中国科学技术协会联合发文《关于进一步减少和规范高考加分项目和分值的意见》,其中对于高考加分项目的取消涉及书法、武术等传统文化领域,在此背景下,政策图景再次转向消极。随着政策图景负向、阻力的增加、政策场域变化和政策子系统垄断的瓦解,教育部相关政策制定进入反思期。

5. 2016—2018年6月:政策均衡期

中国传统文化具有内在生命力,政策图景在双重力量作用下进行切换。2016年,文化部办公厅分别出台政策关注传统艺术传承、传统文化创意产品开发、非物质文化遗产宣传等;中宣部、中央文明办在官方网站开设传统文化板块,介绍传统文化作品和民间艺术等;工信部首次出台传统文化主题政策:《关于促进文房四宝产业发展的指导意见》,旨在弘扬传统优秀文化和记忆。这一阶段,随着各职能部门争先出台传统文化相关政策,政策图景积极正面,由此,重视传统文化传承,对传统文化进行创新成为时代主流,作为重要的议题再次进入议程设置。教育部开始探索更为贴近实际的方法,如《2016年教育信息化工作要点》中提出启动全球汉语汉字和中华传统文化学习网络平台建设。随之,传统文化教育的政策演进呈现蓬勃发展的趋势。

五、中国传统文化教育政策的演进逻辑

基于以上实证研究结果,传统文化教育政策变迁的演进符合间断式均衡的特点,但同时区别于西方的间断均衡理论框架。间断均衡理论框架需要依据中国情境进行修订,才能更科学地描述现状以及预测未来的趋势。

(一)中国情境下的间断均衡理论框架

中国传统文化教育政策的变迁存在鲜明的自身特征,反对者进入政策议程、政策企业家的游说和公民社会团体行动均是西方制度的因素,人民代表大会作为中国公共政策的决策层面,与西方制度中的政策场域存在很大的不同,因此,需要对间断均衡理论框架中的因素进行探讨。本文通过对中国传统文化教育政策的变迁进行梳理,发现政策图景变化至政策场域变化的过程中,主要的因素来自中央层面的引导、职能机构的态度、专家学者的参与以及人民群众的反馈,如图3所示。

1. 中央层面的引导

中国传统文化教育政策进程中,教育部作为国务院的组成部门,其政策议题的选择受到国务院即中央层面的影响,其政策变迁进程受到中央层面引导的影响。随着国务院办公厅政策的颁布打破政策子系统垄断,传统文化教育

政策变迁进入间断期,即当中央层面进行正面引导时,相关政策均衡发展;一旦中央层面与职能部门意见相左且介入政策子系统,政策场域和政策图景将很快发生转变。由此可见,在我国具体政策制定过程中,中央领导层面具有很大话语权,尤其在价值观方面呈现出导向作用。文宏(2014)在出租车政策演进中纳入间断均衡理论,区分了政策子系统和宏观系统,证实了中央层面的价值倾向。魏娜和缪燕子(2018)关于社会救助政策变迁的研究中,提出中央政府是政策变迁最重要的触发体。中央层面作为最高国家行政机关,对于不同领域的政策变迁均有明显的引导作用。此外,中国共产党作为执政党,是国家和社会生活的领导核心,中国共产党最高领导人以及党中央的重要公开讲话与会议发言,通过层层传达与学习引导其他层面的立场与观点。中国传统文化教育政策变迁的演进,没有显著体现中央层面的双重领导属性,但是在其他政策领域需要仍需将其作为重要的因素之一。

2. 职能部门的态度

具体职能机构在履行其职能时,坚持《教育部工作规则》(以下简称《规则》),该《规则》依据《国务院工作规则》进行修订。教育部实行部长负责制,拟议以其名义实施的重大决策事项、重要规范性文件等需要通过实行科学民主决策规则,进一步通过向各司局(单位)发布通知、决定、部门规章等手段,制定具体公共政策推动中国传统文化的发展。邝艳华(2015)对环保支出决策进行数据分析时,就强调了职能部门的项目支出会倾向契合政府领导的政策重点,本文教育部公开的中国传统文化教育政策都必须经过职能机构领导班子的共同协商,即政策的出台体现了职能部门领导班子的态度。教育部的态度随着中央层面导向的变化而变化,表现为政策子系统垄断的维持和打破。此外,教育部作为最早发布促进传统文发展政策的职能部门,结合本文政策变迁不同阶段的节点,其态度的转变也会受到其他相关职能部门的影响。传统文化教育政策协同主要以联合发文形式体现,是不同职能部门之间相互竞争和相互合作的结果,当职能部门妥协于其他部门时,如2005年5个部门联合发文,政策子系统垄断也无法继续维持。不同的阶段传统文化相关政策的出台主要取决于教育部门不同程度的主动性,政策变迁的不同进程体现了职能机构的不同态度。

3. 专家学者的参与

在中国知网以"传统文化教育"为主题进行检索,2000年至2018年6月,公开发表文献数量由47篇飙升至1956篇,随着政策的推进和细化,越来越多的学者开始关注这一领域。专家学者通过科学研究对相关政策进行论证,为政策的拟定提供专业的咨询。尤其是有专家学者组成的智库,通过听证会、政策咨询、政策讲座、驻派专家等活动,目前对我国政策决策已经具有了一定的影响力。专家学者对已颁布的公共政策进行评估,并进行公开的学术探讨和发言,往往可能引发人民群众的讨论,甚至影响民众的舆论导向。蒋俊杰(2015)基于焦点事件探讨公共政策的间断式变迁,对劳动教养制度的质疑首先是由学者提出,强调间断式变迁中学者是重要的推动力量。陈霖(2015)对于环保政策变迁的研究中也论述了专家学者经过长期向政府提出对环保法进行修改的建议,最终环保法修订进入政策议程。而在传统文化教育方面,2010年连续发刊于《红旗文稿》的文章无疑推动了教育部的正向政策图景,此外,专家学者的参与贯穿于传统文化教育政策整个进程并涵盖很多方面,如通过对热点新闻事件的评议。当然,不同的专家学者具有不同的立场,其内部也会存在争议与分歧,当某一方面力量强大时,公共政策的演进可能表现出其倾向。

4. 人民群众的反馈

一项公共政策颁布与实施的影响力并不仅局限于其目标群体,对于具体政策的讨论与反馈会涉及整个社会层面。国内多位学者(文宏,2014;陈霖,2015;蒋俊杰,2015;李朔严、张克,2016;张锐、冯磊,2017;魏娜、缪燕子,2018)在中国公共政策情境下验证间断均衡框架时均强调公众的作用。如人民群众可以通过制度化或非制度化的途径来反映自身诉求(文宏,2014),其中制度化途径包括行政复议、行政诉讼、信访等,不同的政策行动者通过制度化途径对政策行动增加制度成本和制度摩擦力,提升政策变迁的难度。人民群众通过不断完善的监督机制,向有关职能部门提供正向或负向的反馈。非制度化途径包括新闻媒体、网络舆论等,人民群众通过这些手段表达自身的需求(李朔严、张克,2016),同时非制度化因素也可能反过来引导人民群众的想法。此外,重大事件的发生也可能扭转民众的反馈(陈霖,2015;蒋俊杰,2015)。传统文化教育涉及极端教育方式时,在人民群众中引发了广泛讨论的事件。人民群众的反馈通过下情上传得到政府机构的回应,在中国传统文化教育政策变迁的过程中,往往产生阻碍政策进程的摩擦力,造成了公共政策的间断状态。

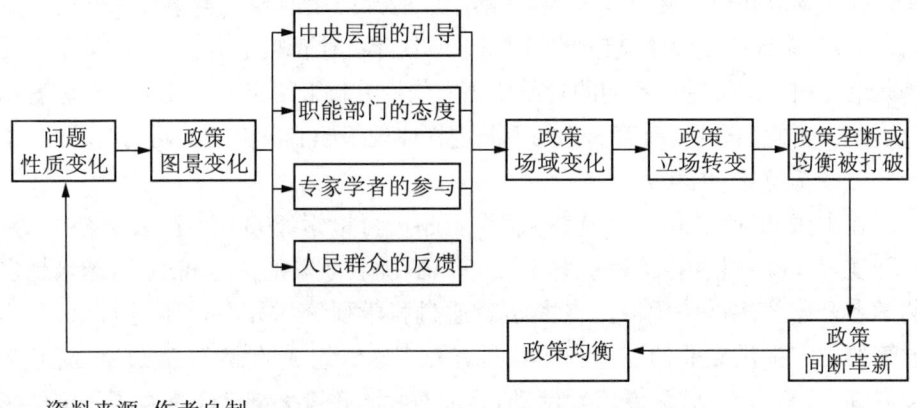

资料来源:作者自制。

图3 中国情境下间断均衡理论框架

(二) 中国传统文化教育政策变迁的未来趋势

对于间断均衡理论框架的修订并不局限于对传统文化教育政策的变迁现状进行总结,更重要的是能够对未来的政策发展做出预测,以期为实现预定的政策目标提供切实可行的建议。本文通过本土化的间断均衡模型,在对中国传统文化教育政策实证研究的基础上,对传统文化教育政策演进的未来趋势进行探索。

1. 中央层面积极的引导

中国职能部门的双重领导特性决定了中央层面的引导分别来自上级机关和党委的同时引导。十八大以来,习近平同志就中国传统文化问题发表了一系列重要论述,强调中国传统文化是国家精神文明的基石,并将文化自信与道路自信、理论自信和制度自信并称为中国特色社会主义的"四个自信"。与此同时,国务院办公厅及其直属机构公开传统文化相关政策数量逐年提升,其中2014年国务院印发《关于推进文化创意和设计服务与相关产业融合发展的若干意见》,强调将传统手工艺品与现代科技和时代元素的融合,随之2015年,国务院办公厅印发《关于支持戏曲传承发展若干政策的通知》,提出健全戏曲艺术保护传承工作体系、学校教育与戏曲艺术表演团体传习相结合的人才培养体系。中央层面逐渐重视发扬博大精深的优秀传统文化,让传统文化渗透至现代生活的方方面面,进而提升中国整体文化软实力,其出台的政策从质量和数量两个方面保证了政策图景的正面。目前中央层面关于传统文化教育政策出台的数量并不多,从时间维度延伸,中央层面未来必然会扩展传统文化影响的范围,更重视中国传统文化的价值导向,积极有效地引导中国传统文化的传承。

2. 职能部门主动的态度

中国传统文化历史悠久,影响力遍及民众的衣食住行。事实上,传统文化中所承载的内涵在很多职能部门均有所体现,但是,教育部门无疑是其中最为重要且最为关键的部门。教育是传承和发扬传统文化的主要手段,通过教育激发大众对中国传统文化的兴趣,使中国传统文化中的精华伴随终身学习。2002年,建设部印发《关于全国历史文化名镇(名村)申报评选工作的通知》,旨在更好地保护、集成和发扬我国优秀建筑历史文化遗产;2005年,国家广播电影电视总局《关于印发2005年广播影视宣传工作要点的通知》,强调尊重基本史实,弘扬民族精神和传统文化;2006年,商务部印发《关于实施"振兴老字号工程"的通知》,提出深入挖掘老字号传统文化和精髓;2006年,文化部印发《关于印发〈文化建设"十一五"规划〉的通知》,实施文化创新、人才兴文、中华文化"走出去"战略。结合近二十年传统文化相关政策分析,教育部出台传统文化政策相较于其他相关部门历史最长、数量最多,传统文化的传承始终需要教育部发挥主观能动性。从中国传统文化教育政策出台的频次来看,职能部门不断提升重视度,随着其他部门对相关主题的关注,教育部需要制定更为综合的政策,完善中国传统文化的科学方法,增强中国传统文化的现实应用,从而维持政策子系统的垄断。

3. 专家学者理性的参与

中国传统文化教育的内容和方式,如何适度地纳入教育体系,需要通过专家学者进行深入的探索。专家学者需要平衡传统文化与现代文明,在现代化进程中渗入传统文化中的精神核心。2015年,中国农业大学教授黄卫东作为北京市政协常委提出《关于在北京城乡一体化进程中需高度重视城市和乡村特色园林营建与发展的提案》,重点关注如何传承北京尤其是北京农村的物质文化和非物质文化,获得了2015年度优秀提案。当然,专家学者除了通过参与政策制定与实施等制度化手段外,更多以新闻媒体为媒介呈现,不仅通过电视、广播等传统媒体传播,新兴媒体也是重要的传播媒介。由于现代互联网技术的发达,信息的传播往往快捷、精简,一经发酵就会引发广泛的探讨。2018年4月,"今日头条"上线国风频道,11月文化专家委员会正式成立,发布内容超过130万篇,阅读量突破150亿。一些专业性知识与民众普遍性认识可能存在偏差,专家学者作为信息的传递者可以最大可能地减少信息的失真,尤其在容易引发舆论的话题方面,随着大量学术论坛的召开和专家咨询委员会的成立,对于传统文化的探讨趋向科学、客观。专家学者基于自身理性视角,无论通过制度化还是非制度化的方式,均能有效地参与政策变迁。

4. 人民群众正面的反馈

基于本文的调查显示,大部分人对传统文化的认知不清晰(50.8%),甚至部分人并不了解传统文化(21.1%)。同时,民众普遍期望自己或自己的孩子能够学习传统文化(68.1%),并且鼓励其他人学习传统文化(60.5%),但是人民群众对于当前传统文化教育的现状却颇有微词,对传统文化教育满意程度的感知较为消极,集中于一般(61.6%)和不满意(21.1%)。可见,民众已经认识到了自身传统文化教育的缺失并且期望能够满足这一需求。因此,教育部公布的传统文化教育相关政策能够得到人民群众的积极响应。但是,通过近二十年的经验也能获知民众对于由政策引发的一些现象反响强烈,如人民群众不信任体制外教育,认为传统文化教育应该主要由国办公立学校(78.4%)和家庭(46%)共同承担,民众的需求可以很清晰地表达。一些焦点事件的发生会激发民众负面情绪,如极端的教育方式、迂腐的教育内容、泛滥的教育机构等,事实上由这些问题引发的事件随着规范制度的完善都是可以避免的,民众的负面政策图景在之后完全可能得到控制。

中国传统文化教育的政策变迁符合间断均衡理论模式,因此基于本土化的间断均衡模型对未来传统文化政策的演进可以进行合理的推测。中国传统文化教育政策的发展离不开以上任何一个要素的参与,每一个要素的活动都不是独立的,而是彼此之间相互影响的。随着时间的推移,即使政策发展的路径中存在波折,如不可避免的突发事件,也可以及时地进行修正。中国传统文化教育政策终将推进民众对自身文化的自信,提升全民精神文明水平,更重要的是满足民众对于传统文化教育的需求,这也是中国传统文化教育政策制定的初衷。

六、结 语

间断均衡理论是研究政策变迁驱动因素的主流思想之一。本文试图将间断均衡理论置入中国具体公共政策的变迁过程,通过对传统文化教育政策进行梳理与追踪,借以阐释其演进逻辑,进一步证实了间断均衡理论与中国本土体制环境的相互结合。通过定性与定量分析结合,对于未来中国传统文化教育政策做出较为积极乐观的预测,并依据现状提出切实可行的建议。

相比西方国家而言,间断均衡理论的关键性驱动因素在我国主要是来自制度层面之外的各种要素。价值倾向需要借助职能部门领导班子发挥主观能动性,公共政策的变迁受中央层面的影响很大。同时,政策的明确性影响专家学者和民众的反馈,反对声音进入政策议程多依赖非制度途径,产生阻碍政策进程的摩擦力。因此,我国公共政策进程具有较强的偶然性及非制度性特征。基于以上研究,本文希望可以为今后本土化公共政策的理论与实践有所奉献。

参 考 文 献

鲍姆加特纳、琼斯,2011,《美国政治中的议程与不稳定性》,曹堂哲译,北京:北京大学出版社。

陈霖,2015,"焦点事件与我国环保政策变迁——基于间断—均衡理论视角",《法制与社会》第28期,第150—152页。

陈伟、高力,2015,"间断—均衡模型:中央'一号文件'农业政策变迁的一种分析框架",《云南行政学院学报》第2期,第104—107页。

陈媛媛、李刚、关琳,2015,"中外智库影响力评价研究述评",《新疆师范大学学报》(哲学社会科学版)第4期,第35—45页。

冯纪元,2016,"论习近平传统文化观",《湖北社会科学》第2期,第5—10页。

黄靖洋、邬璇,2015,"中国高等教育扩张与政策范式转移——间断均衡的视角",《中国公共政策评论》第9卷,第22—43页。

蒋俊杰,2015,"焦点事件冲击下我国公共政策的间断式变迁",《上海行政学院学报》第2

期,第 68—76 页。

邝艳华,2011,"公共预算决策理论述评:理性主义、渐进主义和间断均衡",《公共行政评论》第 4 期,第 145—162 页。

邝艳华,2015,"环保支出决策:渐进还是间断均衡——基于中国省级面板数据的分析",《甘肃行政学院学报》,第 2 期第 52—61 页。

李朔严、张克,2016,"中国计划生育政策变迁研究(1956—2015)——基于间断均衡模型的视角",《公共管理与政策评论》第 4 期,第 32—42 页。

李文钊,2018,"认知、制度与政策图景:间断—均衡理论的三重解释逻辑",《南京社会科学》第 5 期,第 63—74 页。

李宗桂,2004,"文化自觉与文化发展",《中山大学学报》第 6 期,第 161—165 页。

刘巧虹,2016,"领导者中庸思维对沟通满意度的影响",《领导科学》,第 29 期,第 48—50 页。

骆苗、毛寿龙,2017,"理解政策变迁过程:三重路径的分析",《天津行政学院学报》第 2 期,第 58—65 页。

缪燕子,2017,"新中国成立以来社会救助政策变迁研究——基于间断—均衡理论的解释",《中国行政管理》第 11 期,第 84—88 页。

涂端午,2009,"教育政策文本分析及其应用",《复旦教育论坛》第 5 期,第 22—27 页。

文宏,2014,"间断均衡理论与中国公共政策的演进逻辑——兰州出租车政策(1982—2012)的变迁考察",《公共管理学报》第 2 期,第 70—80 页。

杨冠琼,2009,《公共政策学》,北京:北京师范大学出版社,第 162—188 页。

杨涛,2011,"间断—平衡模型:长期政策变迁的非线性解释",《甘肃行政学院学报》第 2 期,第 36—42 页。

杨涛,2011,"政策变迁的间断与平衡——一个模型的介绍与启示",《合肥学院学报》第 3 期,第 93—96 页。

云杉,2010,"文化自觉 文化自信 文化自强——对繁荣发展中国特色社会主义文化的思考(上)",《红旗文稿》第 15 期,第 4—8 页。

云杉,2010,"文化自觉 文化自信 文化自强——对繁荣发展中国特色社会主义文化的思考(中)",《红旗文稿》第 16 期,第 4—8 页。

张锐、冯磊,2017,"间断均衡理论视阈下的医疗暴力治理政策变迁审视",《中国卫生政策研究》第 1 期,第 14—20 页。

Bachrach, P., Baratz, M. S., 1962, "Two Faces of Power", *American Political Science Review*, 56(4):947-952.

Baumgartner, F. R., Jones B. D., 1991, "Agendas and Dynamics and Policy Subsystems", *The Journal of Politics*, 53(4):1044-1074.

Baumgartner, F. R., Jones, B. D., 1993, *Agendas and Instability in American Politics*. Chicago: University of Chicago Press.

Baumgartner, F. R., Jones, B. D., & Mortensen, P. B., 2014, "Punctuated Equilibrium Theory: Explaining Stability and Change in Public Policymaking". In Sabatier, P. A., & Weible, C. M. (eds.). *Theories of the Policy Process*. Boulder: Westview Press,

59-103.

Baumgartner, F.R., Jones, B.D., & Wilkerson, J., 2011, "Comparative Studies of Policy Dynamics", *Comparative Political Studies*, 44(8):947-972.

Eissler, R., Russell, A., Jones, B.D., 2016, "The Transformation of Ideas: The Origin and Evolution of Punctuated Equilibrium Theory". In Peters, B. G., & Zittoun, P. (eds.). *Contemporary Approaches to Public Policy: Theories, Controversies and Perspectives*. UK: Palgrave Macmillan.

Entwistle, N., 2009, *Teaching for Understanding at University: Deep Approaches and Distinctive Ways of Thinking*. UK: Palgrave Mamillan.

Heclo, H., 1978, "Issue Networks in the Executive Establishment". In Anthony King, ed., *The New American Political System*. Washington, D.C.: American Enterprise Institute.

Jones, B.D., Baumgartner, F.R., Breunig, C., Wlezien, C., Soroka, S., Foucault, M., Francois, A., et al., 2009, "A General Empirical Law of Public Budgets: A Comparative Analysis", *American Journal of Political Science*, 53(4):855-873.

Jones, B.D., Baumgartner, F.R., James L.T., 1998, "Policy Punctuations: U.S. Budget Authority, 1947-1995", *The Journal of Politics*, 60(1):1-33.

Jones, B.D., Baumgartner, F.R., 2005a, *The Politics of Attention*. Chicago: University of Chicago Press.

Jones, B.D., Sulkin, T., & Larsen, H.A., 2003, "Policy Punctuations in American Political Institutions", *American Political Science Review*, 97(1):151-169.

Ramsden, P., 2003, *Learning to Teach in Higher Education*. London: Routledge Falmer.

国有农场社区治理的困境及对策探析*

温金荣　程　璆**

【摘要】 国有农场社区治理作为国有农场"办社会职能"改革的重要内容,是国有企业减轻历史包袱,实现强体瘦身的必要举措。国有农场社区治理的困境由来已久,当前面临合法性身份缺位、有效性机制失位、组织性职能越位以及稳定性功能错位等一系列问题。究其原因,主要在于基本制度要素与机制未完善、现代社区理念与实践未结合、职能分离转型与现实未同步以及专业人员配置与保障未落实等。据此,本文提出把握农场制度变迁与改革的政策导向、提升社区治理的回应性与公众参与度、推进协同共治和多元善治的治理格局以及提高社区设施和基本保障的可持续性的治理路径,以期克服国有农场社区治理的困境,推进"办社会职能"改革的进程。

【关键词】 国有农场　社区治理　"企业办社会职能"改革

The Dilemma of Community Governance of the State-owned Farm and Its Countermeasures

Jinrong Wen　Qiu Cheng

Abstract　Community governance of state-owned farms, as an important part of the reform of depriving social functions of enterprise, is a significant action for state-owned enterprises to lighten the historical burden and achieve a strong body. The dilemma of the community governance of state-owned farm has a long history. At present, it is faced with a series of problems including the absence of legal identity, the loss of effective mechanism, the offside of organizational function and the disorder of stable function. The main causes are following: the basic system elements and mechanism have not been fully constructed, the modern community concept and practice have not been integrated, the function separation and transfor-

---

*　基金项目:本文为教育部人文社会科学重点研究基地重大项目"社会政策创新与共享发展"(项目编号:16JJD630011)、广州市人文社会科学重点研究基地资助项目的学术成果。

**　温金荣、程璆,中山大学政治与公共事务管理学院博士研究生。

mation have not been synchronized with reality, and the allocation and guarantee of professional staff have not been implemented. Above all, this paper puts forward four countermeasures so as to overcome the dilemma of community governance of state-owned farms and push forward the reform process of depriving social functions of enterprise.

Key words State-owned Farm, Community Governance, the Reform of Depriving Social Functions from Enterprise

国有农场改革是国企改革的重要组成部分,也是实现农业现代化的突破口,其内容既包括生产领域的经营转型,也包括社会职能的分离治理,面临的问题较为独特。由于"办企业"与"办社会"的理念相伴而生,国有农场兼具了企业属性和社区属性的双重特质,除了承担相应的生产经营职能外,还必须承担种种公共服务职能(韩朝华,2018)。社区治理作为国有农场"办社会职能"改革的重要内容,对减轻农场承担的社会性事务,以及整个农垦系统的经济转型和社会稳定均具有重要的现实意义。国有农场社区治理在吸纳现代社区治理理念的基础上,运用"内部分开、管办分离"的方式,将原有的以生产为中心的组织模式转化为与农场现实相符合并注重社区常态治理的管理委员会,以集中承担农场的社区管理及社会事业建设职能(朱玲,2018a)。目前,关于国有农场社区治理的研究多为政策文本解读和地方经验总结,综合性的理论探讨和总体分析较为缺乏,对于社区治理中制度模式和治理理念出现的问题也鲜有深入分析。基于此,本文试图构建一个国有农场社区治理困境的解释框架,首先梳理国有农场社区治理的历史由来,然后从国有农场的身份、机制、职能以及功能等四个维度进行问题梳理并探析困境生成的原因,最后为克服国有农场社区治理困境提出相应的路径与对策。

一、国有农场社区治理的历史由来

国有农场的社区治理由来已久,其进程大致可以分为三个阶段:中华人民共和国成立初期的配套社会建设、国企改革前的自我调整以及国有企业改革以来的渐进调整。

中华人民共和国成立初期,国有农场尤其是依靠开荒垦地创办而成的规模较大的农场,由于偏离人口密集的城镇,很难依靠农场外部的社会经济系统满足农场成员日常的生产和生活需求。因此,绝大多数农场在"办企业"的同时,也创建了属于农场自身的生产生活保障系统。另外,为了管理的便利性,国家在满足农场社区对社会管理和公共服务的需求上采取了自我管理的办法。如1952年8月出台的《国营机械农场建场程序暂行办法》规定,国有农场的建设规划中须包含"文化福利区"(包括中小学、医务所、图书室等)和"眷属住宅区",以满足农场成员基本的日常生活需求,国有农场由此形成了自成体系、政企合一的农业社区;但农场社区治理的边界也因此十分模糊,社区管理成为包含经济生产、基础教育、卫生医疗、公检法和社会服务等众多社会职能的多重混合体(农业农村部新闻办公室,2018)。

在国有企业改革之前,国有农场虽然由于生产性服务和管理不匹配等问题,导致农场的社会建设进程受到严重影响,但农垦系统也适时地进行了体制上的自我调整。如1962年农垦系统制定的《国有农场领导管理体制的规定》得到中央批准,并就"办社会"问题分别做出了向国家财政求助和移交属地管理的两种不同尝试。其中,前一种方式仍然倚重国家财力转移支付的支持,但这显然有悖于国家建设国有农场的初衷,国家决策层更期望国有农场能自力更生,自行开辟财源以支持和发展农场社区内部的社会管理和公共服务;后一种方式则是寻求地方政府的支持,不论是否继续坚持农场的非属地身份(即是否保留农场经营性资源),均主张将农场社区治理职能在内的诸多公共服务职能转交给地方政府,对农场实行属地化管理。相比而言,后者确实不失为农垦系统摆脱经营亏损和非经营性财政负担的一种有效办法,但由于未能完全考虑地方政府的立场本位和利益诉求,在实际执行过程中也面临诸多障碍,最后成效甚微。总体而言,结合后来的现实发展情况来看,国有农场在向国家财政和地方政府寻求解决办法的过程中双双碰壁,最终依然承担着大量的"办社会"职能。

随着20世纪90年代国有企业改革的推进,国有农场"办社会职能"改革再次浮出水面,国有农场社区治理的范围和职能也逐渐清晰。2002年,国家经贸委等六部门出台《关于进一步推进国有企业分离办社会职能工作意见的通知》,并要求各省结合省情对国有企业分离"办社会职能"工作做出具体规划,各垦区国有农场也做出了相应的部署工作。2015年11月,中共中央、国务院印发《关于进一步推进农垦改革发展的意见》,强调要"坚持社企分开改革方向,推进国有农场生产经营企业化和社会管理属地化,明确要积极推进国有农场公检法、基础教育、基本医疗和公共卫生等办社会职能一次性移交地方政府管理,探索推进办社会职能内部分开、管办分离,地方政府可采取授权委托、购买服务等方式赋予相应管理权限和提供公共服务"。2016年10月,农业部等六部委印发《农垦国有农场办社会职能改革实施方案的通知》,进一步明确了推进国有农场社区管理改革的实施方案,改革方式主要包括三种:一是将农场的社区管理机构整体移交地方政府管理,例如天津农垦有关农场通过与农场所在地镇政府或街道办事处签署协议的方式,将场域范围内的社区管理和公共服务事项移交地方政府;二是就近纳入周边社区管理,如浙江、福建等垦区的农场由于规模较小,有关职能直接纳入属地的社区管理;三是暂不具备办社会职能全面移交条件的农场,则通过"内部分开、管办分离、授权委托、购买服务"的方式纳入地方政府统一管理(韩朝华,2016a)。截止到2018年8月底,全国34个垦区(不含新疆兵团)中,有13垦区(包括北京、河北、吉林、上海、浙江、湖南、海南、重庆、四川、贵州、云南、宁夏、广东)完成了国有农场社区管理改革任务。全国1 721个国有农场中,社区管理全部纳入地方政府统一管理的农场数量是1 197个,占比69.6%(农业农村部农垦局,2018)。总而言之,就全国范围来看,国有农场社区治理改革都得到了有序推进,但各地取得的成效却存在显著差别。通常地方财力较为雄厚、现代农业发展较为发达的地区能顺利完成"办社会职能"改革,而经济发展相对落后的地区,由于缺乏改革所必备的诸多条件,农场社区属地化管理的进程较为缓慢,也面临较多问题与困境。

二、国有农场社区治理的现存困境

(一) 缺位:社区治理的合法性身份缺失

国有农场不属于政府系列,不在"中央—省—市—县—乡(街道)—村委(居委)"的国家现代社会治理六级体系中,因而在履行社区治理职能时缺乏有效的合法性身份。首先,农场社区未能在属地民政部门登记备案,其身份面临质疑。如广东垦区尽管自2012年便开展了"内部分离"改革,47个农场也均成立了社区管委会,并形成"总局—管理局—农场社区管委会—居委会"的四级社会事业管理组织架构,但大部分农场的社会管理机构一直没有获得当地民政部门的批准。截止到2017年年底,除粤东垦区部分农场的居委会外,多数农场的管委会未能在地方民政部门登记备案,因而没有取得合法地位,也因此无法享受到地方社会管理的政策支持。其次,地方政府对农垦社区治理的重视程度也不够。由于社会职能的移交需要增加新的人员编制和资金费用,因而在政府编制和资金未能匹配的情况下,地方政府难以负担农场"办社会"职能的支出,在承接其他"办社会"职能上也普遍持消极态度,不愿将农场的社会负担和社区治理纳入属地管理。再次,地方政府对农场社区与农村社区未能一视同仁。国有农场虽然性质上属于国有企业,也因企业"办社会"缘故形成了农场社区并延续至今,但其功能和形式却日渐趋同于普通的农村社区,在"办社会职能"改革后所承担的社会管理和公共服务供给内容也与农村社区无明显差别;但正因农场社区的国企属性,许多地方在分配社区基础建设和公共服务资金时,将其排除在公共财政的保障范围之外(朱玲,2017),农场社区因此遭到区别对待。

(二) 失位：社区调解的有效性机制失灵

国有农场社区调解的有效性面临失灵风险，农场社区存在人员构成复杂化和人际交往原子化的倾向。一方面，随着社会经济发展和人口流动性的增强，"小农场、小社会"的局面被打破，相比原来较为封闭、自成体系的"熟人社会"，当前农场社区的人员构成更加多元：社区管委会的管理人员仍以本地人为主，但农场中外来务工人口的比例大大提升，部分地区国有农场的外来务工人员比例达到25%（李存才，2012）。此外，农场外来务工人员多为家庭式迁移，夫妻双人或家族多人进入同一农场务工的现象十分普遍，生产队中"小团体"的现象也十分常见，复杂的人口结构势必会给农场社区的调解工作带来巨大挑战。另一方面，相比血缘、族群关系紧密的农村，由于社会背景、生活经历等异质性因素，农场社区中的人际交往存在原子化倾向，日常文化、娱乐生活也较为匮乏（韩朝华，2017）。值得注意的是，社区调解机制的构建不仅需要正式的规章制度作为支撑，还需要融洽的邻里关系和社区文化辅以支持，农场社员间来往意识的淡薄和人际交往的缺乏一定程度上会阻碍社区调解的正常开展。

(三) 越位：社区结构的组织性职能越轨

国有农场社区机构的组织性职能面临越轨可能，农场社区存在管控失当和职能重叠的问题。按照"内部分开、管办分离"的思路，国有农场社区治理实行农场和属地政府双重领导，即属地政府授权委托、农场具体负责，但也因此形成了农场社区公共管理中的双头管理问题，属地政府和农场管理机构均能介入其中，且两个系统会由于行政管理和业务指导产生职能交叉和推诿扯皮（贺雪峰，2017）。另外，由于对职能权力的划分不清，农场社区的机构设置和事务管理存在重叠或冲突。例如，海南省在新一轮农垦改革中，在农场设立了"居"，承接农场移交的社会管理和公共服务职能。"居"是在党的领导下集居民自治、社会管理和公共服务为一体的基层社会治理单元。原则上一个农场设一个居，规模较大、人口较多且相对独立的农场分场可单独设居，居内设若干居民小组。虽然对"居"所承担的有关人社、民政、扶贫、卫计、综治等二十多项社会管理和公共服务职能列明了清单，但由于社区机关部门与生产经营管理部门、居委会与生产队的职能在分工上不够明确，人员职责也存在交叉重叠的现象，社区居委会只是行使了以前农场管理部门的职能，而且无论负责人还是工作人员，都仍然习惯于用原先的旧脑筋、老眼光看待和处理新情况、新问题，面对社区工作的新挑战时往往手足无措。

(四)错位：社区保障的稳定性功能错乱

国有农场社区成员的个人福利虽然具有双重属性优势,但因福利水平不高而受到诟病,社区公共福利的保障功能也存在隐患。首先,农场社区福利的双重保障功能并不稳定。农场社员因其生产队正式职工的身份获得了企业福利,同时,出于国家的强制性法令或上级党政机关下达的政策规定,又获得了国家公共服务给予的社会福利(朱玲,2016);但由于近年社保缴费的逐年增长以及住房、养老等问题的客观形势,农场职工的基本福利在巨大的经济负担面前显得捉襟见肘。此外,在国家对国有农场的社会保障体系建设失全的情况下,职工的退休金、医疗费等只能依靠农场落实,个人社会福利的双重优势未能完全体现。其次,社区公共福利存在潜在隐患。社区范围内的基础设施和公共服务供给,如道路建设、供电供水和垃圾清运,不但属于社区成员生存和发展的必要条件,还具有社区福利共同体的性质,但由于未能与地方政府实现有效对接,公共福利的稳定性难以保障。如黑龙江地区的国有农场,通过"一事一议"财政奖补项目,组织开展了农场及基层单位的环境综合整治工作,部分农场逐步在内部建立起"户集、队收、场转运"的垃圾处理体系,这一定程度上改善了农场的脏乱差现象;但由于农场的污水和生活垃圾处理无法纳入地方统一无害化处理,垃圾处理的长效机制未能建立,导致农场社区的公共福利不但未能惠及农场职工,反而加重了社区治理环境污染的负担。

三、国有农场社区治理困境的生成原因

(一)制度缺陷：基本制度要素与构建未完善

制度要素是经济增长的关键,对个人或团队构成有效激励的制度是经济增长的核心要素(诺斯、托马斯,2009)。国有农场社区治理作为"办社会职能"改革中的重要一环,是实现农场经营管理社企分离的重要制度尝试;但就目前改革的成效来看,部分基本的制度要素与机制未能完全构建,制度尝试的结果也未能完全实现社企分离的预期目标。

财务制度的滞后阻碍了社企分离进程。国有农场社区治理的原则是"内部分开、管办分离",即在保留经营性资源继续作为生产资料的前提下,在每个农场成立社区管理委员会,集中承担农场的社区治理及社会事业建设职能,并以此分离"办企业"与"办社会"的职能;但财务制度的滞后以及经费上的捉襟见肘却反而加剧了国有农场改革的不利形势,导致社企分离改革的不彻底。究其原因,一方面,即便国有农场进行了社区治理,其管理经费仍然主要来源

于中央财政农场社区建设及管理专项经费和国有农场税费改革经费保障,地方政府在经费拨付上普遍持消极态度;另一方面,作为国家指导下进行生产经营活动的农业组织,其产品需由国家统一支配(杨群祥、万磊,2016),但许多农场没有构建独立的一级财政,税收全额上缴财政部门;而属地政府对其税收政策又以企业组织的规格进行对待,这无疑加重了国有农场的整体负担。国有农场承担社区治理职能所需要的经费,本质上是地方政府应当承担的职责,应由地方政府买单,并以购买服务的形式列入地方政府财政预算予以保障。但是,由于地方政府在授权委托制度安排上的滞后,导致国有农场行使社区治理职能依据不足,角色和职责不清。地方政府由于财力等方面原因,在经费拨付上普遍持消极态度,特别是在农场基础设施投入和公益性事业投资等方面,农场往往被忽略,而且地方政府认为农场也有义务负担基础设施和公益性事业投资,因而难以得到有力的扶持(韩朝华,2016b)。总体上,国有农场社区治理制度完善与否,经费是否得到有效保障,取决于地方政府的重视程度,国有农场自身没有太多发言权。

内部激励与约束机制未实现应有成效。在计划经济时期,国有农场在荒地开垦、农副产品生产等方面取得了卓越的成果,但由于内部激励机制扭曲,存在低效率、高成本的问题,导致生产经营上经常出现大量亏损的局面。改革开放后,随着市场体制的深化,国有农场探索了农场企业化改革的发展路径,但无论是国有农场高层管理,还是作为国有农场基础单元的职工家庭农场,其激励与约束机制均存在一定缺陷。具体而言,一方面,国有农场的高层管理者存在将农场转变为企业化模式的强烈冲动,但其出发点通常与农场的长远发展关联不大,而是聚集在与个人职位升迁相关的短期绩效考核上,这不但不利于农场长期效益的最大化,反而加重了"办社会"的公共支出压力。另一方面,职工家庭农场也期望向市场化经营的家庭农场模式转型,其农业生产适应性更强,经营规模也大于一般小农;但由于经营自主权受限,在土地经营租约和土地流转面积方面受到国有农场行政规定的限制,其生产积极性明显受挫(朱玲,2018b)。

(二)观念局限:现代社区理念与实践未结合

国有农场在营造农场社区时,其初衷本是为了实现社企分离,将社区管理与社会公共服务职能分离出来,并交由专门的社区机构进行管理;但受制于国有农场独特的土地经营制度和企业属性,农场社区在性质上区别于一般的城市社区和农村社区,农场社区治理未能转变思维,现代社区理念在融入时也未能完全与具体实践相结合。

农场社区本质上与城市社区和农村社区有所不同。一方面,就农场社区的历史演变轨迹来看,国有农场的市场化改革与城市社区十分相似,但两者在社区营造和管理的方式上却相去甚远,国有农场无法如城市企业一般,在地理空间和社会联系上实现与员工生活社区的分离(杨群祥、万磊,2016),而农场社区的现代程度也难以与城市社区等量齐观。另一方面,农场社区和农村社区存在相似之处,农村所面临的人口凋敝、文化衰败等一系列社会问题,国有农场同样无法避免,但两者解决问题的策略却截然不同。2003年农村税费改革之后,农村社区的基础设施和公共服务主要依靠政府投资和拨款,而不再仅仅取决于村庄财力;相比之下,农场社区则由于未能实现与国家行政管理体系的有效对接,以至于在政府行政系统分配公共资源的流程中处于边缘位置,仅能依靠财政转移支付来维持社区管理支出。

现代社区理念在融入时未能发挥应有效力。现代社区倡导从威权式治理向参与式治理转变(滕玉成、牟维伟,2010),更注重社区成员的参与行为与主体作用,但国有农场管理层和社区公众均存在一定的观念局限。一方面,"只要不出事,宁愿不办事"的懒政观念容易滋生,社区营造、主题宣传等创新公共服务在农场社区的开展空间十分有限;另一方面,农场社员"生产优先"的观念依然占据主导,参加社区公共活动的积极性不强。

(三) 模式滞后:职能分离转型与现实未同步

国有农场社区治理的进程缓慢,与长久以来社企分离改革不彻底和配套措施不齐全有关。国有农场虽然最初并未忽视农场社会职能的建设,并强调"办企业"与"办社会"两手抓,但两者推进的步伐却十分不一致。社会组织、管理机构、眷属安置及文化福利设施等配套服务,仅仅是为了服务生产和解决职工生活问题而配备的,这种"办社会"服务"办企业"的不平衡模式给农场未来的发展埋下隐患。随着国有农场经济的不断扩展,农场在企业生产经营和社会事务管理"两手抓"的双重负担下日显被动,社区治理中的问题也日渐暴露。虽然国有农场早在20世纪60年代就提出了分离"办社会职能"的改革尝试,但却在与国家财政和地方政府的谈判中相继碰壁,分离改革也不了了之。随着21世纪初新一轮"办社会职能"改革的推进,国有农场适时地成立了农场社区管理委员会,但由于仍然存在大量的"办社会"机构(包括中小学教育、职业教育院校、卫生医疗等),离退休人员社会化管理、厂办大集体改革等历史遗留问题突出,导致人员管理、运营费用负担沉重,这些都制约了国有农场社区治理工作的推进。

农场政企分离进程受阻,还源于农场管理机构对企业经营职能和社会管理职能两者关系思考的局限。部分国有农场在"办社会职能"改革中做出过放弃企业经营职能而仅专注于社会管理职能的尝试,这类似于"农场变农村,农工变农民"的改革模式(程龙,2005),不利于农场的长远发展。原因在于,国有农场的土地经营模式有别于农场家庭联产承包模式,其农业组织化程度也要高于个体化的农村农业;而个体农户的生产经营高度分散化,在生产、交易和防范风险上也远不及国有农场的规模优势。若改革模式仅仅停留在企业经营职能和社会管理职能的简单置换,则不利于农场领导机构在社会管理职能上的转型。

(四)人员失配:专业人员配置与保障未落实

国有农场社区困境原因还在于社区工作者的整体结构不平衡和社区基础保障的不完善,而农场人员构成的复杂性也增加了社区治理的困难。

社区工作者的整体结构不平衡。在开展社企内部分离改革过程中,农场社区通常会从安置人员、追求便捷的思路出发,雇佣的管理人员多为生产队的老干部,这导致社区管理人员普遍年龄偏大,文化素质偏低。此外,多数农场的社区管理人员在任职前没有接受过专业化的培训,任职后也缺乏系统的能力培训,导致农场社区人员的工作效率不高,知识更新较慢,缺乏主动意识和创新精神。国有农场社区办公场所、人员、经费等基础保障不完善。从国有农场社会管理经费保障的实际情况来看,农场社区机关部门的管理人员、社区管委会领导经费虽然拥有了财政专项补贴,但是居委会成员的人员经费缺口依然较大,而且绝大多数农场还没有专门的办公地点和综合服务场所,且服务设备和手段等均比较落后。经费保障水平偏低,导致农场基础设施建设较落后,社区管理和服务难以满足农场群众的基本生活需要。

农场人员构成的复杂性增加了社区治理的困难。由于劳动者户籍和就业身份的不同,国有农场共存在农场户籍职工、持农场户籍的本地非职工以及无农场户籍的外地非职工等三类不同的农场务工人员。朱玲等学者的研究发现,许多农场现在基本不再招收正式职工,在本地年轻人和农场户籍职工后代净流出的情况下,农场就业人员多为来自外地的非职工劳动者,如广西和云南等地农场中外来工比例已达到25%,而新疆生产建设兵团等部分区位偏僻的农场,不仅接纳了部分外省的务农户,甚至为其户籍迁移提供了便利(朱玲,2017)。

四、克服国有农场社区治理困境的路径

(一)制度现代化:把握农场制度变迁与改革的政策导向

从国有农场的整个历史发展轨迹来看,农场制度经历了强制性变迁向诱致性变迁转化的过程(唐正星,2009)。其中,前者是指国有农场建立初期由于

社会经济基础薄弱,自发建设大规模农业生产的条件不成熟,因而主要依托国家力量进行了开荒垦殖运动;后者则是指在改革开放后,为了适应宏观经济社会环境发生的变化,国有农场自发地进行了制度调整与转型改革。从制度转变的轨迹来看,为了与时俱进地进行自我调适,应重点把握国有农场制度变迁与改革的政策导向,而其内在动力则在于不同利益相关者的相互博弈。当前,国有农场中的国家、农场管理层以及农场职工这三方利益相关者,均在寻求制度变迁中新的均衡点。要实现三者利益博弈的均衡,就既要以国家利益为重,推行强制性变迁,也要根据实际情况鼓励诱致性变迁。只有采取强制性与诱致性相结合的策略,才能有效推进国有农场的制度改革进程。

当前,国有农场改革的政策导向,就是推进国有农场社区管理移交属地政府管理,不具备移交条件的才可以在一定过渡期内实行"内部分开、管办分离"。探讨国有农场社区管理改革不能偏离这一基本导向。因此,国有农场在推进社区治理改革过程中,首先要积极推进移交,与地方政府密切沟通,探讨移交中存在什么障碍以及如何破解。其次,与地方政府不能协商一致,确实不具备移交条件的,则应设计好政府授权委托、购买服务的制度安排,以实现国有农场社区治理的常态化制度建设。此外,除了继续坚持农场企业经营职能和社会管理职能的持续分离,还需跟进必要的配套改革。农场社区治理作为"办社会职能"改革的一部分,不仅与农场的社区管理与公共事务相关,还与国有农场众多其他的制度要素构成关联。例如,为了适应土地流转规模经营的发展趋势,可以将国有土地的管理权和经营权进行适当分离,并在出租给职工家庭农场进行经营时,重点考察土地的可持续利用,选择具备知识、技术和经营能力优势的农民购买或租种土地(桂华,2017)。再例如,国有农场转换单位身份的改革过程中,必然会触动农场管理层和农场职工的现有利益,为了避免利益冲突并保障农场职工的正当利益,可以设置一定的改革过渡期,并制定相应的补偿措施。

(二)观念多元化:提升社区治理的回应性与公众参与度

我国当前的基本矛盾已转化为人民群众日益增长的美好生活需求同不平衡不充分的发展之间的矛盾。因此,在国有农场社区治理中,应时刻以提升公众的有效参与度与回应能力为核心,促进治理工具的创新化和现代化。当前公众参与社会公共事务的需求日趋增长,所遵循的行动逻辑也日渐复杂。这意味着,为实现公众参与在需求与实践之间的有效平衡,需要探索出更具创新性的治理工具。一方面,要鼓励公众参与社区的日常管理,并创造适当的参与渠道和良好的环境;另一方面,要重视对社区公众需求的调查,避免社区公共服务供给与公众需求的脱节,提升社区管理工作的针对性和公众回应的有效性，以满足社区公众的真实需求。

另外，"党委领导、政府负责、社会协同、公众参与、法治保障"的社会治理体制的提出，充分体现党和国家高度重视多元主体在社会治理中的重要作用（严国萍、任泽涛，2013），在国有农场的社区治理中也应秉持多元化的治理思维。改革开放以来，公众的活动场域由原来的国有或集体所有制单位转变为社区、企业、社会组织等丰富形式，经历了"一元"到"多元"的变化；而随着国有农场社区治理工作的推进，农场职工的身份也由"一元"走向"多元"，并拥有了社区成员的新身份。农场社区应积极培养社区成员的主人翁精神，农场职工要摒弃"等、要、靠"的消极态度，主动地参与社区建设和社区公共服务。

（三）模式协同化：推进协同共治和多元善治的治理格局

国有农场社区治理由于起步较晚，社区创建很大程度上依赖于农场管理层的重视程度与属地政府的财政状况。在当前国有农场社区治理的模式中，政策的制定主要在于国家、属地政府和农场管理层的三方博弈，而政策的执行过程则增加了位于农场基础单元的农场职工亦即社区公众的自下而上的利益诉求。实现农场社区治理的常态化，有必要在深度和广度上增进各利益相关者之间对话与互动，促进各利益主体的协同共治，建构适用于农场社区的多元善治格局。解决问题的关键在于多元协同治理格局的构建，具体而言包括几个方面：首先，国家作为国有农场"办社会职能"改革的顶层设计者，应该在国有农场社区治理及其他社会公共职能改革的进程中提供应有的政策支持和便利条件。其次，属地政府作为改革的配套支持者和外部监督者，一方面，对于国有农场社区公众提供相匹配的社会保障，建设和完善应有的社区福利与保障机制；另一方面，应注重对所辖区域的国有农场管理层进行有效的监管，并提升监管策略的质量和效率。再次，农场自身也需厘清思路，转变生产经营的陈旧模式，并树立社区主人翁意识，一方面，分离农业生产的经营主体，并将生产经营活动托付于市场；另一方面，履行农场社区的公共管理者的应有职责，向农场社区成员提供应有社会管理与公共服务，促进农场社区治理机制的构建与完善。最后，农场职工要转变"有事找农场"的旧思维，认清并发挥自身作为社区公众的主体作用，积极参与公共活动与社区建设。

（四）人员专业化：提高社区设施和基本保障的可持续性

社区基础设施的配置和社区工作人员的专业化，对于国有农场社区治理的可持续发展有重要意义。针对目前农场社区普遍存在的社区硬件不全、办公人员年龄老化与专业素质不足的问题，应至少从两个方面着手进行改善。

其一，基层单位的领导应提高对社区管理的重视程度，积极地向农场管理层和属地政府争取资金与人员支持,确保在社区建设前期具备足够的经费保障。目前国有农场社区管理经费仍主要由中央财政农场社区建设及管理专项经费、国有农场税费改革经费予以保障。但这毕竟不是长久之计,为了实现社区管理工作的可持续性,必须与属地政府进行积极的商榷,尽快做好农场社区的资产分类与清查核定,确定农场公共管理和服务的支出项目与内容,建立社区管理机构分账核算体系,并交接给地方财政。

其二,要注重社区人员业务技能和知识水平的培养,以及有效激励机制的创建。一方面,要自力更生,要落实国有农场社区管理部门的人才建设,可以将家庭农场经营者、承包大户等农村能人作为主要培养对象,多渠道、多方式、多层次地开展人才队伍的培训,为农场的当前管理和未来发展培养出一批批的高素质、高技术、全面发展的社区管理人员。此外,也可以寻求其他社会力量的参与以扭转不利局面,如广东湛江垦区的南华农场以校企合作为契机,引入广东地方高校的专业学者和优秀社工服务团队进行指导,并通过专职社工"传帮带"、社区义工、志愿者服务等形式进行辅助,显著提升了社区服务队伍的综合素质和社区管理服务的整体水平。另一方面,要创建有效的激励机制,完善现有的奖惩机制,并通过合适的分配制度和晋升机制来调动社区管理人员的积极性和创造性。

五、结　语

自20世纪90年代中期以来,国有企业改革在众多与国民经济紧密相联的职能部门中相继展开,但国有农场改革特别是国有农场"办社会职能"改革的进程却相对缓慢。国有农场社区治理作为"办社会职能"改革的重要内容,对减轻农场承担的社会性事务,以及整个农垦系统的经济转型和社会稳定均具有重要的现实意义。文章构建了国有农场社区治理困境的解释框架,在回顾国有农场社区治理历史由来的基础上,从国有农场的合法性身份、有效性机制、组织性职能以及稳定性功能等方面进行了问题梳理,发现农场社区治理困境的原因在于国有农场存在制度缺陷、观念局限、模式滞后和人员失配等问题,并据此从制度、观念、模式和人员四个层面,提出把握农场制度变迁与改革的政策导向、提升社区治理的回应性与公众参与度、推进协同共治和多元善治的治理格局以及提高社区设施和基本保障的可持续性的治理路径和对策。

不可否认,本文对国有农场社区治理困境的探讨,是对当前国有农场相关研究的重要理论补充,但文章的缺点在于未能通过实证材料或案例类比予以详细论证。此外,文章仅聚焦了国有农场"办社会职能"改革中的社区治理环节,其他公共服务职能改革的现状与问题未能体现。由此,未来研究可以结合国家治理现代化的政策背景,从国有农场的经济转型、农地管理以及社会职能剥离等多个方面进行综合性论述,并通过案例分析和实证数据等不同方法探究国有农场治理的制度逻辑,以推动和完善农垦系统的国有企业改革。

参 考 文 献

程龙,2005,"'两变'不代表先进生产力的发展要求——原湖南西洞庭农场体制改革五年回头看",《中国农垦》第12期。

道格拉斯·C·诺斯、罗伯特·托马斯,2009,《西方世界的兴起》,厉以平、蔡磊译,北京:华夏出版社。

桂华,2017,"土地制度、合约选择与农业经营效率——全国6垦区18个农场经营方式的调查与启示",《政治经济学评论》第4期。

韩朝华,2016a,"新中国国营农场的发展阶段及历史贡献",《当代中国史研究》第4期。

韩朝华,2016b,"新中国国营农场的缘起及其制度特点",《中国经济史研究》第1期。

韩朝华,2017,"个体农户和农业规模化经营:家庭农场理论评述",《经济研究》第7期。

韩朝华,2018,"国有农场的'办社会'职能及其改革方向",《中国农村经济》第5期。

贺雪峰,2017,"国有农场对农村经营体制改革的启示",《华中农业大学学报(社会科学版)》第3期。

李存才,2012,"财政发力,2 000多万农工减负——8省区启动国有农场办社会职能改革试点综述",《中国财经报》,2012年5月15日。

农业农村部新闻办公室,2018,"全国农垦改革'两个3年'任务2018年中期评估通报会在京召开"。http://www.moa.gov.cn/xw/zwdt/201807/t20180730_6154940.htm。

农业农村部农垦局,2018,"全国农垦国有农场办社会职能改革和土地确权登记发证工作取得新进展"。http://www.nkj.moa.gov.cn/hyfz/201809/P020180926488832152328.pdf。

唐正星,2009,"国有农场制度变迁理论探讨",《农业经济问题》第10期。

滕玉成、牟维伟,2010,"我国农村社区建设的主要模式及其完善的基本方向",《中国行政管理》第12期。

严国萍、任泽涛,2013,"论社会管理体制中的社会协同",《中国行政管理》第4期。

杨群祥、万磊,2016,"国有农场分离办社会职能改革研究——以广东农垦为例",《中国农垦》第5期。

朱玲,2016,"国有农场职工的养老保险制度安排",《学术研究》第5期。

朱玲,2017,"农业劳动力的代际更替:国有农场案例研究",《劳动经济研究》第3期。

朱玲,2018a,"中国农业现代化中的制度尝试:国有农场的变迁",《经济学动态》第2期。

朱玲,2018b,"改革与发展中的乡村社区公共服务筹资制度:国有农场案例研究",《学术研究》第2期。

《中国公共政策评论》征稿启事

《中国公共政策评论》(*Chinese Public Policy Review*)由教育部人文社会科学重点研究基地中山大学中国公共管理研究中心和中山大学政治与公共事务管理学院创办,是一本致力于推动公共政策,特别是社会政策研究的学术性集刊,由商务印书馆以书代刊形式出版发行。自 2007 年 8 月创刊以来,已经完成了 15 卷的出版,目前一年出版两卷。

我们秉持精益求精的态度,对稿件实行专家匿名评审,以期将其办成具有学术品位和质量的中文刊物。本刊已经被南京大学中国社会科学研究评价中心选入 CSSCI 来源集刊。

本刊每卷刊登十篇左右的论文,主题涉及社会政策理论、社会保险、社会救助、劳动就业、社会福利与服务、公共政策前沿理论等。还有书评栏目,以推介和探讨公共政策和社会保障领域的最新研究成果。

本刊热忱欢迎公共政策、社会政策、福利国家研究等领域的学者、研究者投稿。特别欢迎字数在 2 万字左右的长篇论文。

投稿指引:

(1) 稿件字数在 15 000 字左右为宜。但论述重要问题的稿件可不受此限制。

(2) 请勿一稿多投。如遇到版权问题,均遵照《中华人民共和国著作权法》及有关国际法规执行。

(3) 投稿格式参照本刊稿件体例和已出刊物,并附上作者简介,包括作者真实姓名、职称、职务、工作单位、详细通讯地址、联系电话和电子邮件。

(4) 稿件投出三个月后,如未收到回复,可自行处理稿件。

投稿邮箱:
主编:岳经纶(klngok@126.com)、朱亚鹏(sazyp@hotmail.com)
电话:020-84038746

《中国公共政策评论》
编辑部
2018 年 12 月

附:《中国公共政策评论》稿件体例

一、格式要求

1. 全文采用 Microsoft Office 软件编排;如打印,请用 A4 纸输出。正文内容以小四号宋体、单倍行距编排,页边距上、下、左、右均不小于2.54厘米。

2. 稿件首页包括:中文标题、作者有关信息(包括姓名、所在单位、通讯地址、邮政编码、联系电话、电子邮件,多人合作可以明确"通讯作者"可署多个单位和支持项目。)。

3. 稿件次页包括:中文标题、英文标题、中文摘要(300字以内)及中文关键词(3—5个)、英文摘要(300字以内)及英文关键词(3—5个)。稿件获基金、项目资助,须注明(包括项目编号)。

4. 正文内各级标题处理如下:一级标题为"一、二、三……",二级标题为"(一)(二)(三)……",三级标题为"1.2.3.……",四级标题为"(1)(2)(3)……"。一、二、三级标题各独占一行,其中一级标题居中,二、三级标题缩进两个字符左对齐;四级及以下标题后加句号且与正文连排。

5. 统计表、统计图或其他示意图等,均用阿拉伯数字连续编号,并注明图、表名称;表号及表名须标注于表的上方,图号及图名须标注于图的下方,末尾不加标点符号。例:"表1……"、"图1……"等;如图(表)下有标注补充说明或资料来源,格式为先标注补充说明,再另起一段标注资料来源(每一张图表均须标注资料来源,如果为作者自制也需标明),具体为:"注"须标注于图表的下方,以句号结尾;"资料来源"须标注于"注"的下方,并按"正文引用"格式标注文献。

例1:

表3 自变量与因变量的统计分析结果

	模型一	模型二
(常数)	−0.553***	1.912*
	(0.098)	(0.123)
自变量		
……	……	……
F 统计值		
R^2		
调整后的 R^2		
	$N = 298$	$N = 298$

注:回归系数为标准回归系数。括号内数字为标准误。***、**和*分别表示相关系数通过0.01、0.05和0.10水平的显著性检验。

资料来源:中华人民共和国国家统计局(2007)。

6. 所有统计表、统计图或其他示意图等均以中文表达,以黑白颜色呈现。

二、摘要要求

摘要是精彩论点的浓缩表达,以提供正文内容梗概为目的,以第三人称客观叙说,不加评论和补充解释。摘要应该可以被单独阅读。

三、注释体例

基本做法是:稿件中凡采用他人研究成果或引述,应在正文中采用括号注与文末列参考文献形式予以说明。以下将按照正文引用、正文注释、文末参考文献三部分加以具体说明。

（一）正文引用

1. 在引文后以圆括号注明作者名(中文名字标注名与姓,外文名字只标注姓)、出版年份。如引文之前已出现作者名,则在名字后直接用圆括号注明出版年份,如为直接引用,需标明页码。

例1:×××……(Huntington,1968)。

例2:"×××……。"(Waldo,1948:25—27)

例3:夏书章(2003:3)认为"×××……"。

2. 正文中括号注的具体规范为:被引用著作作者超过3位(包括3位),只列第一作者,中文文献后加"等",英文文献后加"et al.";引用相同作者同一年份内不同文献,则按照文中出现先后顺序,在年份后标出小写英文字母顺序;引用论文集文献,直接注明作者姓名。

例4:×××……(Wellman et al.,2001)。

例5:×××……(张文宏,2010a)。……×××……(张文宏,2010b)。

3. 引用原文文字过长(一般为三行以上)时,须将整个引文单独成段,并左缩进两个字符。段落字体为5号楷体,不加引号。

（二）注释

不宜在正文中出现但需要进一步澄清、引申的文字,采用当页脚注,用①、②、③……标注,每页重新编号。

（三）参考文献

1. 列于正文后,并与正文中出现的括号注一致,同时按照中文、英文依次排列。

2. 中文、英文文献都按照作者姓名拼音从A到Z排列。与正文括号注不同,文末参考文献中所有作者必须全部列出。英文文献姓在前,名的首字母大写,著作与期刊名用斜体字。

例6:夏书章主编,2003,《行政管理学》,广州:中山大学出版社。

例7:周雪光,2005,"逆向软预算约束:一个政府行为的组织分析",《中国社会科学》(第25卷)第2期,第132—143页。

例8：杨瑞龙，1999，"'中间扩散'的制度变迁方式与地方政府的创新行为——江苏昆山自费经济技术开发区案例分析"。载张曙光主编《中国制度变迁的案例研究》（第二集），北京：中国财政经济出版社。

例9：Wildavsky, A., 1980, *How to Limit Government Spending*. Los Angeles: University of California Press.

例10：O'Brien, K.J. & Luehrmann, L.M., 1998, "Institutionalizing Chinese Legislatures: Trade-offs between Autonomy and Capacity", *Legislative Studies Quarterly*, Vol.23, No.1, pp:420—430.

例11：O'Donnell, G., 1999, "Horizontal Accountability in New Democracies", in Schedler, A. Diamond, L. & Plattner, M. (eds.), *The Self-restraining State: Power and Accountability in New Democracies*, Boulder: Lynne Rienner Publishers.

3. 网络文献按照作者、题名、访问网站名称、访问路径和访问时间顺序标注；报刊文献按照报刊名、年份、题名、日期标注。

例12：张康之，"超越官僚制：行政改革的方向"，人民网：
http://theory.people.com.cn/GB/40764/55942/55945/4054675.html.
2010年8月20日访问。

例13：新京报，2012，"卫生部公布居民对医疗卫生服务满意度调查报告"，5月9日。

4. 其他未公开发表文献按照作者、年份、题名、出处顺序标注。学位论文类文献按照作者、年份、题名、毕业大学顺序标注，并注明为学位论文。

例14：周子康，1991，中国地方政府编制管理定量分析的研究（会议论文）.北京：东部地区公共行政组织第十四届大会。

例15：邵春霞，2000，"革命化控制中的运动——改革开放前的当代中国政治研究"，上海：复旦大学博士学位论文。

图书在版编目(CIP)数据

中国公共政策评论.第15卷/岳经纶,朱亚鹏主编.—北京:商务印书馆,2019
ISBN 978-7-100-17051-2

Ⅰ.①中… Ⅱ.①岳… ②朱… Ⅲ.①公共政策-中国-文集 Ⅳ.①D601-53

中国版本图书馆 CIP 数据核字(2019)第 014151 号

权利保留,侵权必究。

中国公共政策评论(第15卷)
岳经纶 朱亚鹏 主编

商 务 印 书 馆 出 版
(北京王府井大街36号 邮政编码100710)
商 务 印 书 馆 发 行
浙江临安曙光印务有限公司印刷
ISBN 978-7-100-17051-2

2019年1月第1版　　开本 787×1092　1/16
2019年1月第1次印刷　印张 13.5
定价:40.00元